Autodesk
Revitの教科書

熊本草葉町教会の実践BIMモデリング

大西康伸・中川まゆ 著
Yasunobu Onishi, Mayu Nakagawa

JN241376

学芸出版社

教育のプロと BIM のプロがコラボした、奇跡の Revit 入門書

　私が BIM 演習授業「デザインシミュレーション（3 年前期選択）」を開講したのは 2007 年。チュートリアル形式の自作テキストを当時の大学院生と共に四苦八苦して作成したことを、今でも覚えている。あれから 17 年、熊本大学ではこれまでたくさんの BIM を学んだ人材を排出してきたが、未だ多くの大学で BIM 教育が行われていないのが実情である。

　多くの BIM 人材を産んだその自作テキストを、Revit のプロである中川まゆ氏が実践的利用に即して全面改訂する。本書はそんな「特別」な教科書である。

　実はもう一つの「特別」がある。それは、建築家が設計した実在する建物を入力対象としていることである。
　CAD や BIM ソフトの操作法を習得するための従来の書籍は練習用の架空の建物を入力対象とすることが多く、学習を終えてもすぐに実践の中で応用することは難しかった。本書では、熊本市中心市街地に建つ「日本キリスト教団熊本草葉町教会」の意匠と構造の BIM データを、実施設計図書に基づき入力する。それにより、類似の建物であればすぐにでも習得した技能を活用し、類似でなければそれを応用し BIM モデリングが可能である。

　本書はさらにもう一つ「特別」がある。それは、単に「Revit の操作法」だけでなく、「製図法」や「建物のつくり」を同時に学べることである。
　本書における実在する建物を BIM モデリングする作業によって、建物と図面の対応関係はもとより、属性情報の入力を介して各部位の名称や役割、仕上や下地の材料が学べ、ひいては空間構成や構造システムなど「建物の成り立ち」を学ぶことができる。また、実物の現地見学により、BIM データとの比較による理解の深化も可能である。これはまさに 3 次元トレースと呼ぶに相応しく、建築そのものの学びも兼ねた高等教育に相応しいテキストであると言える。

　本書は、大学や高等専門学校、専門学校などの高等教育機関や工業高校における BIM 演習授業での教科書となるよう想定している。もしくは、企業内における BIM 社員研修でも活用可能であるだろう。
　また、BIM の授業がない大学に所属する学生や、社内で必要に迫られて Revit の操作法を習得しなければならない社員の方々が、Revit の基本操作法を独学で身につけられるように編集上心がけた。

　今後、建築業界を大きく変えるポテンシャルを持つ BIM。未来を生きる読者の皆さんは、多かれ少なかれ、BIM について理解し、考えを巡らせ、実践し、建築の世界を変革していかねばならない。Revit の基本操作法習得はそのごく入り口でしかないが、本書が読者の皆さんの大いなる一歩を踏み出す一助となるよう願っている。

著者を代表して　大西　康伸

目次

1 BIM とは何か

2 日本キリスト教団熊本草葉町教会 ・・・・・・・・・・・・・13

3 Revit のインターフェースと基本操作

4 1 階の入力

本書のつかいかた

- 「学習内容」は、そこで学べる操作の内容や方法を示しています。
- 「　　」（かぎかっこ）は説明に用いる固有の名称を、[　　]（かくかっこ）は操作時に選択する対象（コマンドやキー、ファミリ名やタイプ名等）を意味しています。
- 「HINT」は、初学者がつまずきやすい点を解説しています。
- 「TIPS」は、Revit を使う上で知っておきたい情報を掲載しています。
- 「練習」は、本文で解説した操作方法を参考に、読者自身が取り組む課題です。
- 本書は、Autodesk Revit 2025 での動作確認を行っています。バージョンによってはソフト画面のレイアウト・デザインが違う場合があります。

教材データについて

　本書のモデリングに必要なテンプレート（敷地データを含む）とファミリに加え、各章毎の完成モデルをご提供しています。下記の URL からダウンロードが可能です。

https://book.gakugei-pub.co.jp/gakugei-book/9784761533052/#bonus-date

1

BIM とは何か

1.1 BIM が日本にやってきた

今、建築業界は未曾有の変革に直面している。2009 年、BIM という黒船が日本に紹介されるや否や大手の建築設計事務所やゼネコンを中心に瞬く間に普及し、今や業務の中で BIM という単語を聞かない日はない。BIM とは何かを知らなくとも、事例や広告、噂を見聞きして、コンピュータを使って建築の世界を変える、何かそういうイメージをお持ちの方も多いのではないだろうか。

さて、BIM とは一体何だろうか。単なる便利なソフトウェアの名称だろうか、それとも仕事のやり方や組織を変えうるものだろうか。はたまた、人手不足とスキル不足が蔓延する建築業界の救世主（メシア）だろうか。

1.2 建物と情報の関係

BIM は Building Information Modeling の略語である。あえて日本語に訳すなら「建物情報モデリング」と表記できるが、通常は英語の BIM という単語を使用する。意味は「建物の情報をつくること」というニュアンスであろう。この「情報」という単語は、建物そのものの未来や建築業界の未来を変える可能性を秘めている。BIM の本質を理解するためには、この「建物の情報」について理解を深める必要がある。

建物を情報の集積（データベース）としてとらえる。

これは長い歴史を持つ建築分野において、これまで培った全て（特に図面）を投げ出すような、勇気ある考え方である。なるほど、建物は多くの部材や機器などの組み合わせによって成り立っており、それらは形状・寸法や重量に関する情報はもとより、物質特性に関する情報、製造やコストに関する情報、建物における位置に関する情報など、様々な情報を持つ。加えて、部材を組み合わせた結果立ち現れる室空間も、同様に名称や建物における位置、面積、天井高、利用者属性、備品などの情報を持つ。

そのような建物と情報の関係性に着目すると、建物を情報の集積としてとらえる考え方は至極当然なことのように思える。これは、建物を「システム」と見なす考え方とも言え、設計という行為は「情報処理」であるとも言える。ここで最も重要なことは、

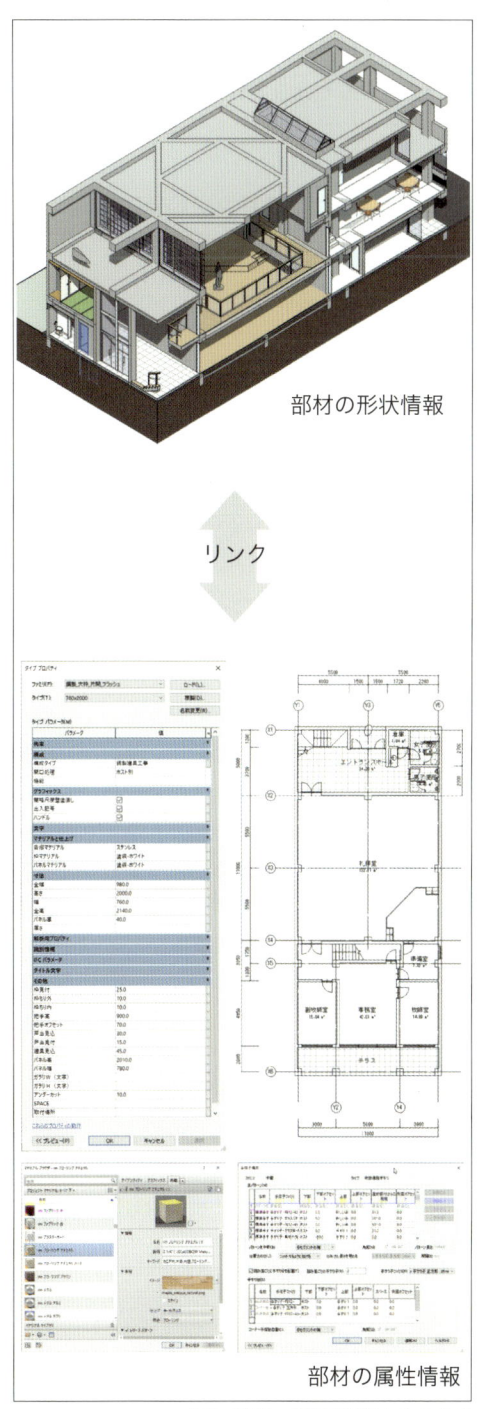

部材の形状情報

リンク

部材の属性情報

図1　建物＝情報の集積ととらえる

「コンピュータが理解できる形式」で建物を記述することであり、それにより情報を処埋しその結果を表示できるという点にある。一方、図面は製図法という共通ルールに基づいて作成される、人間のための建物の記述手段である。図面はコンピュータにとって意味のない「線の集合体」でしかなく、その内容を理解することはできない。この建物の記述方法の転換は、建築業界における21世紀最大のパラダイムシフトと言って過言ではない。

では、このパラダイムシフトと1980年代後半から普及し始めたCAD（Computer Aided Design もしくは Drafting）との違いは何だろうか。これまで、コンピュータは建築分野において図面の清書や構造計算の道具として限定的に利用されてきた。前者のために開発されたシステムがCADである。図面はコンピュータにとって意味のないものであることは前述した通りであり、これが現在のBIMの普及がCADの普及とは根本的に異なる情報革新であると言われる所以である。

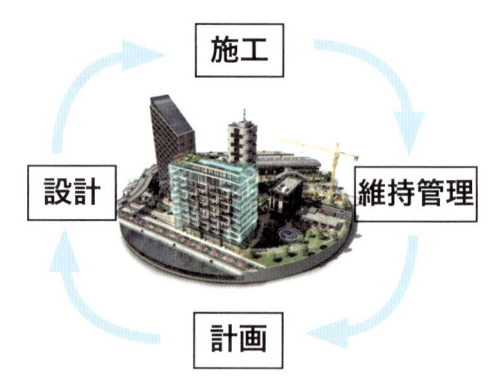

図2 2DCADは単なる線の集合体（壁も線により記される）

1.3 BIMの定義

建物と情報の関係について理解が深まったところで、改めてBIMの定義を考えてみる。「建物の情報をつくること」の意味であるBIMは、狭義には建物情報データベースをつくるためのソフトウェア（以下、BIMソフト）、またはそのツールにより生み出された成果物であるデータベース（以下、BIMデータ）を指す。BIMソフトの例として、日本ではAutodesk社Revit（本書で扱うソフトウェア）、GRAPHISOFT社ArchiCAD、福井コンピュータ社GLOOBEなどがある。

また、データベースを構築しただけでは意味がなく、その利活用により初めて価値が生まれる。そこで広義には、「企画から設計、施工、維持管理、解体に至る建物のライフサイクルを通して、建物のデータベースを構築・改変しながらそれを利活用する」という方針を指す。これは具体的なモノを指すのではなく、考え方（コンセプト）である。その実現のためには、組織の編成と業務の方法（ワークスタイル）を変えなければならない。

まとめると、BIMとはツールであり、そのアウトプットであり、コンセプトであり、ワークスタイルであると言え、どれもがBIMであると言えるし、どれもBIMを説明するには不十分とも言える。このように捉えどころがないだけでなく、データベースが含む情報や利活用の結果生み出される価値が日々拡張し続けていることが、BIMの定義を困難にしている。今考えうるBIMの定義は10年後のそれとはずいぶん違ったものになっている可能性が大きく、また、生み出される価値も将来は予測不可能である。

図3 建物ライフサイクルにおけるBIMデータの利活用
画像提供：オートデスク株式会社

BIMとは

- ツール
- アウトプット
- コンセプト
- ワークスタイル
- ⋮

図4 BIMの定義

1.4 BIM が生み出す価値

　建物の設計案の情報化によりコンピュータがそれを理解できる、すなわち「仮想空間に設計中の建物が存在する」ことは、建築業界にどのような価値を生み出すのだろうか。建物のライフサイクルにおける各段階および各主体で、BIM の導入効果は異なる。ここでは一例として、設計段階を中心に現時点で考え得る効果を示す。

　設計段階では、最も大きな価値として設計図書の自動作成と一貫性の担保があげられる。BIM ソフトでは図面は情報を持つ建物モデルから自動的に切り出される（ただし、加筆を要する）。また、各種図面や透視図、数量表などが相互に連動しており、例えば配置図で屋根の形状や仕様を変更すると、立面図、断面図、透視図、仕上表などがそれに伴い自動的に変更される。人間の要求に応じてコンピュータが設計中の建物を様々な形式で表現してくれ、人間がどの表現形式から修正してもコンピュータが仮想空間に存在する設計中の建物を修正してくれる。また、設計が進むに従い徐々に情報の量や精度を増していくため、従来のように基本設計と実施設計が分断されることなくシームレスにつながり、情報の作り直しを最小限に抑えることができる。これらのことは、図面の作成手間や図面間の不整合の問題を解決することに寄与する。

　二つ目の価値として、仮想空間の建物がまるで実在するかのように、その振る舞いを建設前に確認できる点があげられる。例えば、物性の情報を利用した構造解析や環境シミュレーション、室や動線の情報を利用した避難シミュレーション、数量やコストの情報を利用した積算などである。これらは BIM ソフトだけでは処理不可能なため、それら属性情報を読み取ることのできる各種シミュレーションソフトを併用することで可能となる。建設前に様々な検証を行うことで、実際に建設される建物の質を向上させることに寄与する。

　三つ目の価値として、まだ見ぬ建物をあらゆる側面から可視化できる点があげられる。図面を理解し頭の中で設計中の建物を想像できる発注者は決して多くはない。BIM ソフトを用いることで、常に最新の設計案の透視図をどこからでも描くことができる。また、Virtual Reality（VR）ソフトとヘッドマウントディスプレイ（HMD）を併用することで、光や影が表現された超リアルな設計中の空間を歩き回ることだってできる。シミュレーション結果は建物の見えない特性をヴィジュアルに表現できるため、建物性能の理解に役立つ。常に正確な情報を発注者に伝えることで誤解や無理解をなくし、意思決定の支援や満足度の向上に寄与する。加えて、設計チーム内での設計コミュニケーションやデザインレビュー、設計者自身の設計案検討にも寄与する。

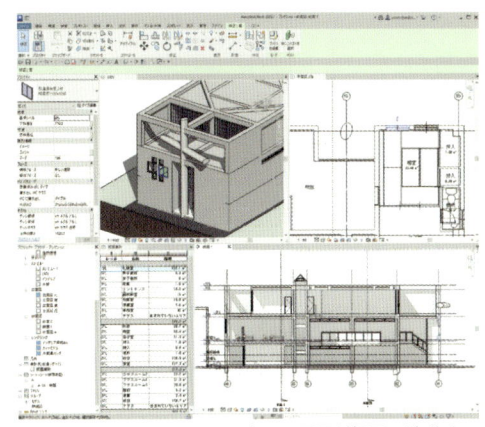

図5　BIM ソフトでは全ての図面が相互に連動する

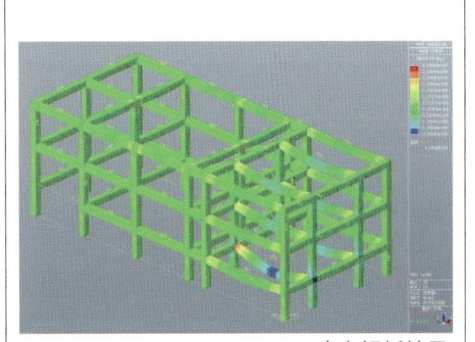

応力解析結果

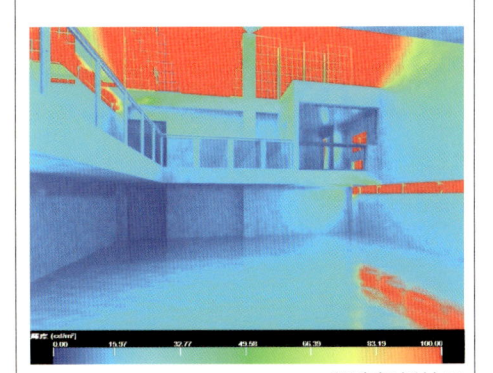

輝度解析結果

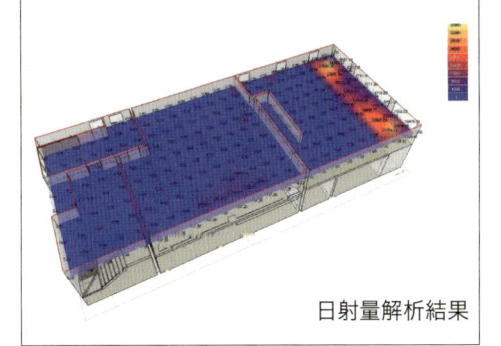

日射量解析結果

図6　BIM データを活用した解析

その他として、次に施工段階や維持管理段階で期待される効果を示す。

施工計画段階では、生産設計における意匠、構造、設備の設計BIMデータ統合による自動干渉チェックや、複雑な納まり部位や施工の手順の可視化による施工検討や意志決定支援があげられる。従来は事前検討が十分に行われないことに起因する施工段階でのやり直しにより、手間やコストが発生していた。BIMソフトによる可視化は、この非効率なやり直しの減少に寄与する。なお、施工現場でのBIMの活用はまだ進展しておらず、現在様々なことが模索されている。

維持管理段階では、BIMデータに基づく各種台帳の自動作成や維持管理業務の見積りに必要な数量の自動算定（建物情報のハンドオーバー）による労力の削減があげられる。従来、建築業界にとって竣工後は全く別の工程だと認識されていた。しかし、竣工までの期間に比べ竣工後の期間が圧倒的に長く、その間のコストも圧倒的に大きい。ライフサイクルを通したコスト計画が大切であり、建物のライフサイクルにおける情報活用を謳っているBIMの概念にも通じるため、維持保全や建物運用段階における建物の情報活用が注目されている。しかし施工現場と同様、日々の維持保全や建物運用業務においてBIMの導入はあまり進展していない。

現在業務の中で実践的に行われている試みに基づき、近い将来BIMが提供すると考えられる新たな価値を以下に述べる。

BIMソフトをカスタマイズすることによる、設計や施工計画におけるBIMデータの自動作成や自動詳細化に最適化アルゴリズムを導入することで、設計案の質の向上が期待される。

また施工現場では、BIMデータと工程管理ソフトの連動による工程管理の高度化や、Mixed Reality（MR）技術を用いた施工情報を含むBIMデータと眼前の作業風景の重畳による施工作業や施工検査の視覚的な支援、施工BIMデータに基づき自律移動するロボットによる自動施工などが期待される。

維持管理業務においては、BIMデータをクラウド技術や建物に設置された各種IoTセンサーと組み合わせ各種点検業務や修繕・更新業務を情報化することで、それによる効率化やライフサイクルコスト（LCC）の最小化が期待される。また、BIMデータに基づくスペースマネジメントによる効率的な室利用など建物運用の高度化にも寄与する。

1.5 BIMの導入＝標準化

今後は、組織内外でのBIMデータの作成ルール及び建物を構成するパーツの（保持する属性情報を含めた）共通化や、BIMデータの利活用に関するルールの共通化、すなわち、interoperability（相互運用性）の向上が急務である。相互運用性を向上させることで、建物に関与する様々な人々が皆でBIMデータを作り育て、皆でBIMデータを使うという、BIMの真価

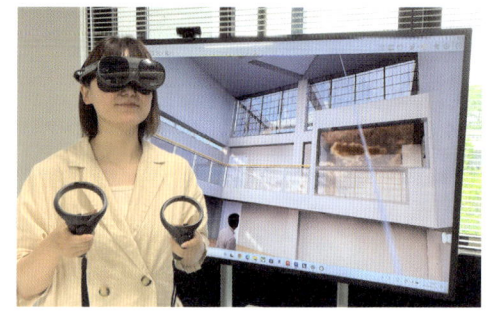

図7 BIMデータ、VRソフト、HMDの利用による設計案への没入

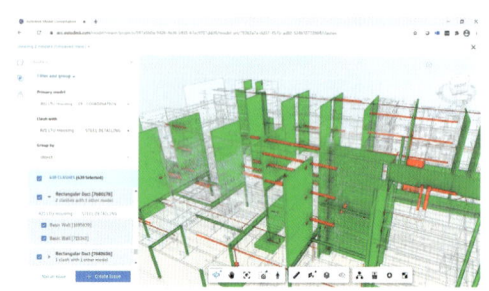

図8 生産設計における干渉チェックの様子
画像提供：オートデスク株式会社

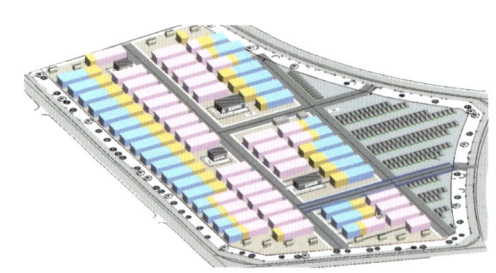

図9 遺伝的アルゴリズムによって配置が最適化された応急仮設住宅団地のBIMデータ

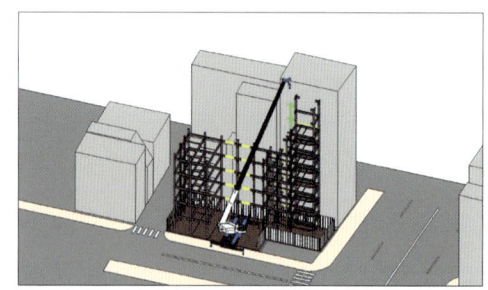

図10 BIMデータを用いて鉄骨建方をクレーン位置に基づき自動的に判定

が発揮されるからである。BIM の導入は、結果として建物のライフサイクルにおける各段階で作成される成果物やワークスタイルの標準化に繋がる。

　BIM の導入は、混沌とした建築業界において標準化を強力に推進し、製造業の中で最も低い建築業界の労働生産性を向上させる。結果として、人間はムリ・ムダな作業から解放され、真に創造的な作業に注力できることを期待したい。このように、組織の編成や業務の方法にも多大な影響を与え、また BIM への投資は膨大であることを考えると、組織のトップ以下全ての構成員が BIM を十分に理解する必要があろう。今後、BIM の導入を契機として、建築分野の産業構造が合理化されることが期待される。

1.6 BIM のない時代には戻れない

　最近、「今後 BIM を導入する必要があるか」という類の質問を受けることが多い。答えはイエス、しかしノーである。

　多かれ少なかれ、BIM を導入しその恩恵に預からなければ、この業界が立ち行かなくなる日が将来必ずやってくる。これがイエスと答えた理由である。しかし心配には及ばない。今の建築業界がそうであるように、BIM データを構築・編集する人やそれを利活用し必要な結果のみを提供する人に業務を依頼すればよい。外注である。無論、自分でやるに越したことはないが、人材育成を含めた BIM への投資と天秤にかければよく、これがノーと答えた理由である。

　繰り返しになるが、BIM を導入するということは、BIM というソフトウェアを購入しオペレータを雇用することではないことは、もうお分かりいただけただろう。組織への BIM の導入にはその目的によって最低でも 5 年、10 年はかかる。しかしながら、まずは BIM ソフトを購入し、その操作を習得して BIM データをつくってみる、そこから全ては始まる。建築業界という目の前に広がる大海原を無事航海するためには、BIM という船と革新というオールが必要である。

　本書がその大切な第一歩を踏み出すための羅針盤になることを願っている。

図11　BIM データに基づくロボットを使ったインテリア部品の製作

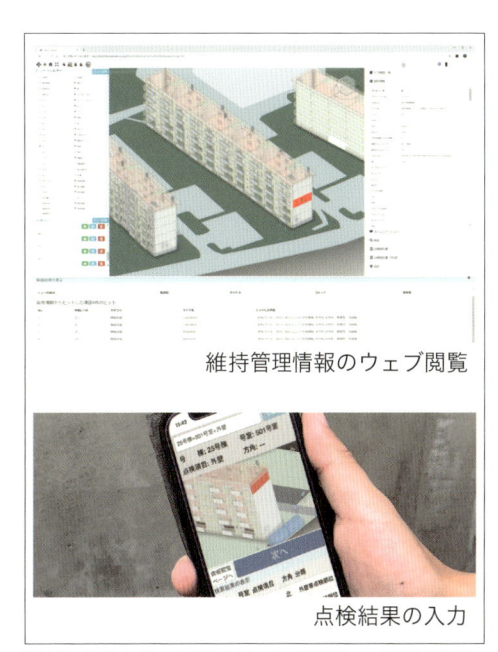

維持管理情報のウェブ閲覧

点検結果の入力

図12　クラウドでの BIM データの活用による維持管理支援システム

図1 2代目草葉町教会（1936 年－1945 年）の外観

2

日本キリスト教団熊本草葉町教会

　キリスト教が日本に初めて伝わったのは 16 世紀の鹿児島であると言われている。その九州の地であるから、熊本にはキリスト教の教会が多いらしい。確かに、注意深く見ると街中には多くの十字架を目にする。

　日本キリスト教団熊本草葉町教会（以下、草葉町教会）は終戦後まもなくして建て替えられた先代の教会の建て替えであり、記録が残っている限りでは 3 代目にあたる。建て替えに際して、少なくとも 200 人の信者を受け入れることのできる礼拝堂、自分たちで料理できる設備を備えた会食のできる大きなスペース、日曜学級が開催できる部屋などが求められた。人々がこの教会に集い、音楽や映画を楽しみながら人生を考え、ひいてはキリストの存在を語る。そのような地域の交流施設として機能することを目指し、この小さな教会には様々な工夫が凝らされている。

　延床面積が 600 ㎡に満たない鉄筋コンクリート造 3 階建てのコンパクトな建築である。柱も梁も断面の大きさは 540mm 角とし、構造フレームを積極的に露出させている。コンクリート打放しと相まって厳格な印象を与えているが、入口には二層吹抜のエントランス、中央には三層吹抜の礼拝堂と 2 つのダイナミックな空間を内包している。

　最も特徴的であるのは礼拝堂であろう。訪れた人々が映画や音楽を楽しむために、天井には巨大スクリーンが吊り下げられ 2 階の吹抜通路はコンサート時には客席となる。残響時間は 1.5 秒であり、ミサにもコンサートにも適した音環境といえる。礼拝堂に面した母子室は乳児と一緒にミサや様々なイベントに参加できるようにとの工夫であるが、この教会で結婚式が行われた際には新郎新婦の控え室になったと聞く。礼拝堂は入口と祭壇が正方形平面の対角線で結ばれている。それによって生まれた三角形の席レイアウトは、前や後ろの席数を減らすことで少人数でも人で埋め尽くされているように感じる効果を狙ったそうである。対角の通路は祭壇に至る距離を少しでも長くするための工夫のようにも見える。礼拝堂の採光は、北面に設置された高窓のステンドグラスを通した光と東西面の垂れ壁越しに入る間接光のみであり、直射光が入らないように配慮された必要にして十分な光量である。

　一方、外観の最大の特徴は、金のモザイクタイルがびっしりと貼られた大きな十字架であろう。当該十字架は教会正面に対して

図1　外観：円筒の十字架とカーテンウォール

図2　内観：エントランス階段 2 階踊り場から見下げ

少し東を向くように配置されており、十字架の左腕が聖地エルサレムを指すように角度が決められている。竣工当時の矢崎邦彦牧師によると、十字架は「神の子自らが私たちに代わって私たちの罪の罰を受けてくださった場所」であるとのこと。十字架は神の愛が現れた場であり、愛をくぐって礼拝堂へと向かうという全国でも稀有な教会である。

設計者である木島安史先生（当時、熊本大学工学部教授）、牧師である矢崎先生、信者であり木島先生を矢崎先生に紹介した岩井善太先生（当時、熊本大学工学部教授）をはじめ、多くの草葉町教会信者のご尽力により、35 年前この建築は生み出された。竣工当時に比べると周辺はずいぶん様変わりしたが、草葉町教会が今なお地域に愛される存在であることに変わりはない。

図3 内観：礼拝堂南側

図4 内観：1 階事務室

日本キリスト教団熊本草葉町教会　建築データ

基本設計：	熊本大学木島・両角研究室
実施設計：	建築　木島安史 +YAS 都市研究所
	構造　中山構造研究所
	設備　有吉建築設備設計
施工：	岩永組
敷地面積：	632.40 ㎡
建築面積：	299.07 ㎡
延床面積：	564.08 ㎡
階数：	地上 3 階
構造：	鉄筋コンクリート
工期：	1988 年 5 月～ 1988 年 11 月
住所：	熊本市中央区草葉町 1-15

図5 内観：2 階食堂

木島安史　プロフィール

1937 年 生まれ
1962 年 早稲田大学卒業
1966 年 早稲田大学大学院修了
1971 年 計画・環境建築／ YAS 都市研究所設立
1971 年 熊本大学工学部助教授
1980 年 熊本大学工学部教授
1991 年 千葉大学工学部教授
1992 年 没

主な作品に、球泉洞森林館（1984 年、日本建築学会賞）、熊本県立東稜高校（1989 年、村野藤吾賞）などがある。また、1980 年代から三次元 CAD を活用した建築設計に精力的に取り組んだ。

参考文献
「日本キリスト教団熊本草葉町教会」、新建築 1989 年 2 月号、新建築社、1989 年 2 月
「日本キリスト教団熊本草葉町教会」、SD1994 年 4 月号（第 355 号）
堂夢の時感 半過去から半未来へ：木島安史の世界、鹿島出版会、1994 年 4 月

図6 内観：中央階段 2 階踊り場から見上げ

図7 外観：北立面

図8 内観：礼拝堂入口から祭壇を見る

図9 内観：礼拝堂2階からステンドグラスを見る

図10 内観：2階母子室

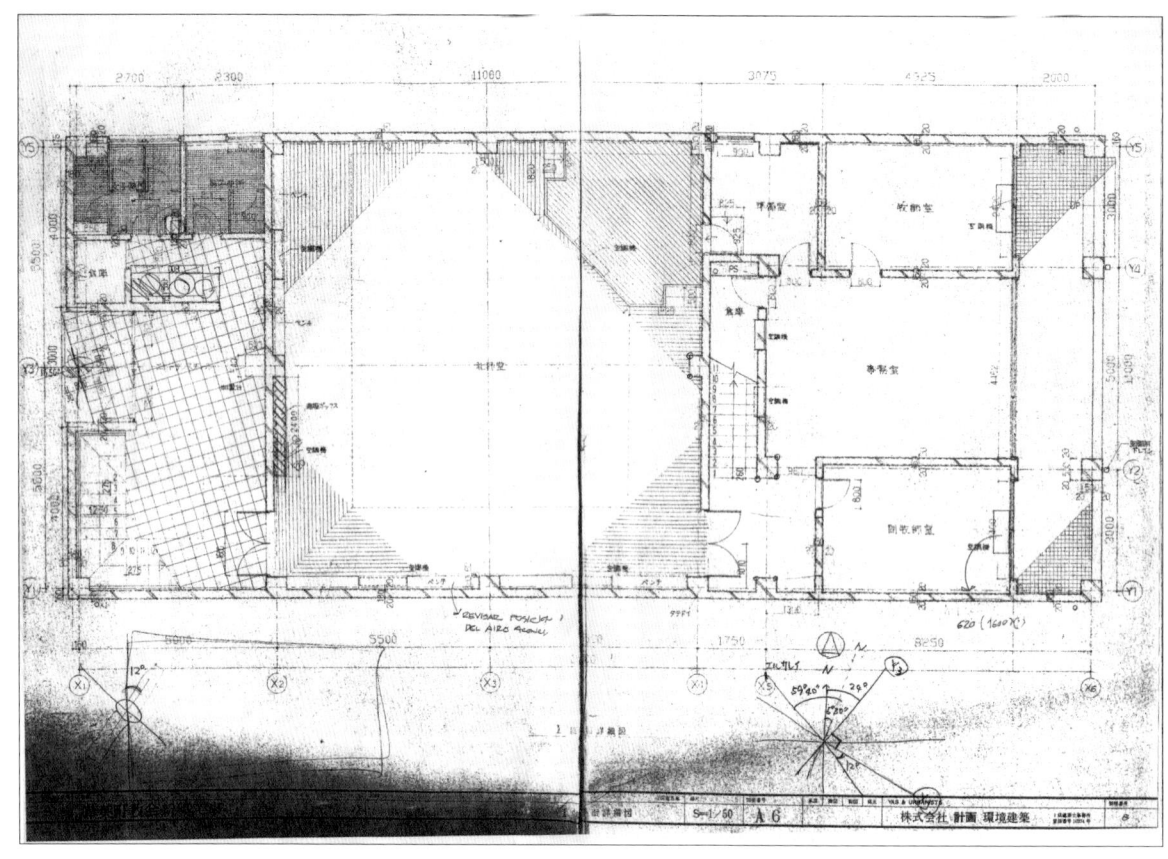

図11 1階平面詳細図（青焼きの実施設計図）

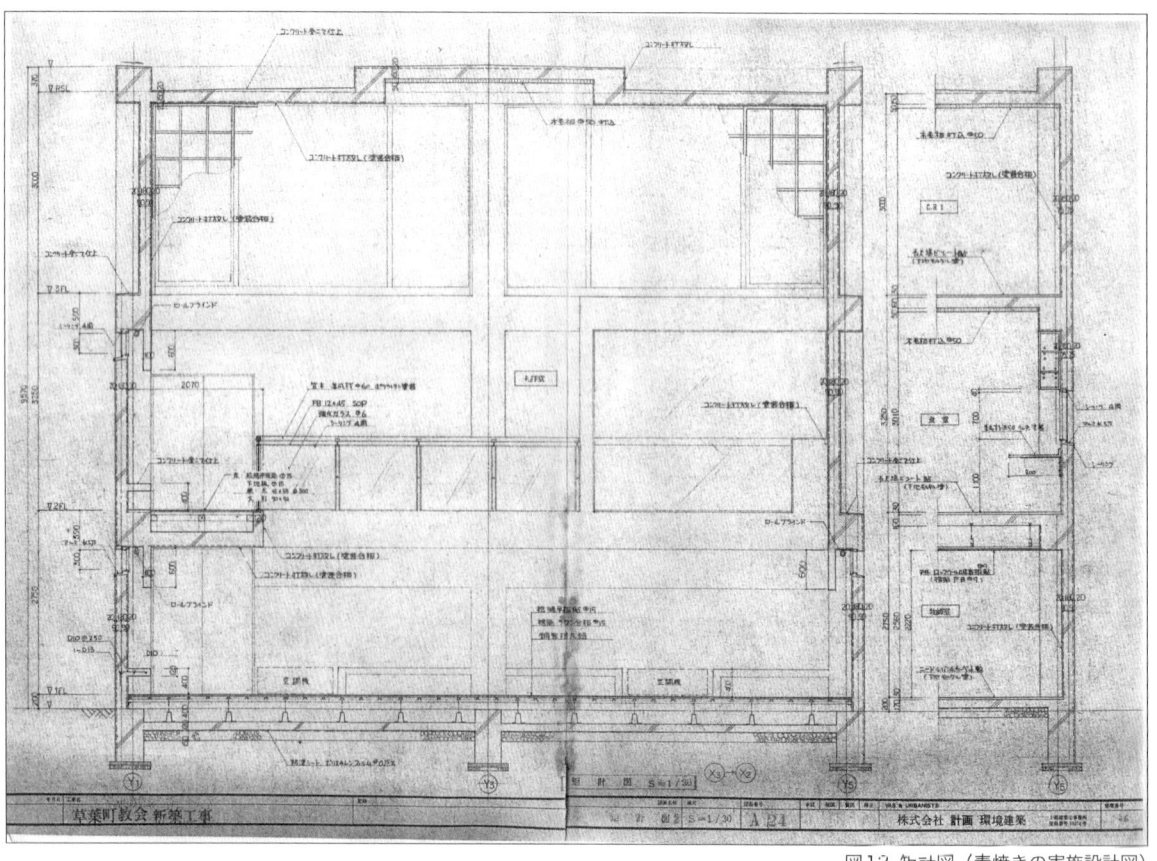

図12 矩計図（青焼きの実施設計図）

3

Revit のインターフェースと基本操作

Revit の画面の各部の名称と使用方法、マウス操作について確認する。

3.1 Revit の起動と各部の名称
Revit を起動し、ホームビューを確認する。ここでは、プロジェクトを新規作成し、画面やマウス操作などを確認する。

3.1.1 起動と新規作成

学習内容：Revit の起動、プロジェクトの新規作成

Revit を起動し、プロジェクトを新規作成する。

デスクトップのショートカットをダブルクリックし、Revit2025 を起動。**1**

Revit のホームビューが表示される。
「モデル」の［新規作成］をクリック。**2**

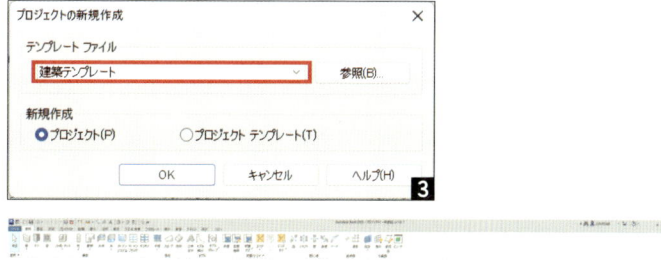

「プロジェクトの新規作成」ダイアログボックスで「テンプレート ファイル」から［建築テンプレート］を選択し、［OK］をクリック。**3**

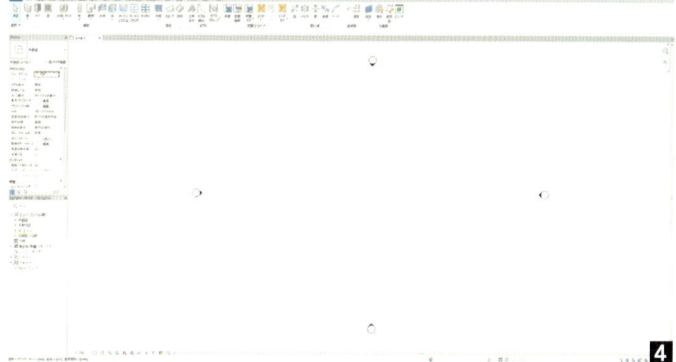

新しいプロジェクトが作成される。**4**

HINT

Revit のホームビューには「モデル」と「ファミリ」という2つのメニューがある。建物モデルや図面を作成する場合は「モデル」を、建物モデルに配置するドアや窓などのパーツ（部品）を作成する場合は「ファミリ」を選択する。

3.1.2 ユーザーインターフェース

Revit の各部の名称を確認する。詳しい使用方法は第4章のモデリングの中で説明する。

各部の名称は以下のとおり。**1**

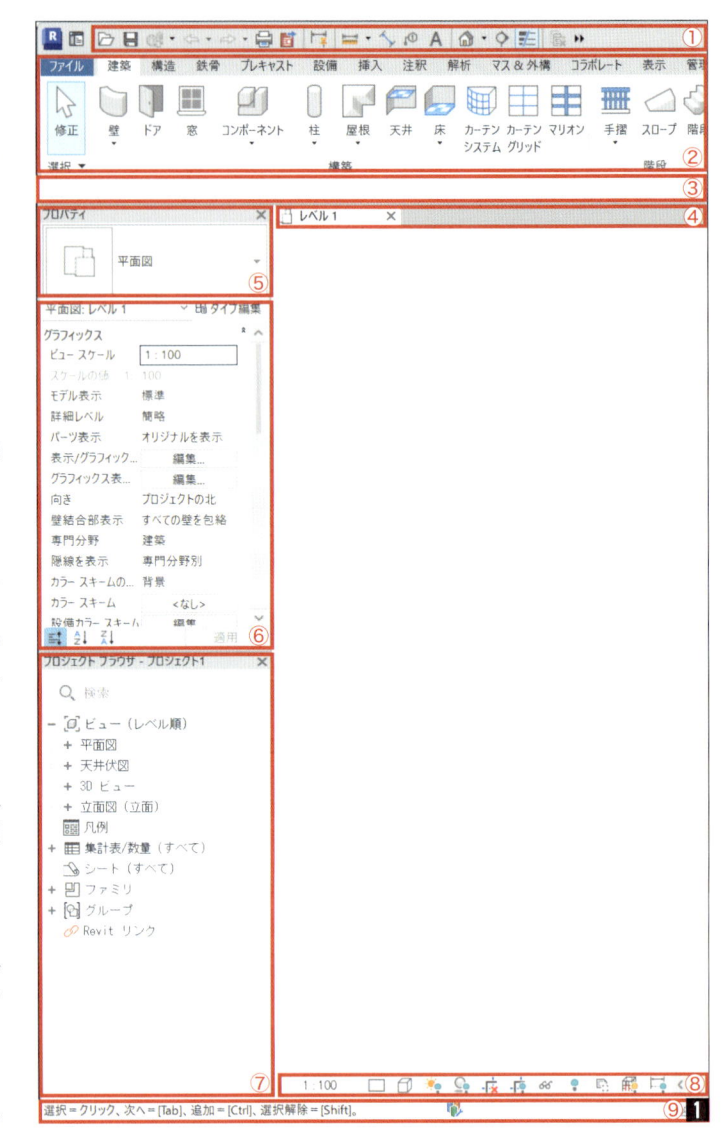

① クイックアクセスツールバー
よく使用するコマンドをクイックアクセスツールバーに登録することができる。コマンドアイコンを右クリックするとコマンドの追加や削除ができる。

② リボン
モデルやファミリを作成するためのすべてのコマンドが表示される。「建築」、「構造」、「鉄骨」などコマンドが分類され、タブで分けられている。

③ オプションバー
現在実行している操作に応じたツールオプションが表示される。

④ タブビュー
平面図、立面図、3Dビューなどのビューにアクセスすると、タブビューにそれらが並んで表示され、切り替えることができる。アプリケーションウィンドウの外にドラッグすることもできるので、別のモニターにビューを表示することが可能である。

⑤ タイプセレクタ
プロパティパレット上部のプルダウン。現在選択されているファミリタイプなどが表示される。ここから別のファミリタイプに変更することができる。

⑥ プロパティパレット
オブジェクトが選択されていない時は、現在表示されているビューの情報が、オブジェクトが選択されている時は、そのオブジェクトの情報が表示される。

⑦ プロジェクト ブラウザ
プロジェクトのすべてのビュー、集計表、シート、ファミリなどがツリー表示される。各ビューをダブルクリックすると、表示ビューを変更できる。

⑧ ビューコントロールバー
ビューの表示をコントロールするコマンドがまとめられている。縮尺や詳細レベル、表示スタイルなどが設定できる。

⑨ ステータスバー
これから行う操作のヒントが表示される。要素やコンポーネントをハイライト表示すると、ファミリとタイプの名前が表示される。

3.1.3 マウスのホイールボタンを使った画面操作

Revit での画面操作は、マウスのホイールボタンを使って操作をすると効率的である。

画面移動（パンニング）

マウスのホイールボタンをドラッグする（ホイールボ
タンを押しながらマウスを動かす）。**1****2**

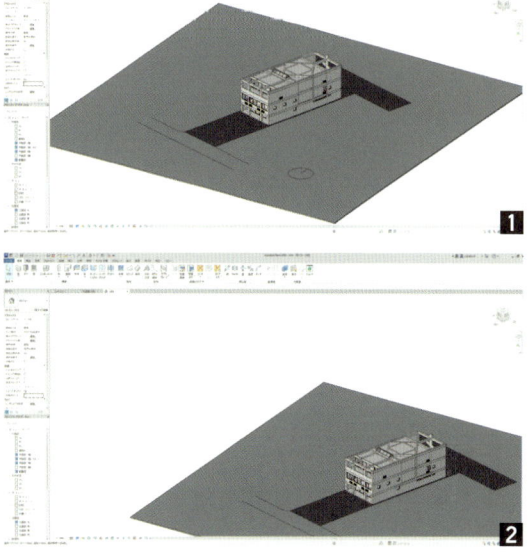

ビューの拡大 / 縮小（ズームイン / ズームアウト）

ホイールボタンを前に回転すると拡大、後ろに回転す
ると縮小。**3****4**

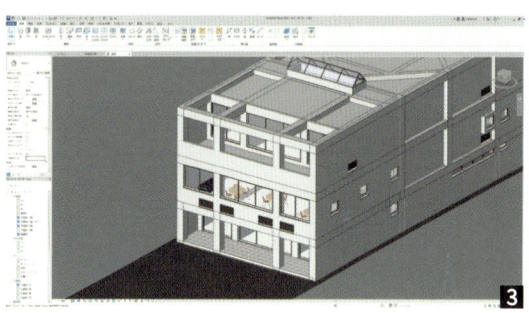

ビューの回転（オービット）

[Shift] キー + ホイールボタンをドラッグする。**5**

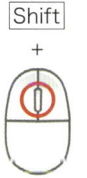

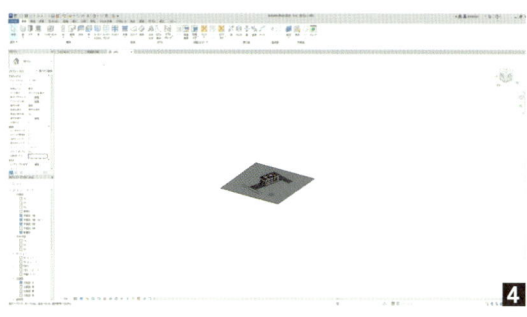

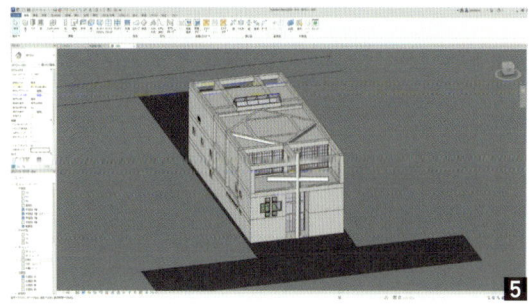

3.1.4 保存と閉じる

Revit のデータは、プロジェクト、ファミリ、テンプレートとして保存できる。プロジェクトデータの拡張子は .rvt である。

[ファイル] の [名前を付けて保存] から [プロジェクト] をクリック。■

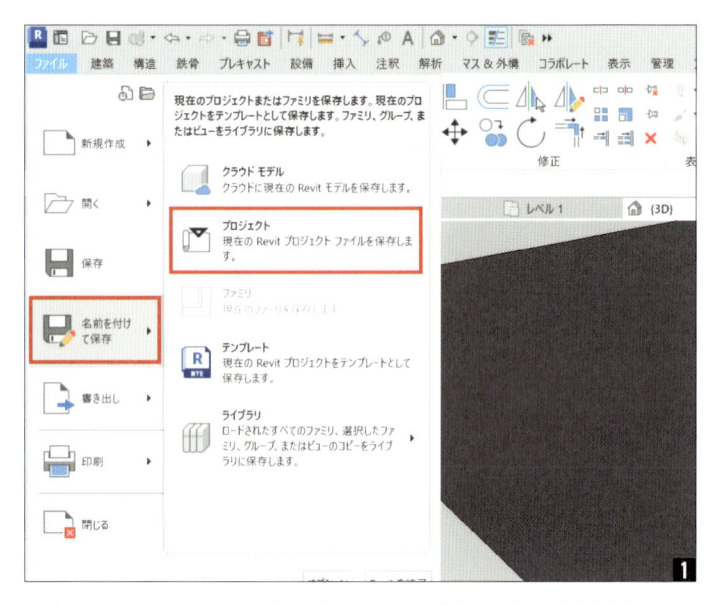

「名前を付けて保存」ダイアログボックスで保存先のフォルダとファイル名を入力し、[保存] をクリック。②

[ファイル] から [閉じる] をクリック。
複数のビューが1度に閉じ、ホームビューに戻る。③

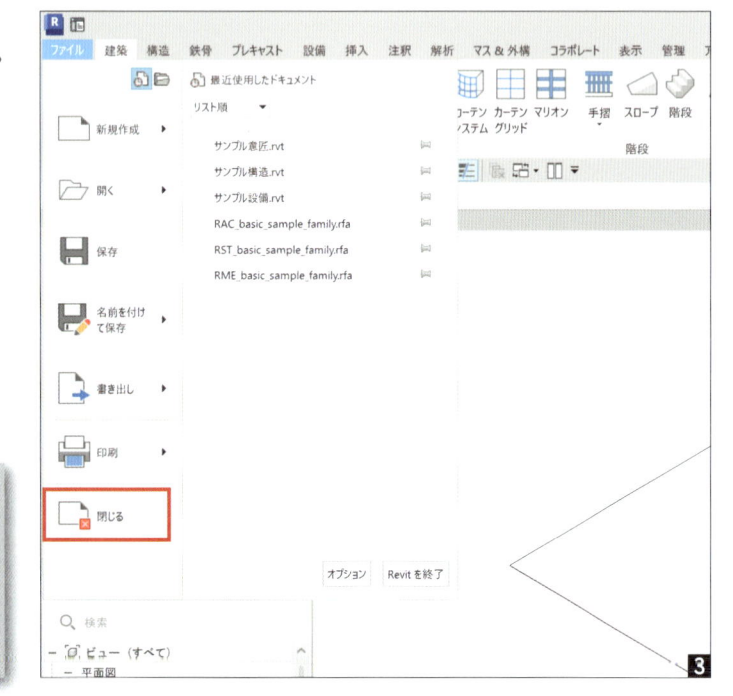

HINT

バックアップファイルの自動保存
Revit には自動でバックアップファイルが保存される仕組みがある（デフォルトでは最大3つ）。作成されるバックアップファイルの場所は元のファイルと同じ場所、ファイル名は元のファイル名に枝番号が付与されたものとなる。

4

1 階の入力

本書が提供する教材データ（P.6 参照）のテンプレートを使い、1 階を作成する。まずは通芯やレベルを作成し、この建物全体をモデリングするための準備を行う。そして、柱、壁、梁など建築要素を入力することで、Revit の基本的な操作方法を身につける。また、建具の入力により、ファミリ（パーツ）の利用方法について学び、BIM の特徴の 1 つである検討や設計変更が容易に行えることを理解する。作成した 3D モデルから平面図や断面図を書き出し、面積表などにもデータが連携しているため、効率よく設計図書が作成できることを学ぶ。

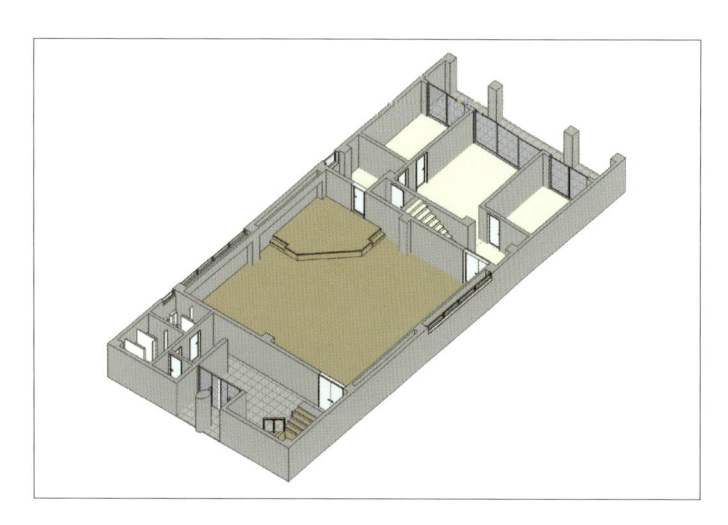

4.1 敷地の入力
付属のテンプレートでプロジェクトを開始し、DWG 形式の敷地図を読み込む。

4.1.1 プロジェクトの開始

学習内容：新規作成

［モデル］の［新規作成］をクリック。**1**

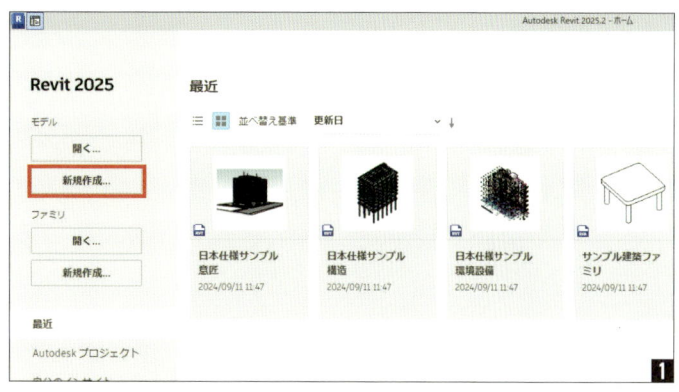

「プロジェクトの新規作成」ダイアログボックスの［参照］をクリック。**2**

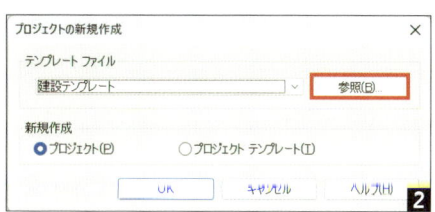

「テンプレートを選択」ダイアログボックスで、ダウンロードした「データ」という名称のフォルダから[草葉町教会テンプレート .rte]を選択し、[開く]をクリック。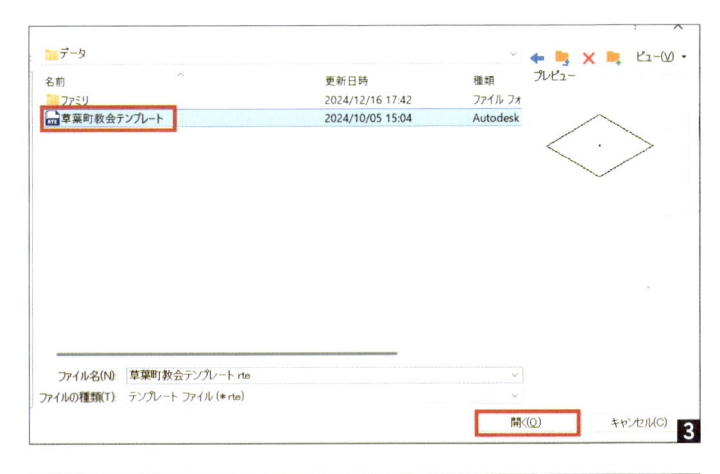

「プロジェクトの新規作成」ダイアログボックスの[OK]をクリック。

プロジェクトが新規作成される。

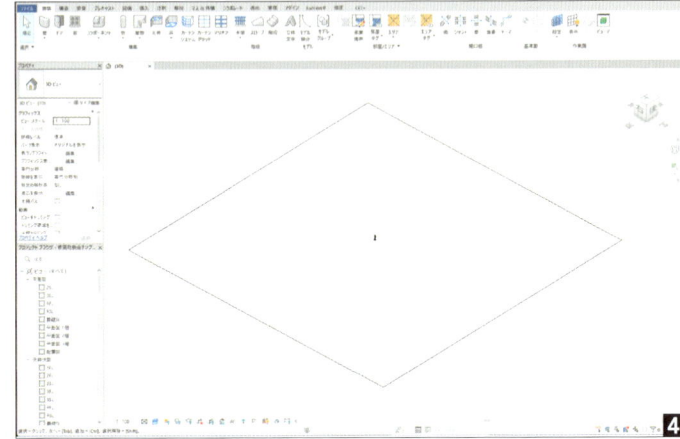

4.1.2 敷地図の読み込み

プロジェクト ブラウザ[平面図]の[配置図]をダブルクリック。

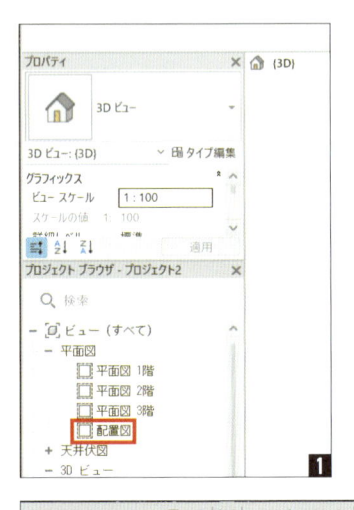

[挿入]タブの[CAD 読込]をクリック。

HINT

プロジェクト ブラウザでビューをダブルクリックすると、作図領域が目的のビューに切り替わる。

「CAD 読込」ダイアログボックスで下記の設定をする。
3

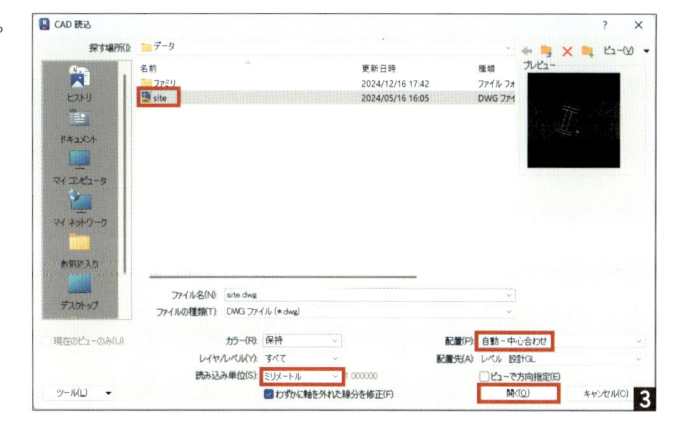

「データ」フォルダから［site.dwg］を選択（敷地図の 2DCAD ファイル）。
「読み込み単位」を［ミリメートル］に設定。
「配置」を［自動 - 中心合わせ］に設定。

［開く］をクリック。

HINT

配置：自動 - 中心合わせ
読み込んだ CAD データの中心が、Revit の原点に合わせて配置される。

読み込み単位
読み込む際の単位の設定。AutoCAD で作成された DWG データを読み込む場合は［自動検出］で単位が自動認識される。
AutoCAD 以外の DWG データの場合は［ミリメートル］に設定すること。

4.1.3 プロジェクトの北の設定

学習内容：プロジェクトの北、真北

読み込んだ敷地図は図面の上が真北になっており、敷地境界線が垂直水平いずれにも揃っておらず、作業に不向きである。そのため、真北とは別に作業用の北（プロジェクトの北）を設定する。設定すると、真北とプロジェクトの北を随時切り替えて表示できる。

［管理］タブ［位置］の［プロジェクトの北を回転］をクリック。**1**

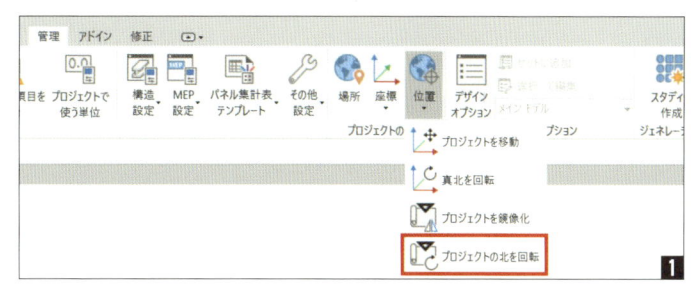

「プロジェクトを回転」ダイアログボックスで［選択した線または面に位置合わせ］をクリック。**2**

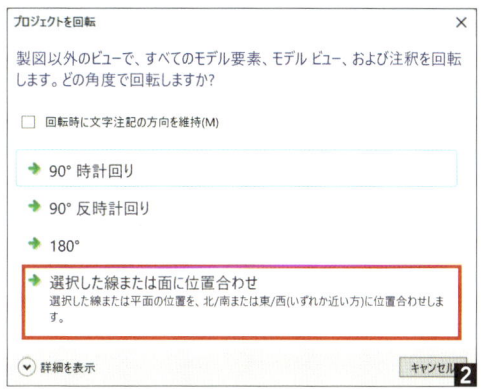

基準となる線をクリック。**3**

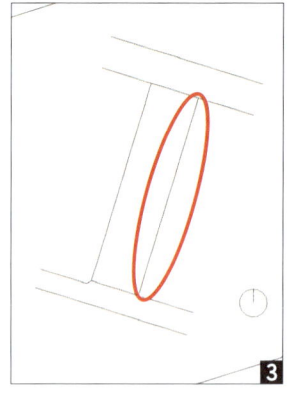

「正常に処理しました」というメッセージが表示されるので［OK］をクリック。**4**

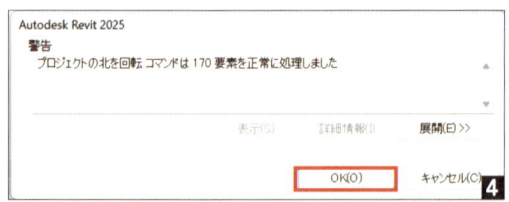

プロパティパレット「グラフィックス」の「向き」を［真北］に変更。**5**
表示が真北方向に切り替わる。**6**

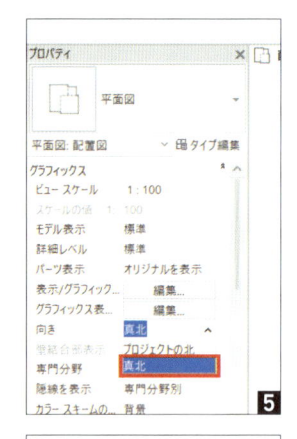

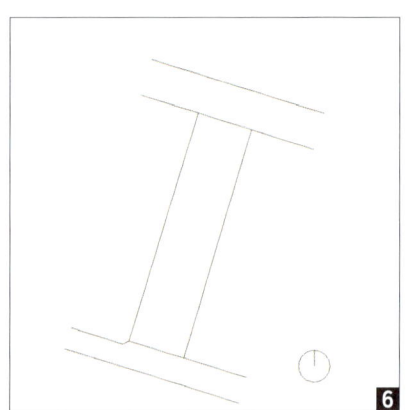

確認後、プロパティパレット「グラフィックス」の「向き」を［プロジェクトの北］に変更。**7**
表示がプロジェクトの北方向に切り替わる。**8**

以降、プロジェクトの北で作業を行う。

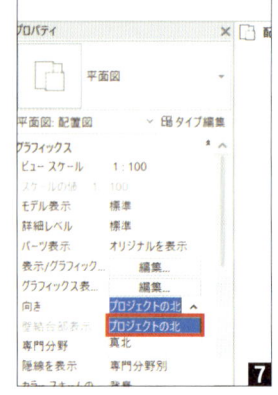

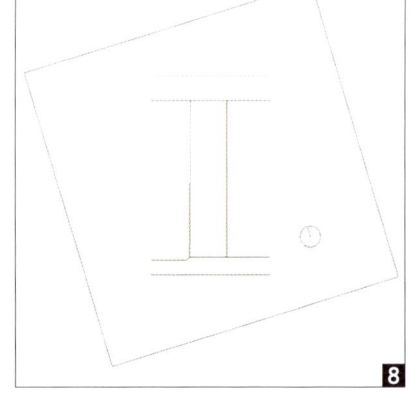

HINT

真北
現実世界の北の方位。レンダリング時の太陽の角度（陰影のつきかた）に影響する。

プロジェクトの北
図面の上方向。通常は建物形状の主要な軸を基準として設定する。

4.2 基準線の入力
レベルや通芯の入力や編集を行う。

4.2.1 レベルの設定

プロジェクトで既に描かれている「レベル」(高さ基準)の高さを変更する。設計 GL から 1FL の高さを「200」、設計ＧＬから 2FL の高さを「2950」、設計ＧＬから 3FL の高さを「6200」に変更する。

プロジェクト ブラウザ「立面図」の［立面図 南］をダブルクリック。**1**

1FL の一点鎖線上をクリックすると、仮寸法（下記 HINT 参照）が表示される。**2**

寸法値をクリックし、［200］と入力。
［Enter］キーで確定。**3**
設計ＧＬから 1FL の高さが 200 に変更される。

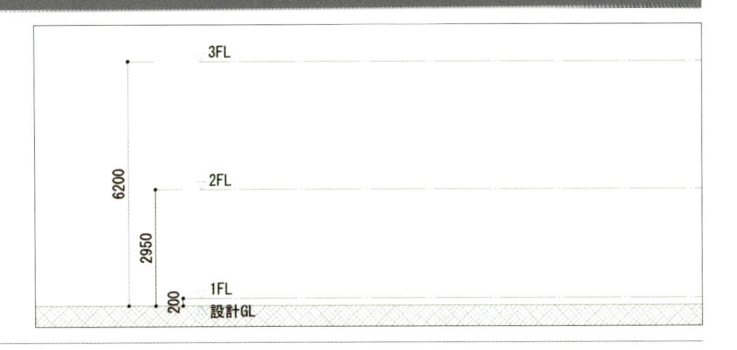

2FL の一点鎖線上をクリックすると、仮寸法が表示される。**4**

仮寸法の下側の寸法補助線の基準位置を 1FL から設計 GL にドラッグで変更する（青い［●］をドラッグ）。
5

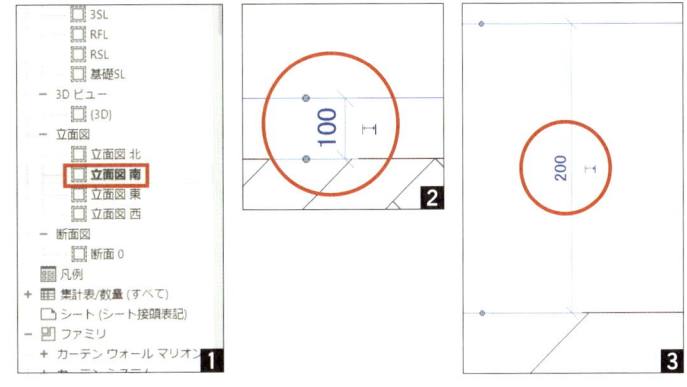

寸法値をクリックし、［2950］と入力し、［Enter］キーで確定。**6**

同様に、設計 GL から 3FL の高さを 6200mm に変更。
7

HINT

仮寸法
仮寸法は作図をするために仮表示される寸法。要素を選択すると表示され、選択解除すると非表示になる。一番近くの基準となる要素からの寸法が表示されるが、基準位置は自由に変更できる。仮寸法で位置を変更する時は、移動したい図形を選択すること。

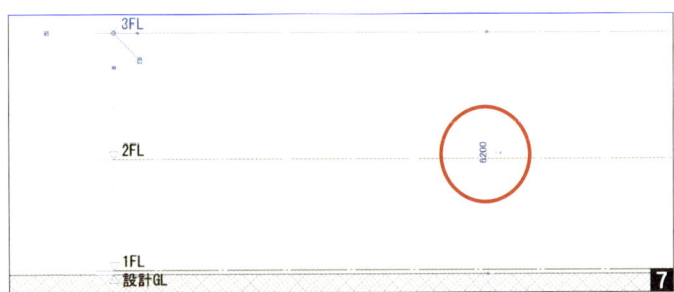

4.2.2 レベルの追加

学習内容：レベル、［Tab］キーによる循環選択、レベルとビュー名の変更

基礎 SL レベルを設計 GL から -200mm の高さで作成する。その後、端点位置やレベル表記の調整を行う。最後に、追加したレベルを平面ビューに追加する。

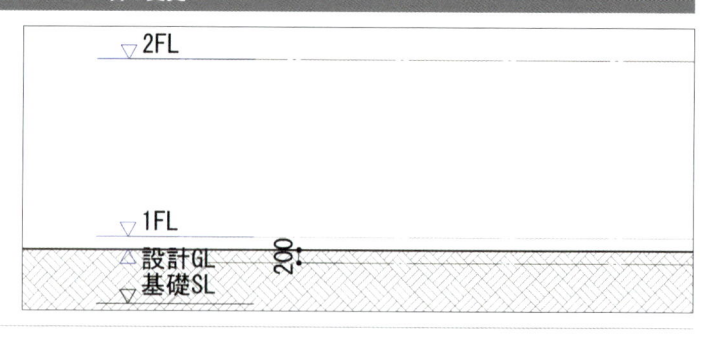

［建築］タブの［レベル］をクリック。■

［修正｜配置レベル］タブの［線］が選択されていることを確認。■

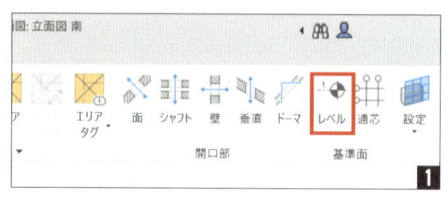

設計 GL より下の適当な位置で始点と終点をクリックし、新しいレベルを作成する（「レベル 25」が追加される）。■
作成後はコマンドは終了する（下記 HINT 参照）。

設計 GL からの高さを 200mm に変更。■

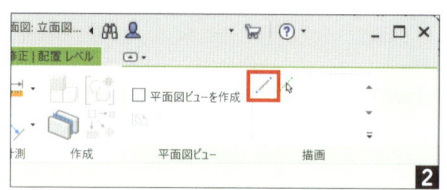

［レベル 25］を選択し、▽印下部に表示された［○］をドラッグ。■
他のレベルと位置が揃うと、鍵マークが［○］の付近に表示され、他のレベルの端点とロック（次項 HINT 参照）される。■

逆の端点も他のレベルの端点と揃える。

レベル 25 の［エルボを追加］をクリック。■
レベル線上の青い［●］をドラッグし、位置を修正。
■

［エルボを追加］の表記が見えない場合は、クイックアクセスツールバーの［細線］をオンにする。■

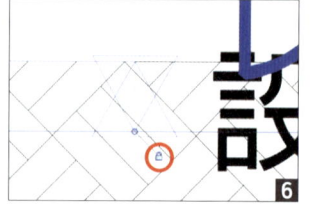

HINT

コマンドの終了（キャンセル）
別のコマンドを実行したい時や誤ってコマンドを選択した時など、コマンドを終了（キャンセル）したい時は、リボンの一番端（どのタブが選択されていてもよい）の［修正］をクリックするか、［Esc］キーを２回押す。

[レベル 25]の文字上をクリック。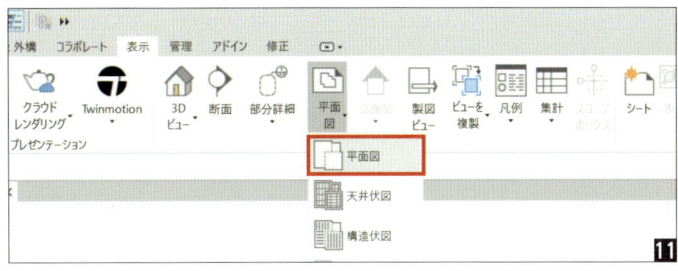
[基礎 SL]と入力し、[Enter]キーで確定する。

うまく選択できない時は、[Tab]キーで循環選択（下記 HINT 参照）。レベル名の文字が青くなったらクリック。

[表示]タブの[平面図]から[平面図]をクリック。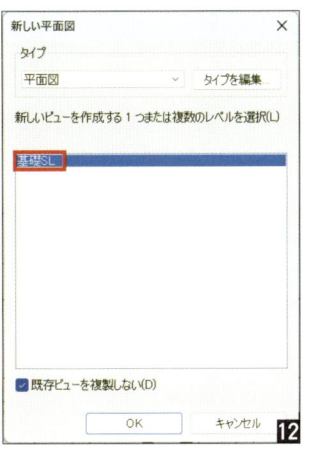

「新しい平面図」ダイアログボックスが表示される。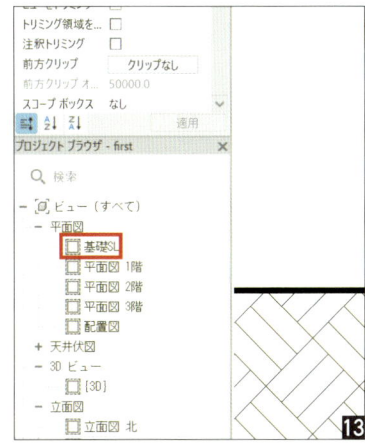
平面図を追加したいレベル（ここでは[基礎 SL]）を選択し、[OK]をクリック。

プロジェクト ブラウザの「平面図」に「基礎 SL」が追加される。13

練習

図のように 2SL と 3SL を追加する。設計 GL から 2SL は 2630mm、設計 GL から 3SL は 5880mm とする。1
対応する平面図も追加する。

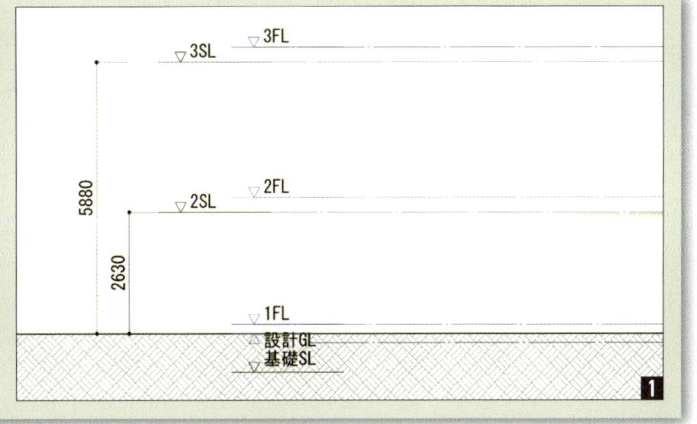

4.2.3 通芯を作成するための補助線作成

通芯を描くための補助線を作図する。補助線を描く位置は通芯 Y1 通りと通芯 X1 通の位置とし、通芯 Y1 は北側の敷地境界線から 4770mm、通芯 X1 は東側の敷地境界線から 670mm とする。補助線は参照面で作図する。

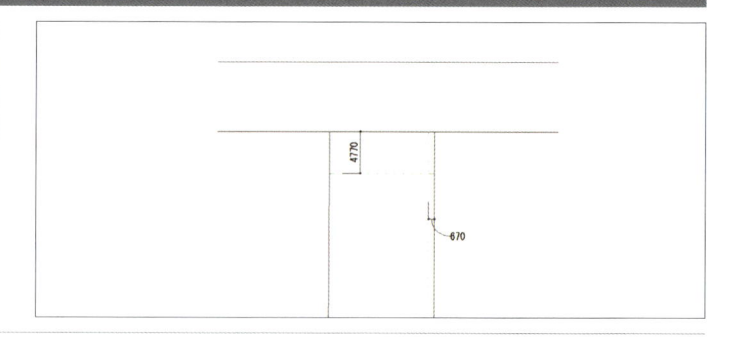

[配置図] ビューに切り替える。
[建築] タブの [参照面] をクリック。**1**
[修正｜配置参照面] タブの [選択] をクリック。**2**

オプションバー「オフセット」に [4770] と入力。**3**

北側の敷地境界線（図の位置）にマウスオンし、内側（下側）に点線が表示されたらクリック。**4**
4770mm 離れた内側に参照面（以下、参照面 1）が作成される。

同様に、東側の敷地境界線から内側（左側）に 670mm の位置に参照面（以下、参照面 2）を描き、[修正｜配置参照面] タブの [修正] をクリックし、コマンドを終了。**5**

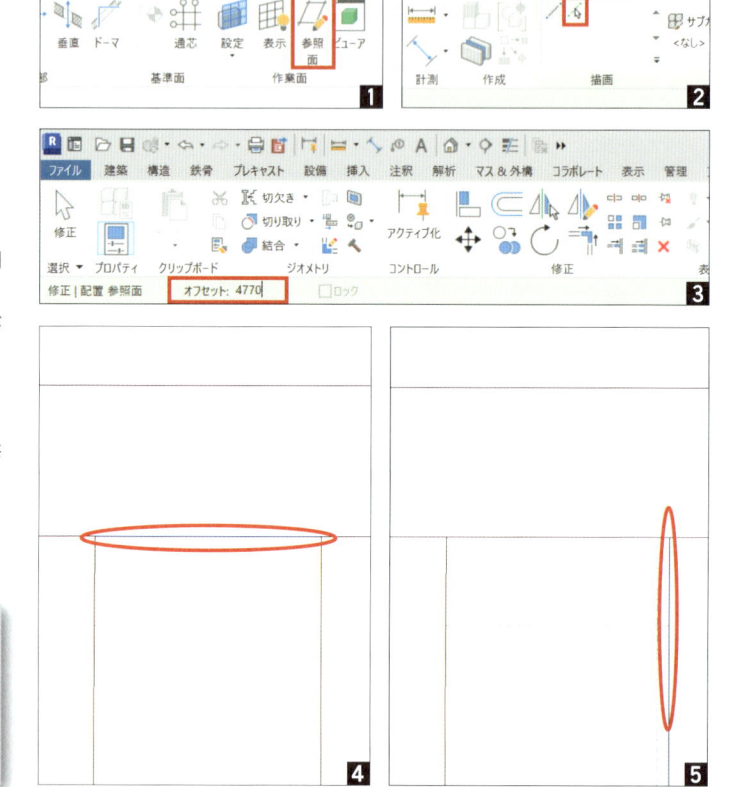

参照面
Revit で補助線を描くときは参照面で作成する。ただし、名称の通り参照面は線ではなく面なので、作図したビューのほか、上階や下階にも表示される。

4.2.4 通芯の入力その 1　Y 通芯の作成

Y 通芯を作図する。北側の敷地境界線から 4770 mmの参照面の位置を通芯 Y1 とし、通芯 Y6 まで作成する。通芯の完成図は次項練習を参照すること。

[建築] タブの [通芯] をクリック。**1**

[修正｜配置通芯] タブの [線] が選択されていることを確認。**2**

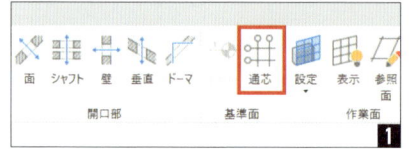

タイプセレクタから［符号終点］を選択。**3**

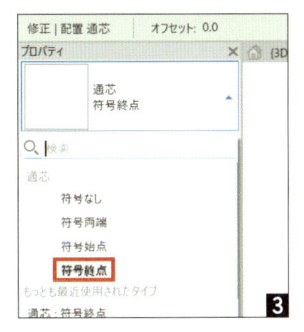

参照面1の右端を始点としてクリック、終点は図の
ように適当な位置をクリック。**4**

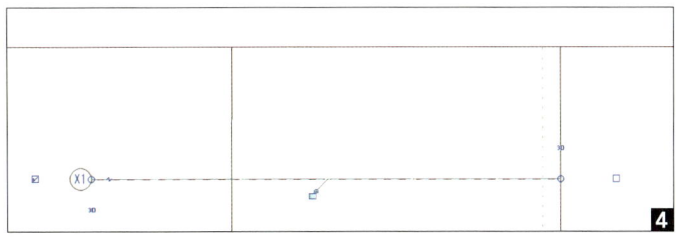

通芯符号［X1］の文字をクリック。
［Y1］と入力し、［Enter］キーで確定。**5**
通芯符号がY1に変更される。

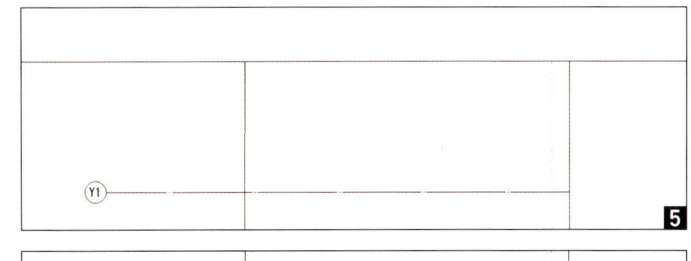

［修正｜配置通芯］タブの［選択］をクリック。
オプションバー「オフセット」に［5000］と入力。
通芯Y1にマウスオンし、下側に点線が表示されたら
クリック。

通芯Y2が作成される。**6**

通芯Y3から通芯Y6までを図のように作成する。
作図後コマンドを終了すること。**1**

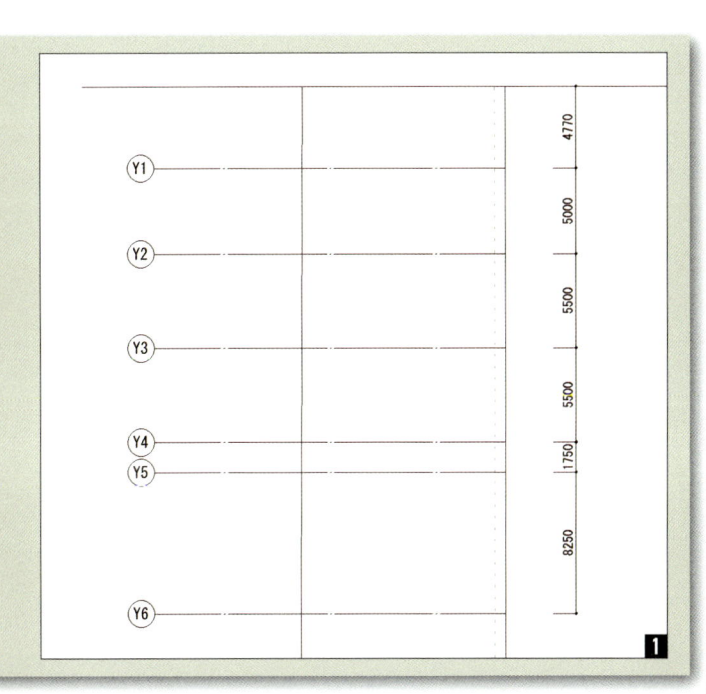

29

4.2.5 通芯の入力その2　X通芯の作成

X通芯を作図する。東側の敷地境界線から670mmの参照面の位置を通芯X5とし、通芯X1まで作成する。
通芯の完成図は練習を参照すること。

［建築］タブの［通芯］をクリック。
［修正｜配置通芯］タブの［線］が選択されていることを確認。

タイプセレクタから［符号終点］が選択されていることを確認。
参照面2の下端を始点としてクリック、終点は図のように適当な位置をクリック。■1

［Y7］を［X5］に変更し、コマンドを終了。■2

通芯X5を選択し、［修正｜通芯］タブの［コピー］をクリック。■3

X5の通芯上を基点としてクリック、左に水平に適当な位置までマウスを動かし［5500］と入力。■4

［Enter］キーで確定すると通芯X6が作成される。■5

続けて同様に、通芯X6を［5500］左にコピーし通芯X7を作成し、コマンドを終了。

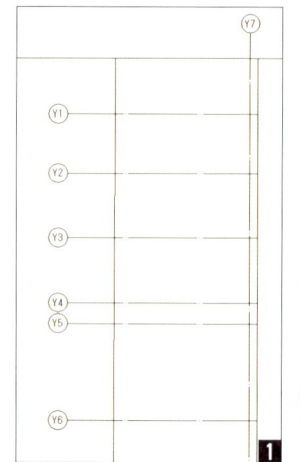
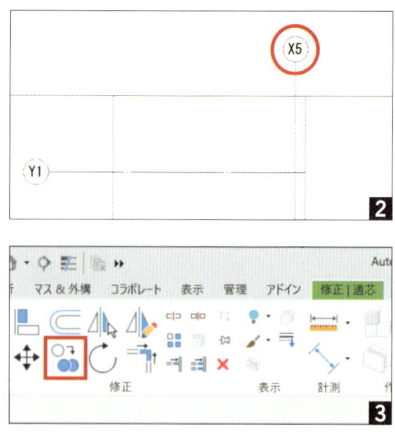
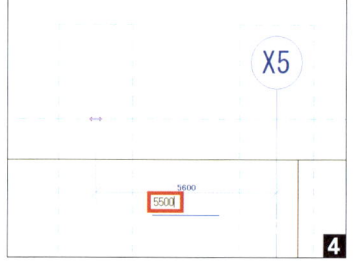
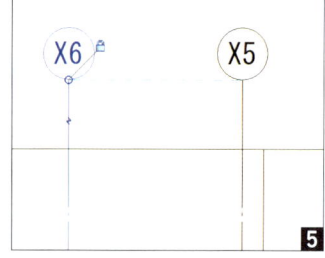

通芯X5を［3000］左にコピーし通芯X8を、通芯X7を［3000］右にコピーし通芯X9をそれぞれ作成する。

通芯X8と通芯X9の通芯を［Ctrl］キーで複数選択し、タイプセレクタから［符号始点］を選択する。

図の通り通芯符号をX1〜X5に変更し、長さを調整する。■1

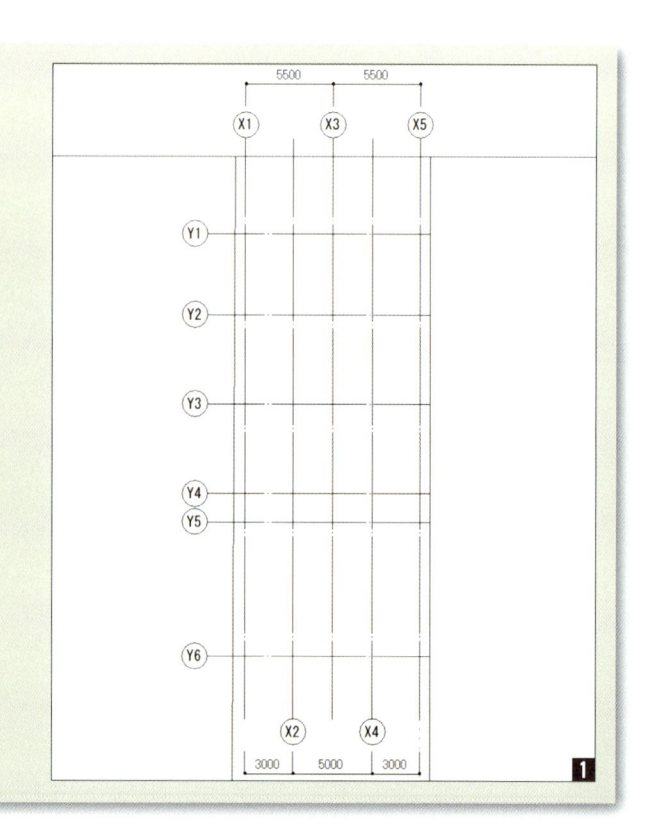

4.2.6 通芯を整える

通芯 X2 と通芯 X4 を通芯 Y5 あたりまで、通芯 X3 を通芯 Y4 あたりまでに長さ調整する。調整後、通芯が動かないように固定する。

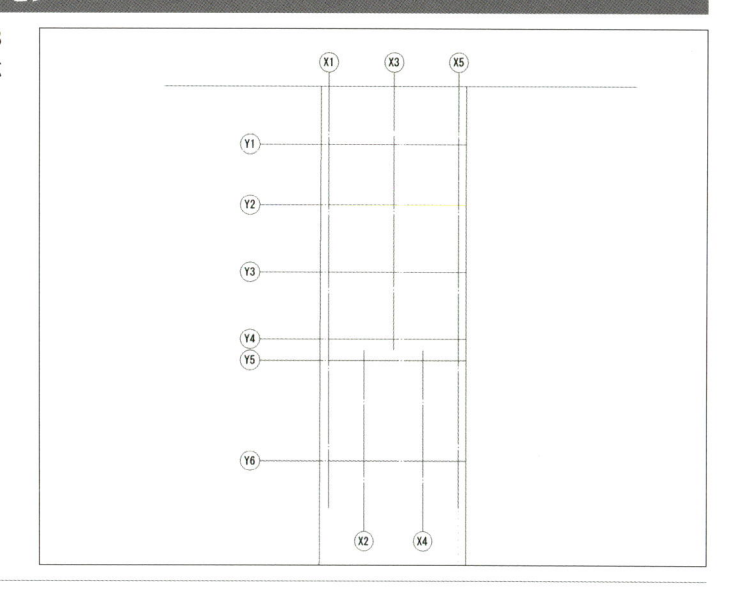

通芯 X2 を選択し、通芯上端の鍵マークをクリックし、拘束を解除。**1**

通芯 Y4 と通芯 Y5 の間あたりに通芯 X2 の長さを調整。**2**

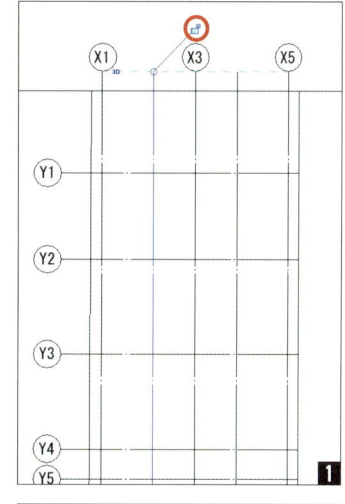
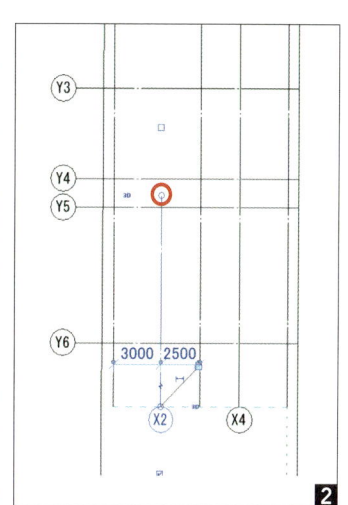

同様に、通芯 X4 の上端の位置を調整。**3**
通芯 X2 と通芯 X4 が拘束される。

最後に、通芯 X3 の下端の位置を通芯 Y4 と通芯 Y5 あたりに調整。**4**

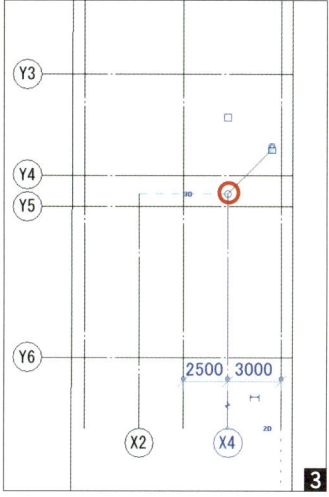
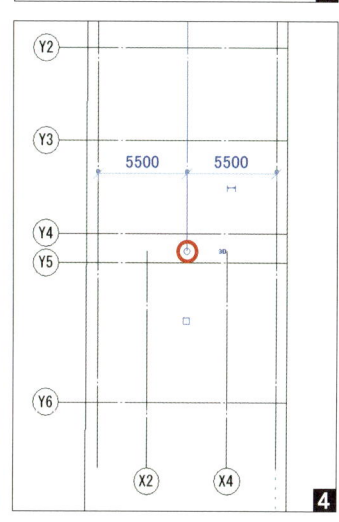

HINT

通芯はコピー元を基準に通芯符号が自動作成されるので、コピーする方向によっては後で通芯符号を書き換える必要がある。

領域選択（下記 HINT 参照）で図形全体を選択。**5**

[修正｜複数選択] タブの [フィルタ] をクリック。
6

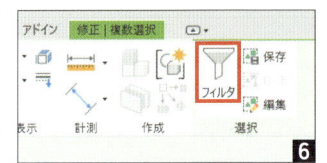

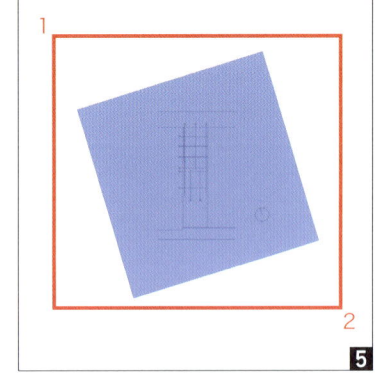

「フィルタ」ダイアログボックスの [チェック解除]
をクリック。**7**

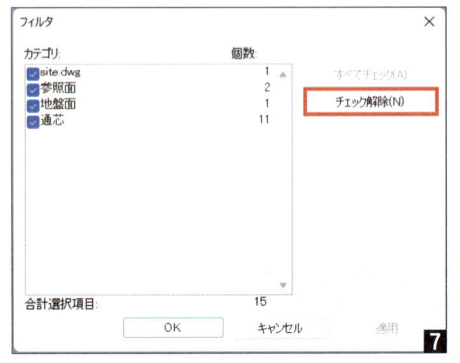

[通芯] をチェックし、[OK] をクリック。**8**
通芯のみが選択される。

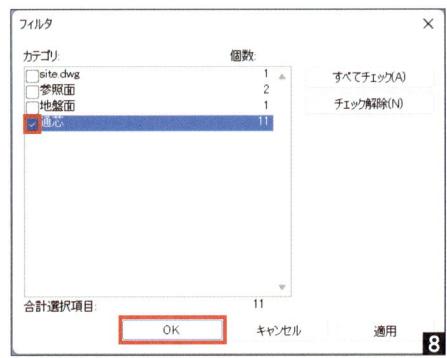

[修正｜通芯] タブの [ピン] をクリック。**9**

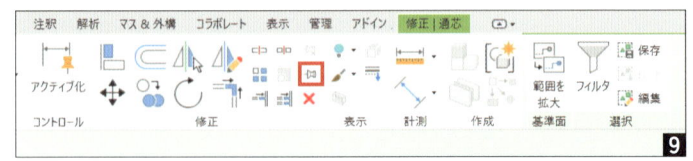

通芯にピンが打たれ、位置が固定される。**10**

なお、[固定解除] をクリックすると、ピンの固定が
解除される。**11**

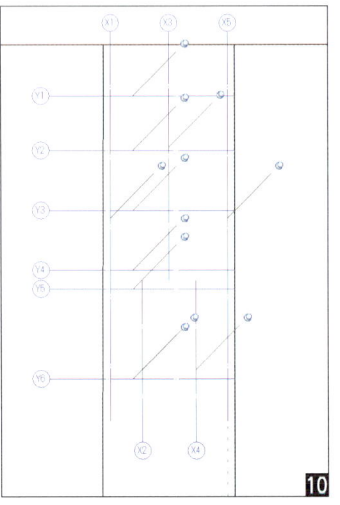

HINT

領域選択
マウスドラッグにより領域ボックスの対角線を左
から右に描画した際には、領域ボックスに完全に
含まれるオブジェクトが選択される（「窓選択」と
呼ぶ）。一方、対角線を右から左に描画した際には、
領域ボックスに部分的に含まれるオブジェクトが
全て選択される（「交差選択」と呼ぶ）。

4.3.1 柱タイプの作成と配置

学習内容：柱、タイプの作成、マテリアル、すべてのインスタンスを選択

540mm角の柱を複製により作成し、柱を配置する。
高さは設計GL-150mmから2FLまでとする。

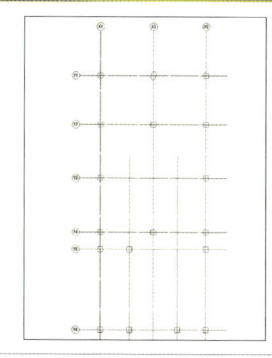
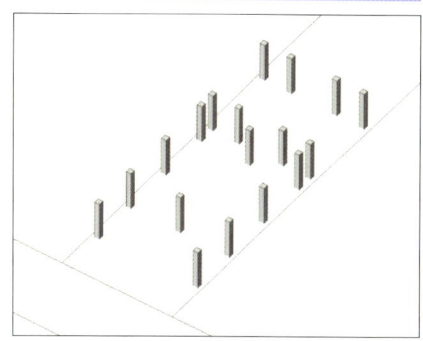

［建築］タブの［柱］から［柱 意匠］をクリック。**1**
タイプセレクタが「r矩形柱」のいずれかのタイプに
選択済みであることを確認する。

「r矩形柱」のいずれかのタイプを複製することで、
540mm角の柱タイプを作成する。
「プロパティパレット」の［タイプ編集］をクリック。
2

「タイプ プロパティ」ダイアログボックスの［複製］
をクリック。**3**

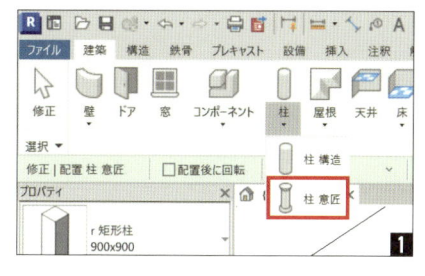

「名前」ダイアログボックスに［540×540］と入力し、
［OK］をクリック。**4**

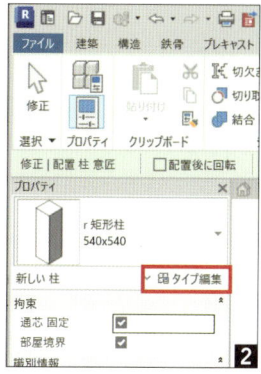

「タイプ プロパティ」ダイアログボックスの「奥行」
と「幅」に［540］と入力。**5**

柱にコンクリートのマテリアルを設定する。
「仕上」の［カテゴリ別］をクリックし、同欄右端に
表示される［ …］ボタンをクリック。**6**

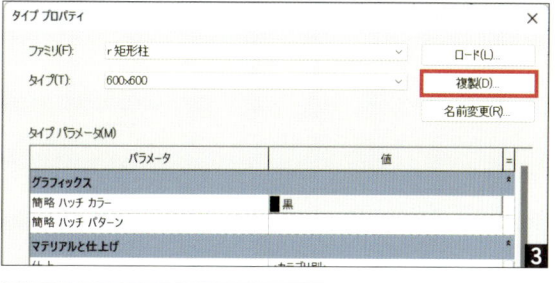
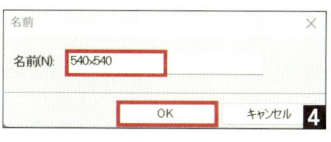
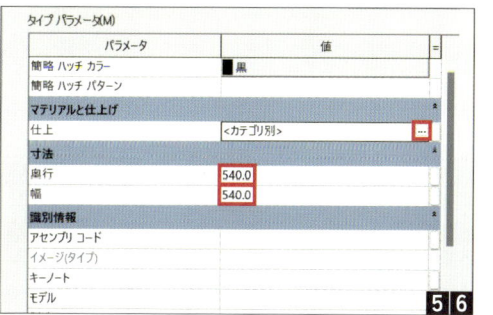

「マテリアル ブラウザ」ダイアログボックスで［rm コンクリート］を選択し、［OK］をクリック。**7**

「仕上」に［rm コンクリート］が設定されたことを確認し、「OK」をクリック。**8**

「r 矩形柱」の新しいタイプとして「540×540」が作成された。**9**

柱の上端高さを設定する。
オプションバー「上方向」を［2FL］に変更。**10**

続いて、通芯 X1 と通芯 Y1 の交点に柱を配置する。
柱を配置する際は、交点にマウスオンした後、通芯が青に変わったところで（スナップが確定したところで）クリックし、柱を配置。**11**

図のように柱を配置し、コマンドを終了。**12**
なお、通芯以外にインスタンスがプロジェクトに配置されている場合（この場合は柱）、そのインスタンスがスナップ参照先として優先され、通芯がスナップ参照先とならない場合もある。

最後に、配置した柱の下端高さを変更する。
いずれかの柱の上で右クリックし、コンテキストメニュー［すべてのインスタンスを選択］の［ビューに表示］をクリック。**13**
同じタイプの柱がすべて選択される。

「プロパティパレット」の「基準レベル オフセット」に［-150］と入力し、［適用］をクリック。**14**

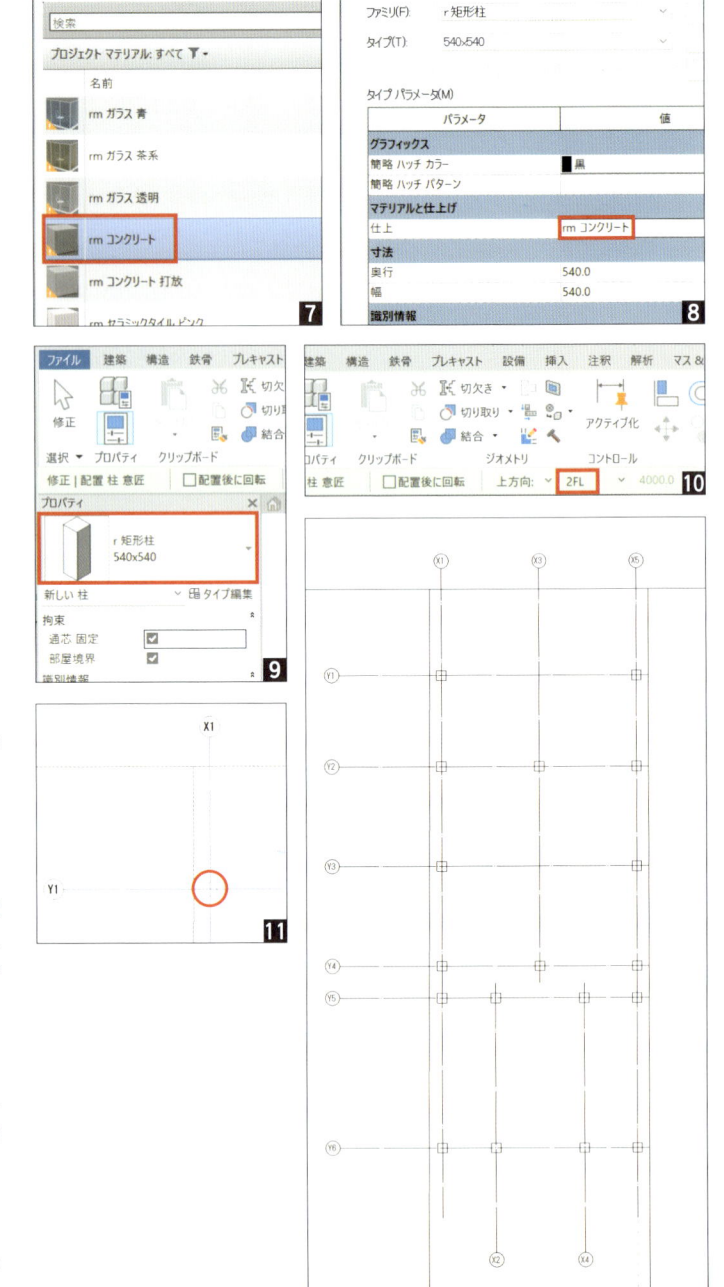

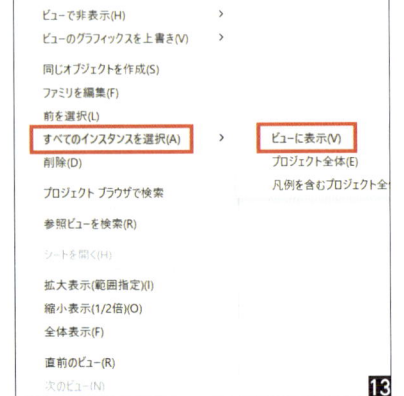

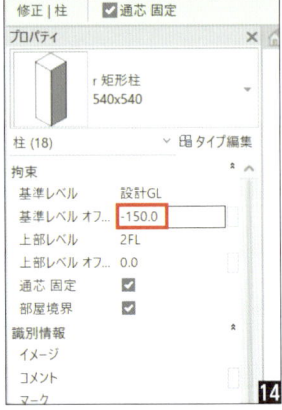

HINT

マテリアル
マテリアルとは「素材」を意味する。「マテリアル ブラウザ」で、ガラスやタイル、木、コンクリートなど建築素材の設定ができる。

4.3.2 壁タイプの作成

学習内容：壁タイプの作成

既に存在する壁タイプ (R)RC200 を複製し、(R)RC160、(R)RC190、(R)RC220 の壁タイプを作成する。

[建築] タブの [壁] から [壁 意匠] をクリック。**1**
タイプセレクタが「標準壁 (R)RC200」になっていることを確認。

プロパティパレットの [タイプ編集] をクリック。**2**

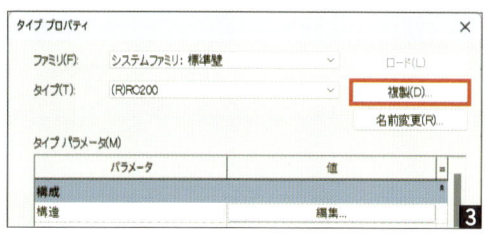

「タイプ プロパティ」ダイアログボックスの [複製]
をクリック。**3**

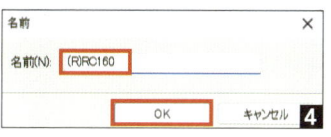

「名前」ダイアログボックスに [(R)RC160] と入力し、
[OK] をクリック。**4**

「タイプパラメータ」ダイアログボックスの「構造」
の [編集] をクリック。**5**

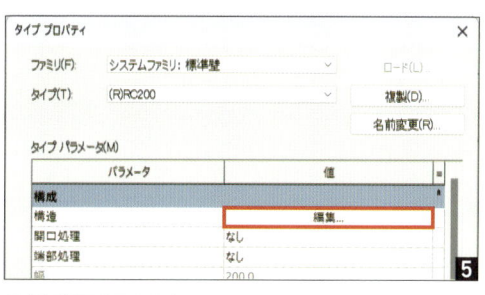

「アセンブリを編集」ダイアログボックスの「構造[1]」
の「厚さ」に [160] と入力。**6**

「マテリアル」の枠内をクリックし、[…] ボタンを
クリック。**7**

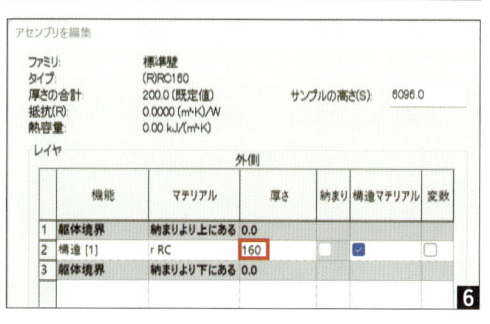

TIPS

部品を定義する 3 つの階層と要素について
Revit の部品は「ファミリ」、「タイプ」、「要素」
の 3 つの階層で定義されている。ファミリは各カ
テゴリ内での部品の種類の違いを定義する。例え
ば柱で言えば、丸柱、角柱などである。タイプは
ファミリの中のバリエーション（寸法の違いなど）
を定義する。例えば、角柱のファミリの中の断面
寸法 500×500、750×750 などの違いである。
また、要素は「インスタンス」とも呼び、例えば、
角柱ファミリの 500×500 タイプで配置された 1
つ 1 つの柱を指す。

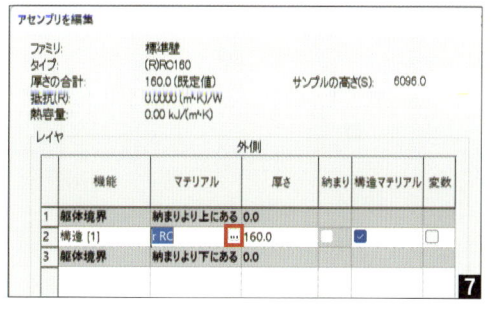

「マテリアル ブラウザ」ダイアログボックスの［rm コンクリート］を選択し、［OK］をクリック。**8**

「アセンブリを編集」ダイアログボックスの「構造［1］」の「マテリアル」に［rm コンクリート］が設定されたことを確認。**9**

［OK］をクリックし、すべてのダイアログボックスを閉じる。

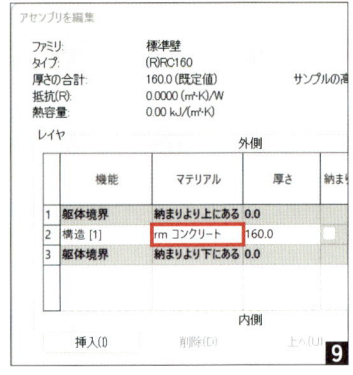

(R)RC160 を元に壁厚 190mm と壁厚 220mm の壁を作成する。マテリアルはいずれも［rm コンクリート］とする。**1 2**

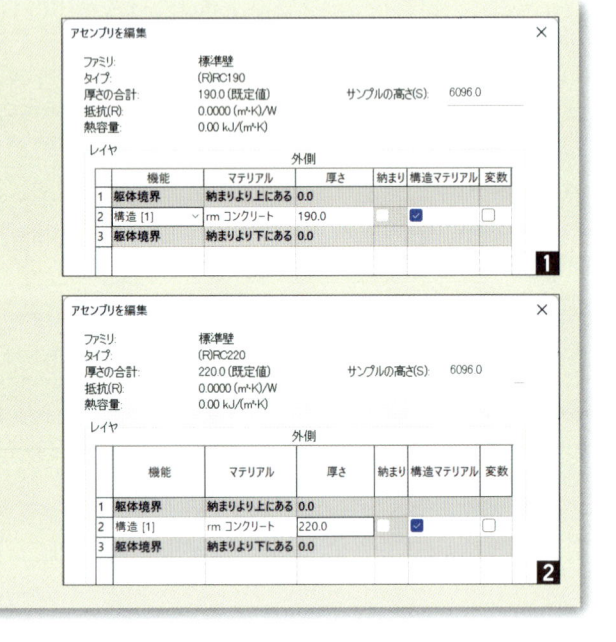

4.3.3 壁の配置

学習内容：壁の配置、仮寸法、リモートオブジェクト

RC220mm、RC190mm、RC160mm の壁を設計 GL から 2FL までの高さで配置する。

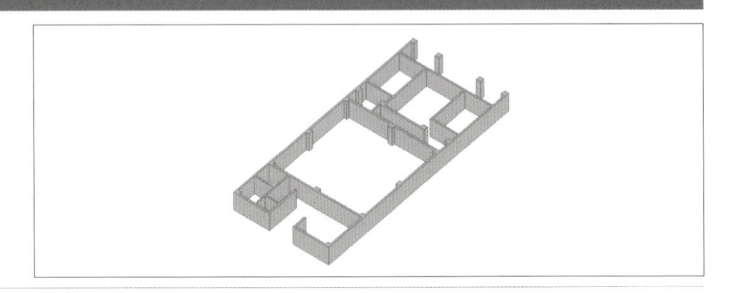

はじめに、RC220mm の壁を配置する。
［配置図］ビューであることを確認する。
［建築］タブの［壁］をクリック。**1**
なお、プルダウンで選択しない場合は、一番上の項目である［壁 意匠］が自動選択される。

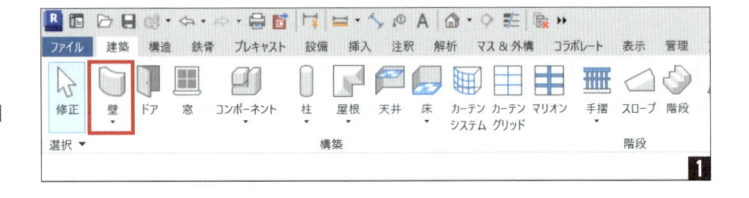

タイプセレクタから［標準壁、(R)RC220］を選択。
2

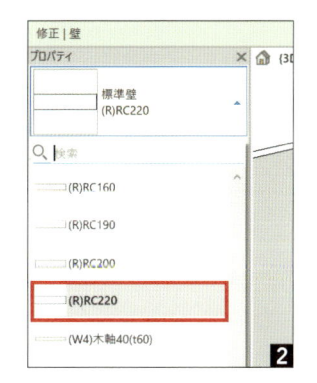

オプションバー「上方向」を［2FL］に変更し、［連結］
のチェックをオフにする。**3**
なお、オンにすると連続して壁を描くことができる。

通芯 X1Y2 柱の中心を始点、通芯 X5Y2 柱の中心を
終点とし、壁を配置。**4 5**
なお、始点や終点のクリックの際には、確実に交点に
スナップさせること（交点スナップの際には、ピンク
色の三角のマークがマウスポインタ付近に表示され
る）。

図のように (R)RC220 の壁を配置する。**1**

※注意
すべて柱の中心をクリックすること。

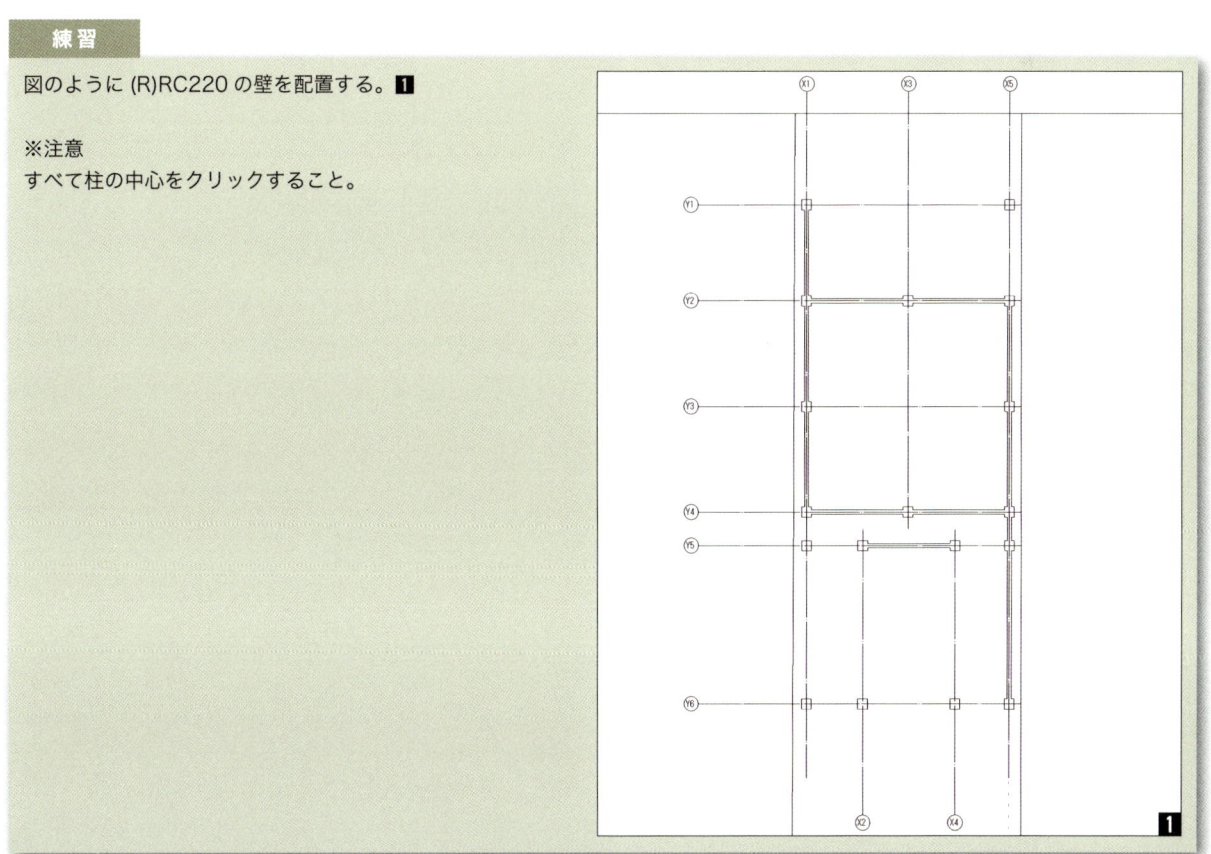

次に、RC190mm の壁を配置する。
タイプセレクタから［標準壁、(R)RC190］を選択。
6

図の 2 ヶ所に (R)RC190 の壁を配置。**7**

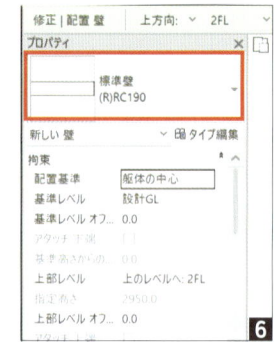

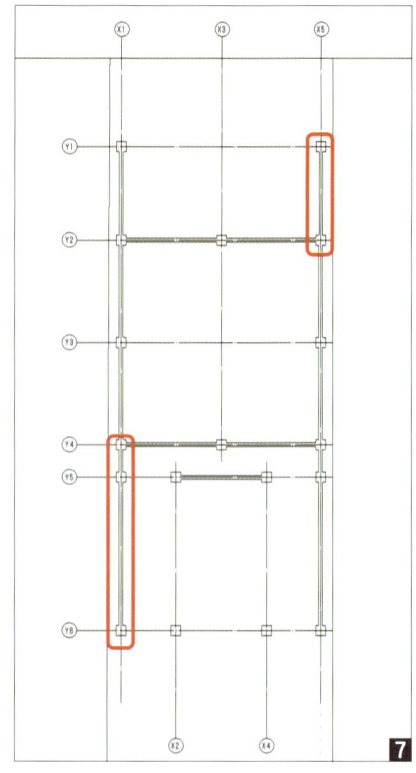

図のように、通芯 Y5 と通芯 Y6 の間の適当な位置に
(R)RC190 の壁を配置。**8**
クリックする時は壁芯をクリックすること。

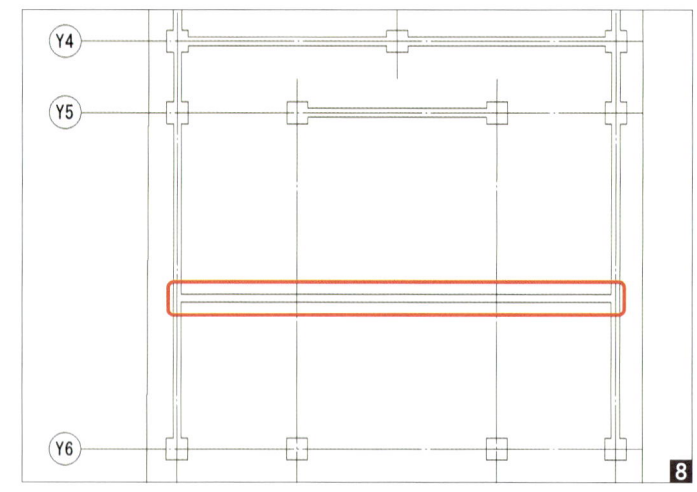

通芯 Y6 と配置した壁の壁芯間の仮寸法をクリック。
［2000］と入力し、確定。**9**

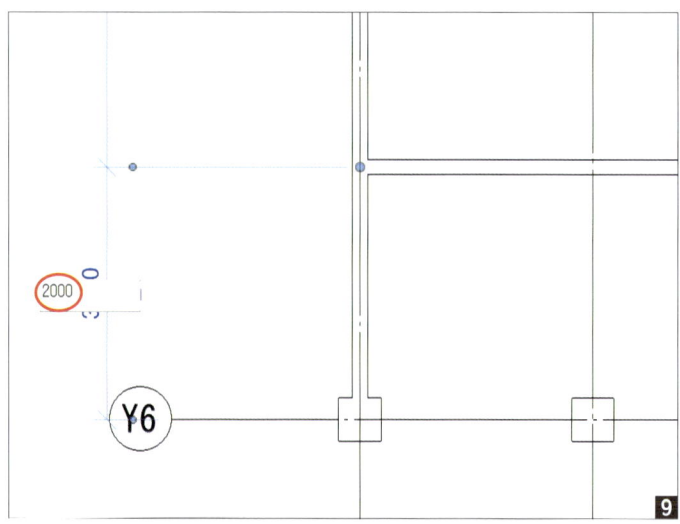

(R)RC190 で赤枠内の壁を配置する。

※注意
壁に接続する壁は壁芯をクリックすること。

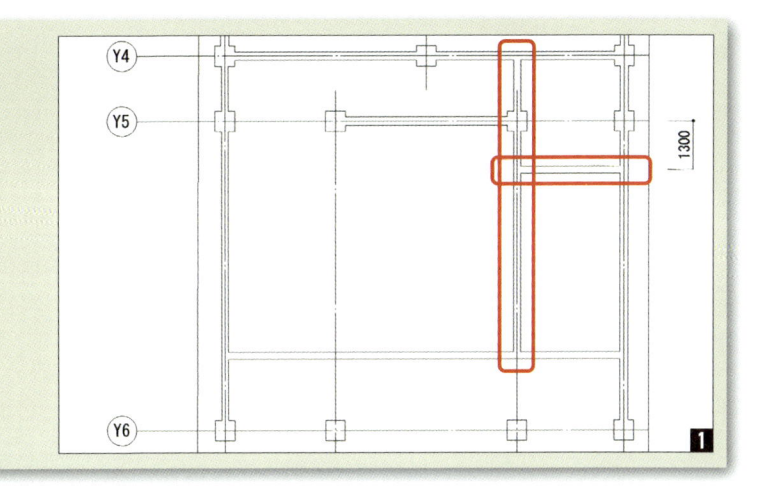

オプションバー［連結］にチェック。🔟

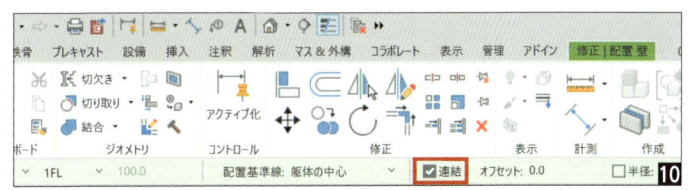

通芯 X1 とリモートオブジェクトである赤枠の壁の中心線との交点をクリック（下記 HINT 参照）。⓫

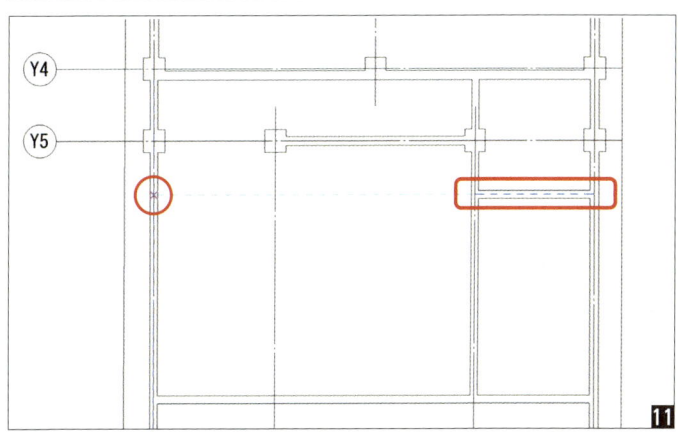

図のように赤枠内の壁を配置。⓬

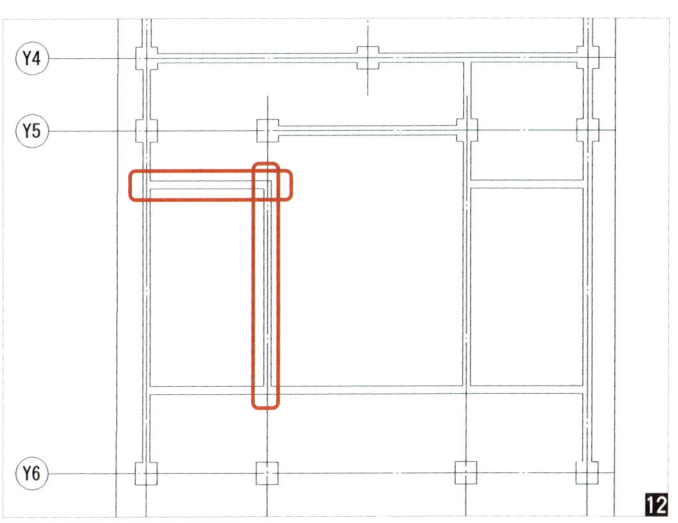

再度、RC220mm の壁を配置する。
タイプセレクタから［標準壁、(R)RC220］を選択。
13

通芯 X1Y1 柱の中心を始点とし、適当な長さで図の
ように赤枠内の壁を配置し、壁コマンドを終了。**14**

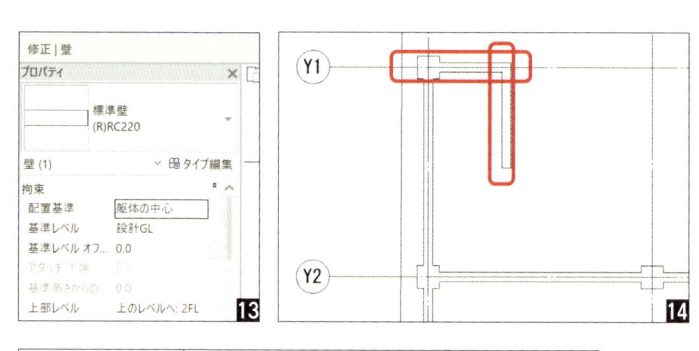

図の赤枠内の壁を選択し、通芯 X1 からの仮寸法を
［4000］に変更。**15**

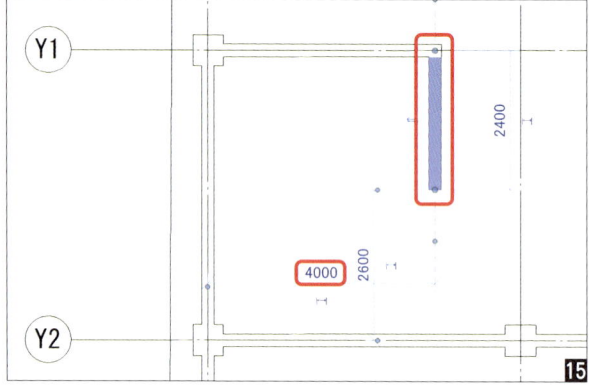

通芯 Y1 からの仮寸法を［1450］に変更。**16**

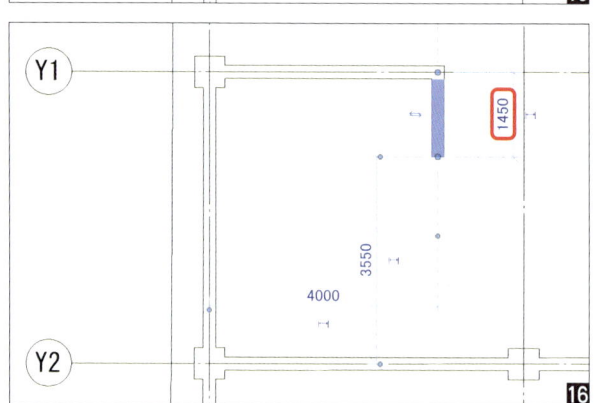

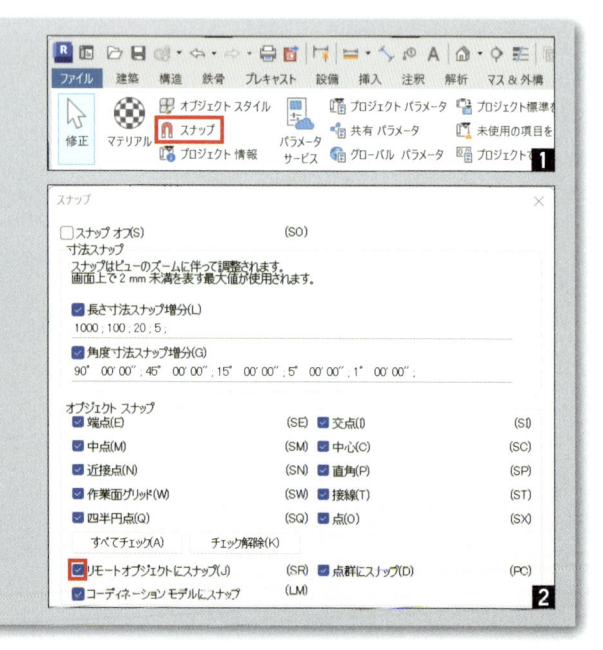

(R)RC220 で赤枠内の壁を配置する。 ■
ただし、寸法のない箇所の長さは後で調整するので
適当でよい。

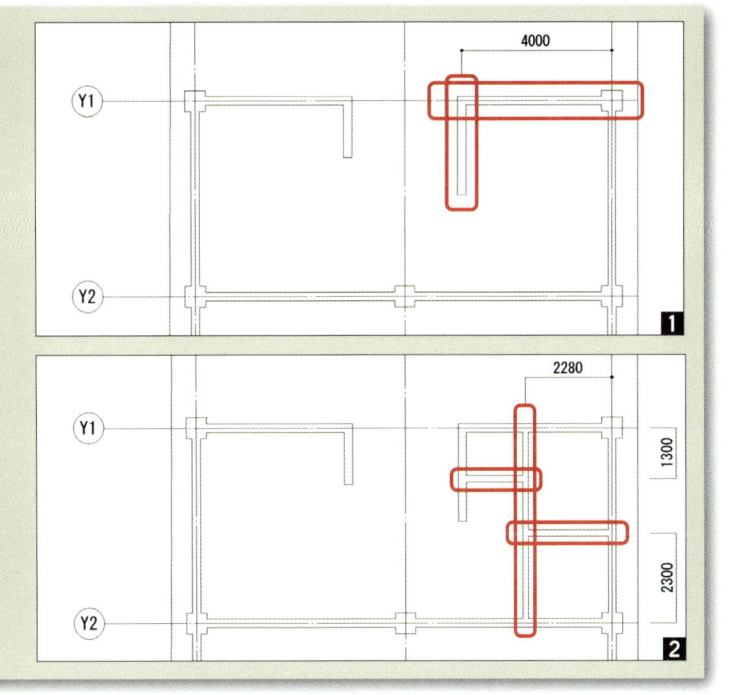

(R)RC160 で赤枠内の壁を配置する。 ②
配置後、壁コマンドを終了すること。

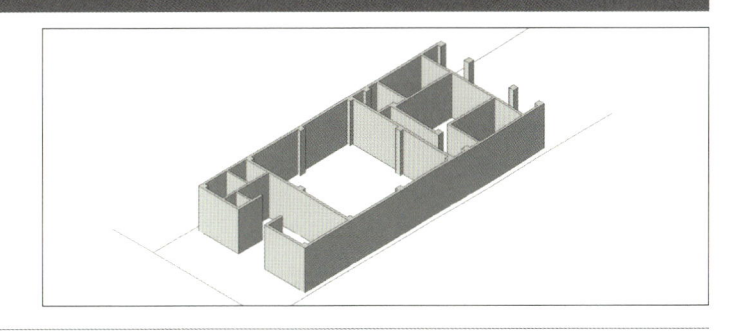

4.3.4 壁の位置合わせ

学習内容：位置合わせ、分割

位置合わせコマンドを使って、壁を柱面に合わせる。

[修正] タブの [位置合わせ] をクリック。 ■

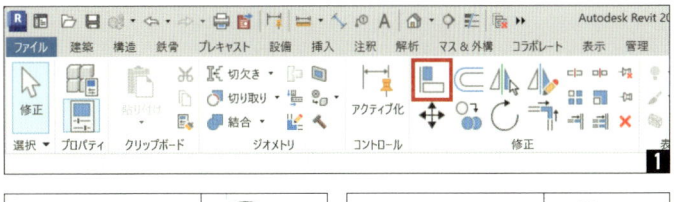

通芯 X1Y1 柱の左面をクリック（「どの位置に合わせ
るか」を指定）。 ②

壁の左側をクリック（「どの位置を合わせるか」を指
定）。 ③
壁が移動し、柱面と壁面の位置が合った。 ④

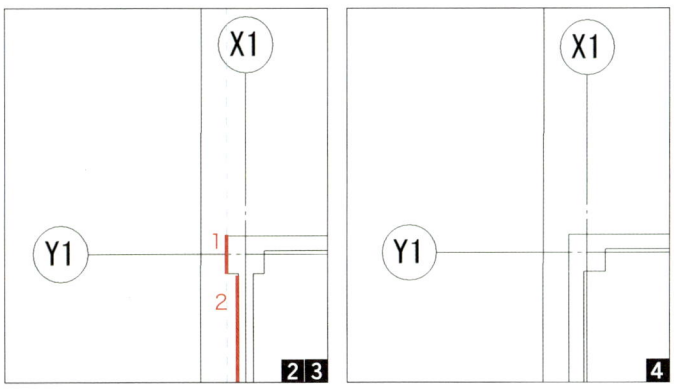

位置合わせコマンドを用いて、図のように赤線の位置に壁を揃える。**1**
位置合わせ後コマンドを終了すること。

位置合わせにつられて意図に反して移動する壁があるが、次で修正する。**2** **3**

※ 注意
壁の端点が重なると、それらの壁（ここでは壁厚の異なる壁）が結合状態となり、位置合わせ時に一緒に移動してしまう。個別に位置合わせするためには、結合状態を解除する必要がある。

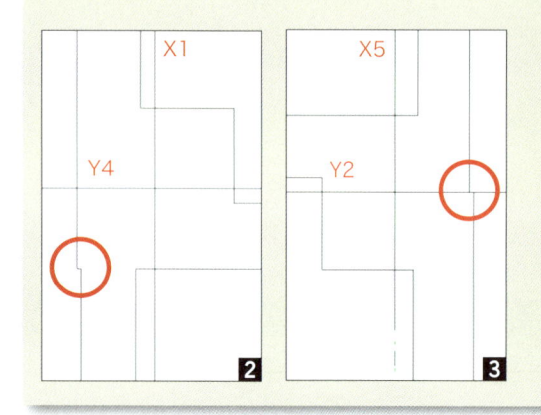

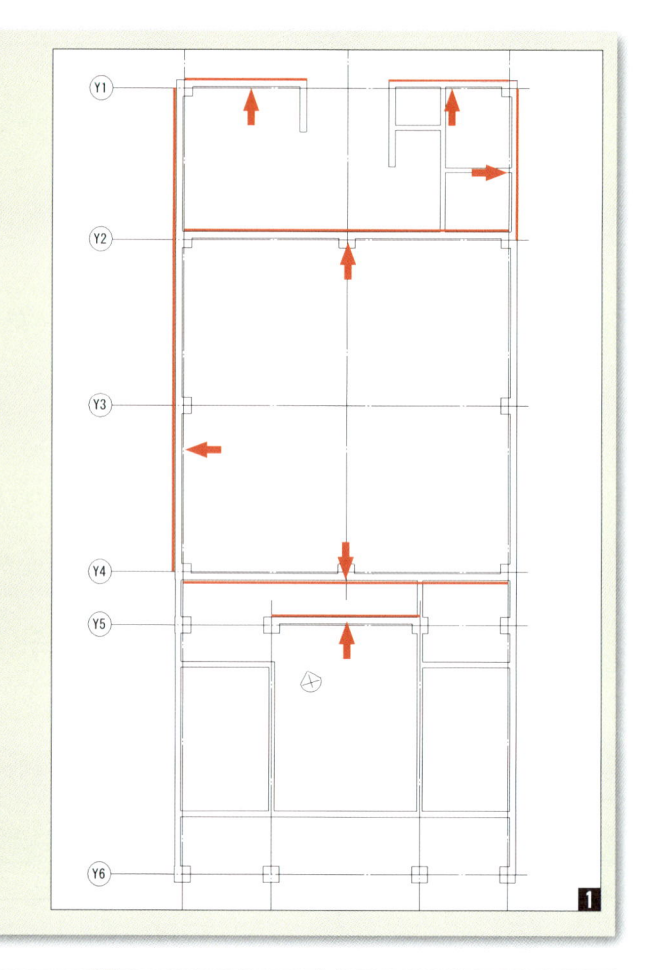

個別に位置合わせするために、結合状態を解除する。通芯 X1Y4 柱の中心で結合している 3 つの壁の端部の青い [●] をドラッグし、結合解除。**5**

[修正] タブの [位置合わせ] をクリック。
通芯 X1Y4 の柱左面と (R)RC190 の壁の左面をクリック。**6**

結合を解除した通芯 X1 の二つの壁それぞれについて、端部の青い [●] をドラッグし、通芯 Y4 の壁芯との交点まで延長。**7** **8**

通芯 Y4 の壁の端部の青い [●] を (R)RC190 の壁芯までドラッグ。**9**
ドラッグの際は、通芯 X1 の (R)RC220 の壁芯を通り越す。

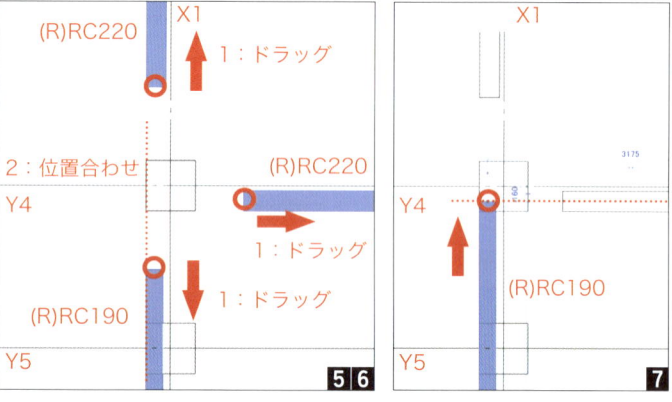

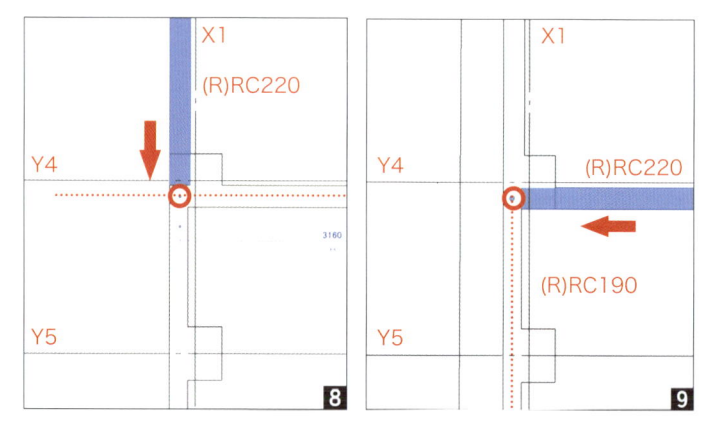

同様に、通芯 X5Y2 柱の中心で結合する３つの壁の
結合を解除し、図のように位置合わせする。**1 2 3**

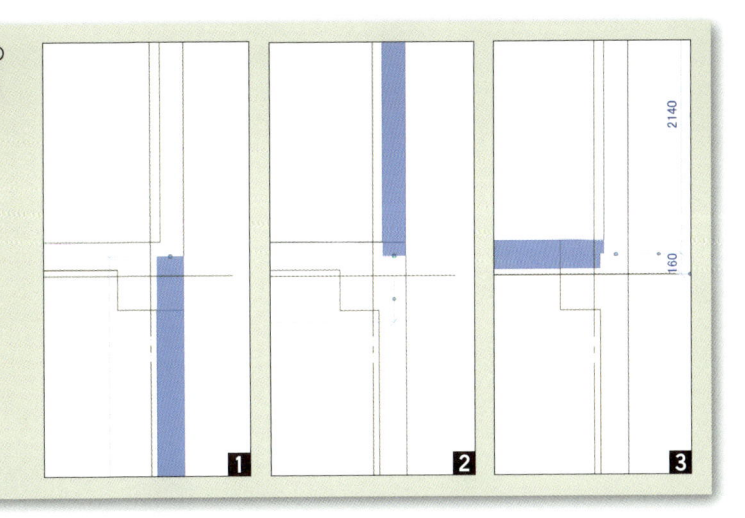

次に、通芯 X4 の壁を分割し、通芯 X4Y5 の柱面に
位置合わせする。
[修正｜壁] タブの［分割］をクリック。**10**

10

図に示す位置でクリックして壁を分割し、分割コマン
ドを終了。**11**

通芯 X4Y5 柱の中心で結合している３つの壁の端部
の青い［●］をドラッグし、結合解除。**12**
警告を示すダイアログボックスが表示されるが、［結
合要素を分離］をクリック。

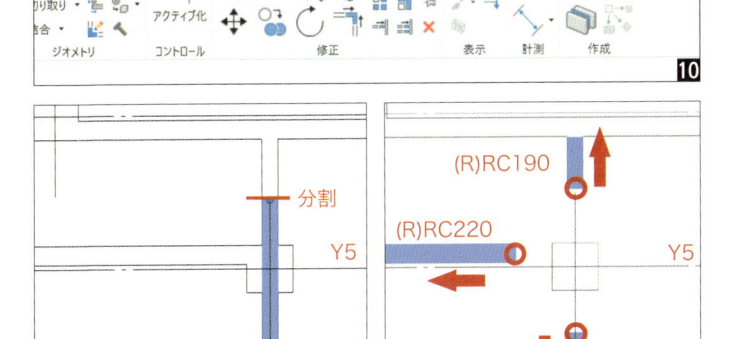

[修正] タブの［位置合わせ］をクリック。

通芯 X4Y5 柱の右面と分割した画面上の壁の右面を
クリックし、図のように壁を位置合わせする。**13**

同様に、通芯 X4Y5 柱の左面と分割した下部の壁の
左面をクリックし、図のように壁を位置合わせする。
14

(R)RC190 の壁の端部の青い［●］をドラッグし、
(R)RC220 の壁芯までドラッグ。**15**

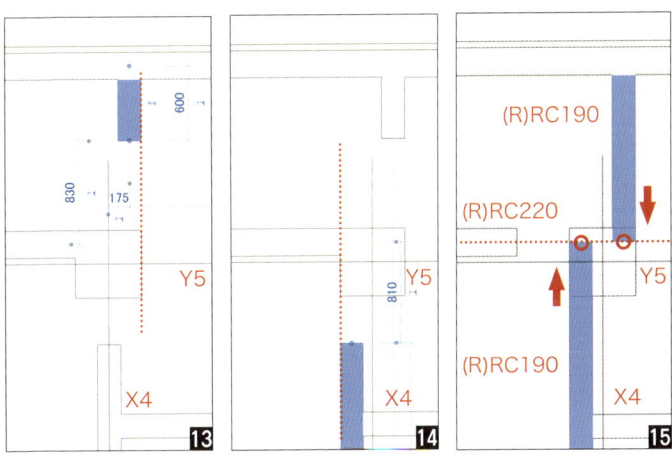

(R)RC220 の壁の端部の青い［●］をドラッグし、画
面上の右側の (R)RC190 の壁芯までドラッグ。**16**

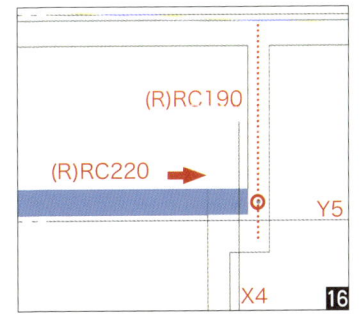

4.3.5 床タイプの作成

既に存在する RC150 mm の床を複製し、タイル床を作成する。タイル床はコンクリート 130mm、タイル 20mm、合計 150mm の厚さの床とする。また、タイルとして設定する適切なマテリアルがシステムにないため、複製により新規作成する。

プロジェクト ブラウザ［平面図 1階］をダブルクリック。

［建築］タブの［床］から［床 意匠］をクリック。■

プロパティパレットの［タイプ編集］をクリック。2

「タイプ プロパティ」ダイアログボックスの［複製］をクリック。

「名前」ダイアログボックスで[タイル]と入力し、「OK」をクリック。3

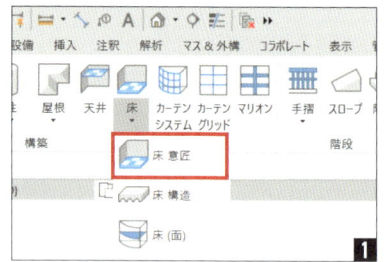
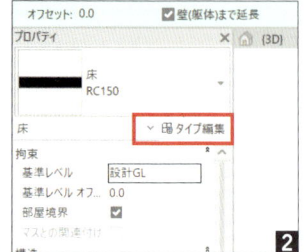
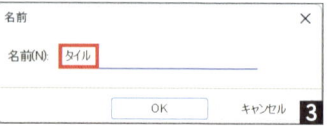

ここからは、タイルのマテリアルの設定をする。
「タイプ プロパティ」ダイアログボックスの「構造」の［編集］をクリック。4

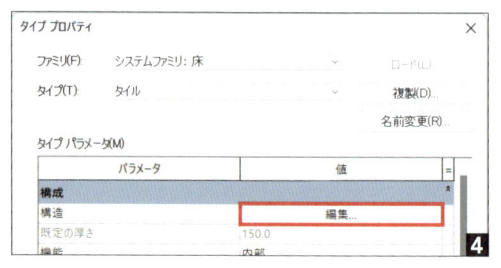

レイヤ［2］の「マテリアル」を［rm コンクリート］に変更。5

「アセンブリを編集」ダイアログボックスの［挿入］をクリック。6

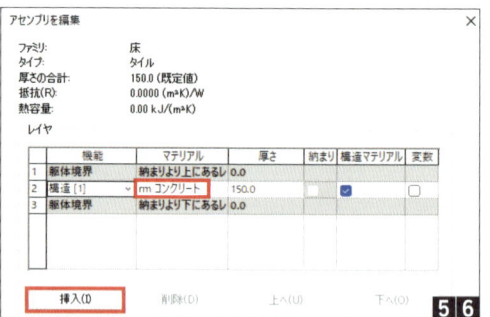

レイヤ［4］がレイヤ一覧の最下段に追加される（白黒反転は選択状態を示している）。7
レイヤ［4］が選択された状態になっていることを確認後、［上へ］を3回クリック。
レイヤ［4］のパラメータ値がレイヤ［1］のパラメータ値になる。

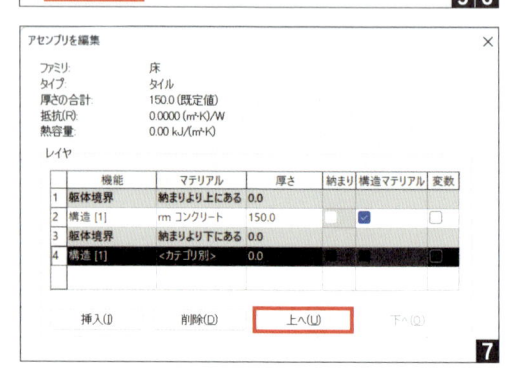

44

レイヤー覧の最上段に移動したレイヤ [1] の「機能」を [構造 [1]] から [仕上げ 1 [4]] にプルダウンにより変更する。
「厚さ」に [20] を入力。8

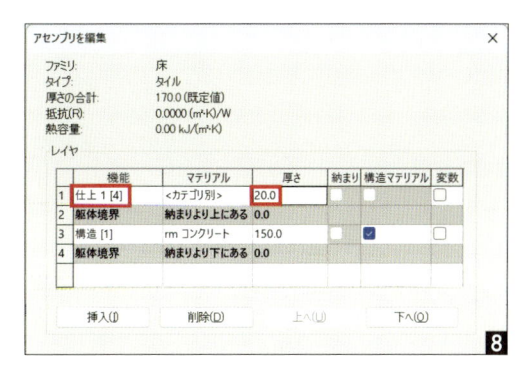

レイヤ [1] のマテリアルを設定する。
レイヤ [1] の「マテリアル」の [カテゴリ別] をクリックし、[…] をクリック。9

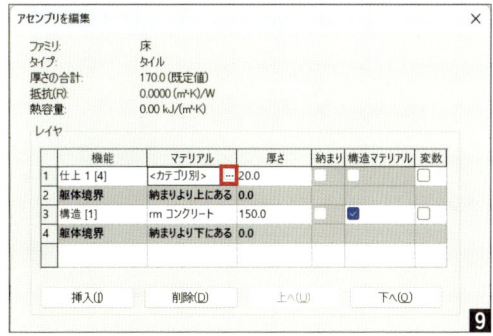

「マテリアル ブラウザ」ダイアログボックスの「プロジェクトマテリアル」にある [rm セラミックタイル 白] を右クリック。10

ポップアップメニュー [マテリアルとアセットを複製] をクリック。11
[rm セラミックタイル白 (1)] が追加される。

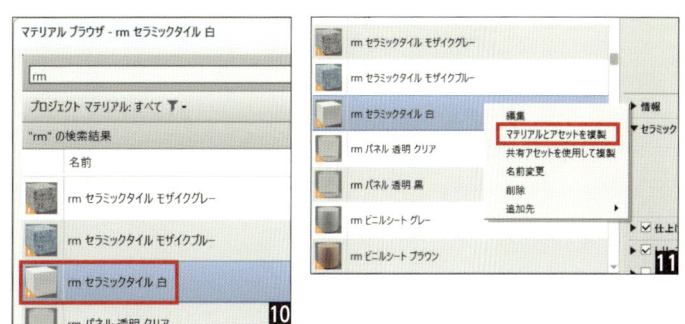

続いて、追加されたマテリアルの名称を [rm 床タイル] に変更し、[Enter] キーで確定。12

「マテリアル ブラウザ」ダイアログボックスの [外観] タブを選択。
[▶情報] をクリックし、中身を展開する。
「名前」に [rm 磁器タイル] と入力。13

次に、タイルの色やつやについて変更する。
「▼セラミック」の「タイプ」から [磁器] を選択し、[色] をクリック。14

「色」ダイアログボックスの「基本色」から [グレー]（赤 192、緑 192、青 192）を選択し、[OK] をクリック。15

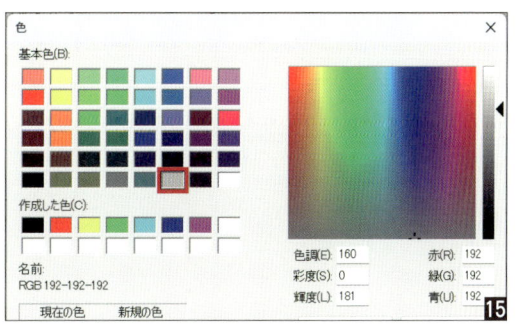

「仕上げ」から［マット］を選択。

最後に、タイルの大きさを変更する。
［▶レリーフパターン］をクリックし、展開する。

［イメージ］をクリックし、「テクスチャエディタ」の
ダイアログボックスを表示。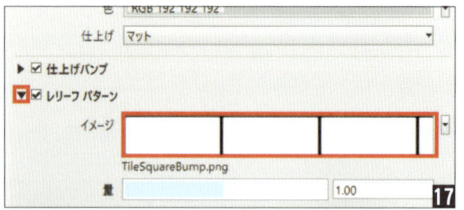
「▼尺度」の「サンプルサイズ」の「幅」、「高さ」に［450］
と入力し、［終了］をクリック。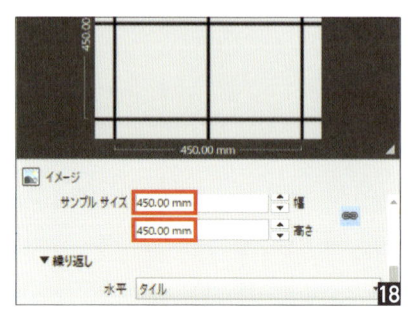

「マテリアル ブラウザ」ダイアログボックスの［グラ
フィックス］タブをクリックし、「▼シェーディング」
の［レンダリングの外観を使用］にチェック。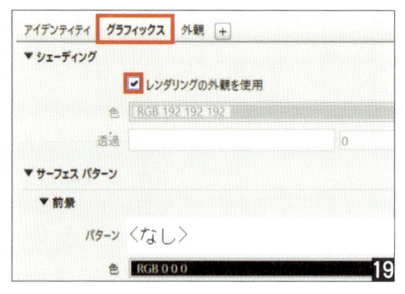
外観タブで設定したマテリアルと似た色がシェーディ
ング時の色として設定される。

「▼サーフェスパターン」の「前景」の［パターン］
をクリック。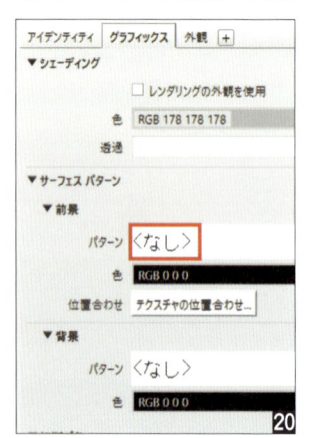

「塗り潰しパターン」ダイアログボックスの「パター
ンタイプ」で［モデル］にチェック。
［r 芋 450 mm x450 mm］を選択し、［OK］をクリ
ック。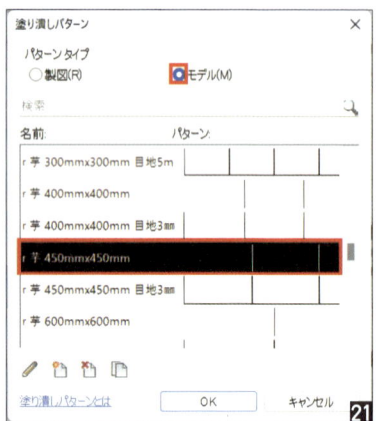

［OK］ですべてのダイアログボックスを閉じる。

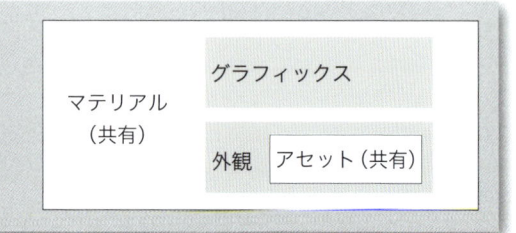

4.3.6 床の配置

床を配置する。スケッチで領域を作図しスケッチモードを終了すると、厚みを持った床が作成される。複数の床を作成したい時は、その都度コマンドを終了し、新たに床を作成する。4.3.5 で作成したタイルタイプで入口付近の床を作成する。

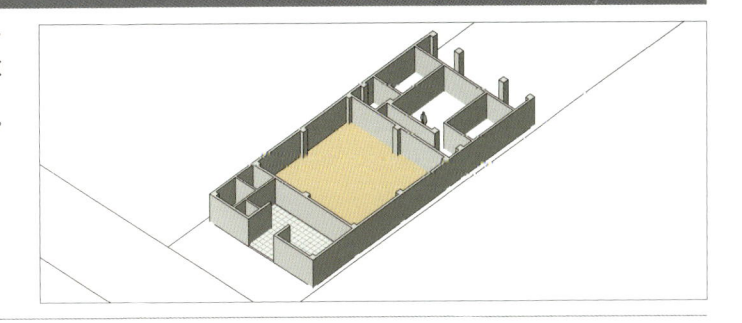

[修正｜床の境界を作成] タブの [線] をクリック。**1**
プロパティパレット「基準レベル」が [1FL] であることを確認。**2**

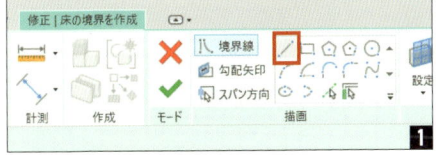
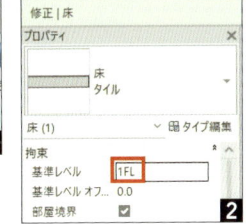

図のようなスケッチを作成。**3**
ドアの下部も床の配置を行う必要があるので、壁と床の取り合い部分に注意すること。

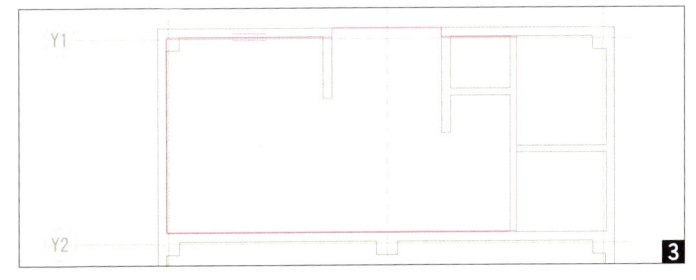

[修正｜床の境界を作成] タブの [編集モードを終了] をクリック。**4**

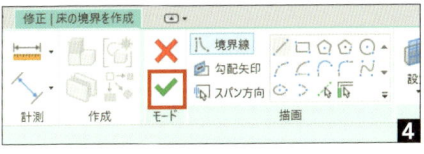

床が完成する。**5**

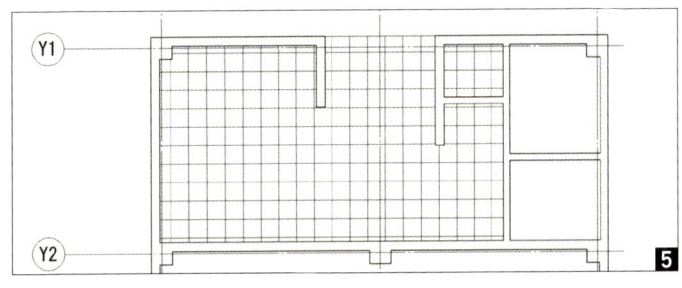

練習

図のように入口横の便所の床を作成する。**1**

床タイプ：[タイル]、基準レベル：[1FL]

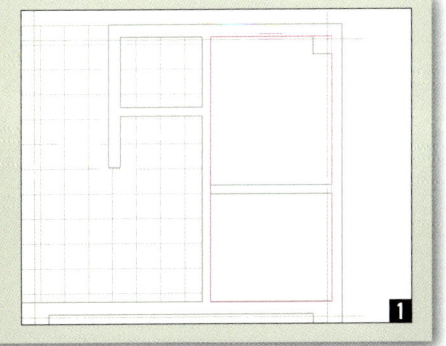

床タイプ「フローリング」を下図の通り作成し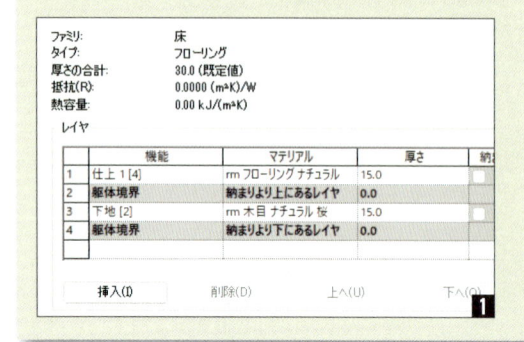、
図のように礼拝堂の床を配置する。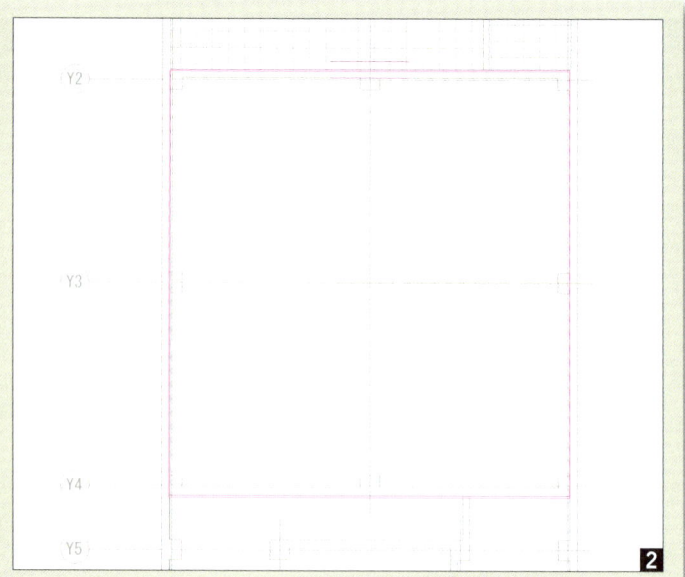

基準レベル：[1FL]

ここで、ハッチングが設定されていないマテリアルの
床仕上げの場合、床が選択しづらいので選択設定を変
更する。
[建築] タブの [選択] から [面で要素を選択] にチ
ェックし、選択を解除。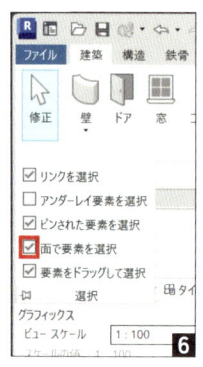

礼拝堂の床の面で選択できるようになる。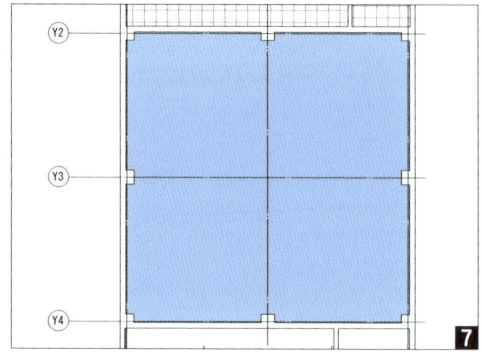

床タイプ「ビニルシート」を図の通り作成する。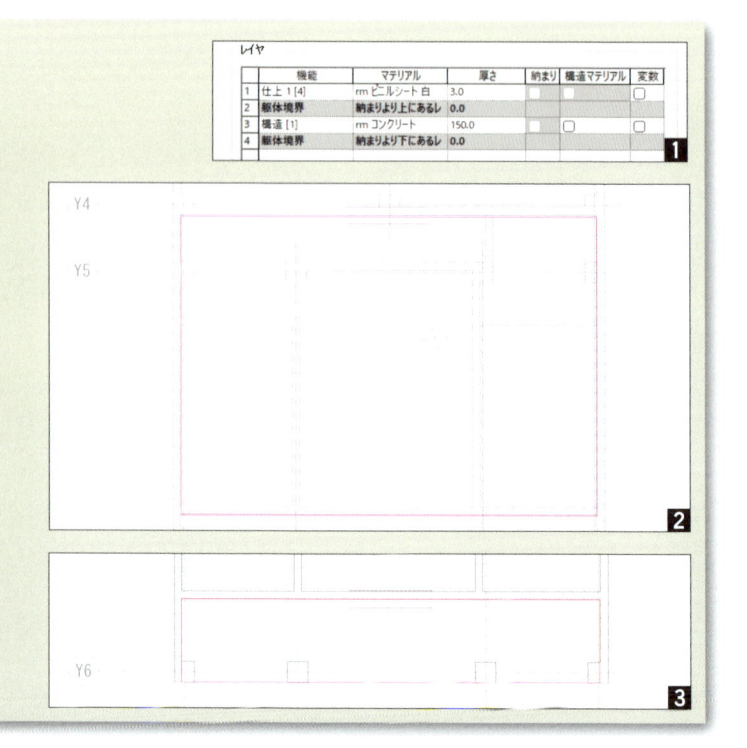

図のように事務所の床を配置する。

床タイプ：[ビニルシート]、基準レベル：[1FL]

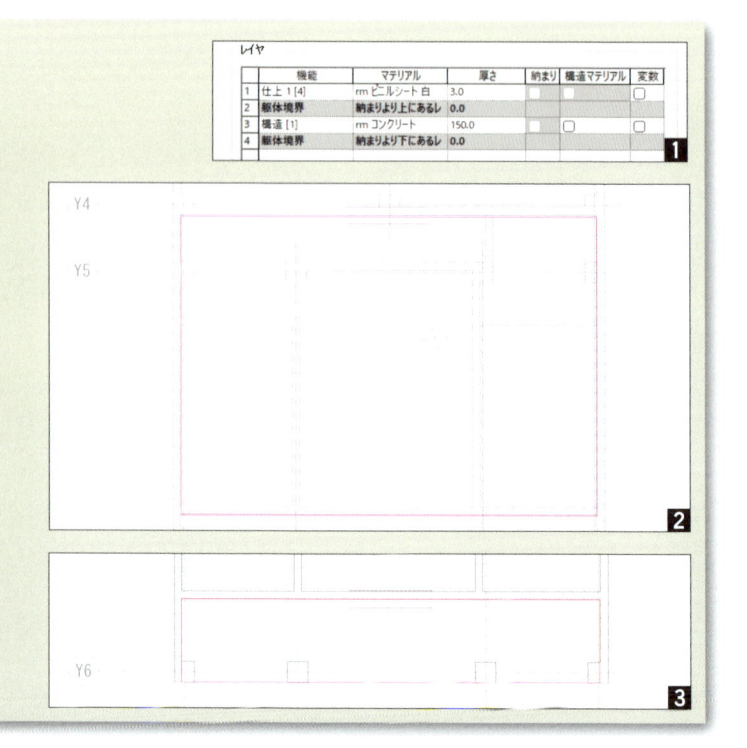

図のようにテラスの床を配置する。

床タイプ：[タイル]、基準レベル：[1FL]

4.3.7 梁タイプの作成

梁ファミリを配置するための準備をする。使用したいファミリがテンプレートにない場合はファミリをロードし、作業中のファイルに読み込む。読み込んだ梁ファミリのタイプを複製し、新しいタイプを作成する。「データ」フォルダから [RC 梁 - 角] ファミリを読み込み、540 mm× 540mm の梁を作成する。

[構造] タブの [梁] をクリック。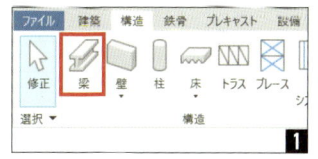

[修正｜配置梁] タブの [ファミリをロード] をクリック。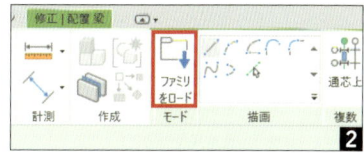

「ファミリロード」ダイアログボックスで「探す場所」をダウンロードした「データ」フォルダの「ファミリ」フォルダに設定し、[RC 梁 - 角 .rfa] を選択、[開く] クリック。

プロパティパレット [タイプ編集] をクリック。「タイプ プロパティ」ダイアログボックスの [複製] をクリック。

「名前」ダイアログボックスで [540x540] と入力し、[OK] をクリック。

「タイプ プロパティ」ダイアログボックスの「W」、「D」に [540] と入力し、[OK] をクリック。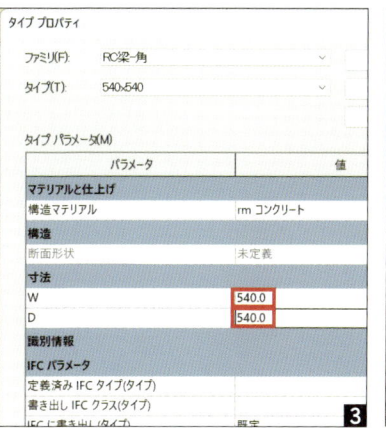

「540x540」の梁タイプが作成される。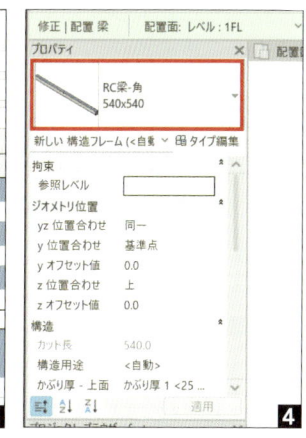

4.3.8 梁（2 階床下）の配置

平面図ビューでは FL から下を表示しない設定にしているため、梁を配置する時に確認しづらい場合がある。FL より下を表示するには、ビュー範囲の設定を変更する。2 階床下の梁を配置するため、平面図 2 階ビューのビュー範囲を変更し、540mm 角の梁を配置する。

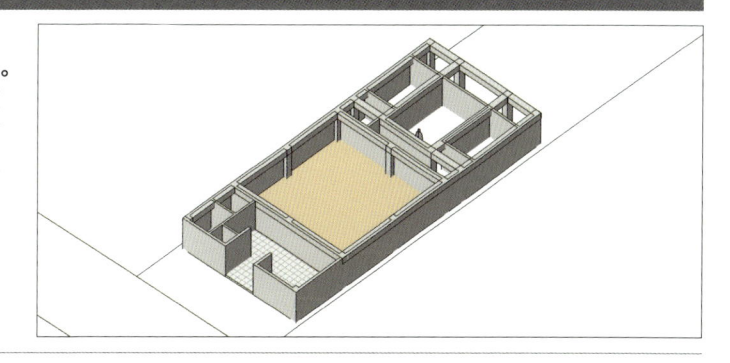

プロジェクト ブラウザ [平面図 2階] をダブルクリック。

プロジェクト ブラウザ「ビュー 範囲」の [編集] をクリック。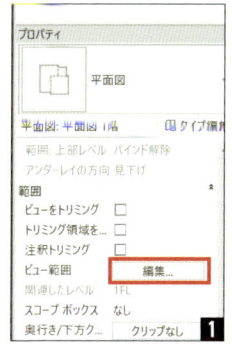

「ビュー範囲」ダイアログボックスの「メイン範囲」の「下」と「ビューの奥行」の「レベル」をどちらも [1FL] に設定し、[OK] をクリック。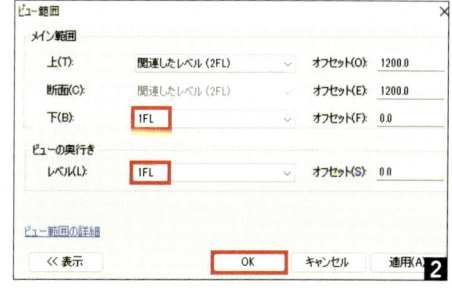
2 階の床面より下のオブジェクトが表示される。

[構造] タブの [梁] をクリック。

タイプセレクタ [RC 梁 - 角、540x540] が選択されていることを確認。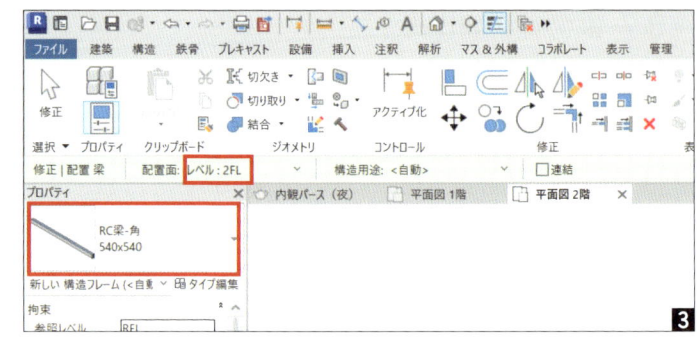

オプションバー「配置面」が [レベル：2FL] であることを確認。

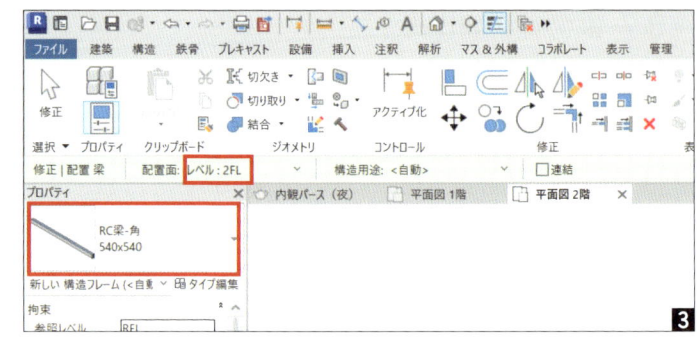

通芯 X1Y2 柱の中心と通芯 X5Y2 柱の中心をクリックし、梁を配置する。**4**

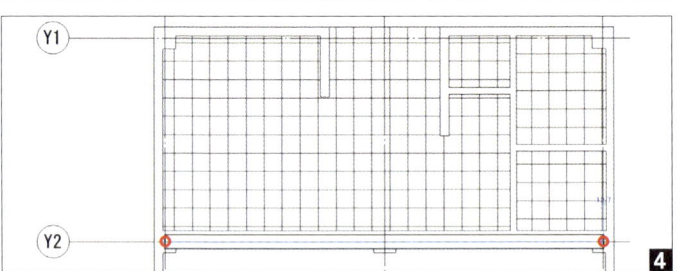

図の赤枠の位置に梁を配置し、3D ビューで確認する。**1**

4.3.9 梁（地中梁）の配置

350mm x 800mm の地中梁を配置する。地中梁を配置しやすくするために、ビュー範囲の断面位置を設定する。その後、地中梁の天端を設計 GL+50mm に設定し、配置する。

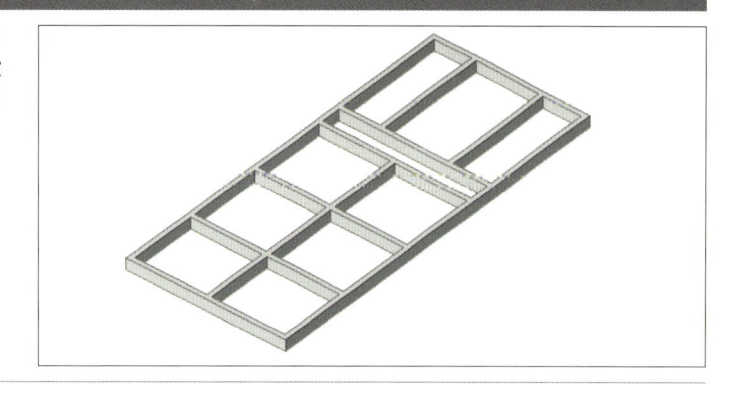

はじめに、ビュー範囲の断面位置を基礎 SL+210mm（設計 GL+10mm）に変更する。
それにより「1 階床タイル」が表示されず、柱、壁、地中梁が表示されることで地中梁が配置しやすくなる。1FL は設計 GL+200mm、「1 階タイル床」厚は 170mm であり、その下面の高さは設計 GL+30mm となるため、床スラブは表示されない。
プロジェクト ブラウザの［基礎 SL］をダブルクリック。

プロジェクト ブラウザの「ビュー範囲」の［編集］をクリック。

「ビュー範囲」ダイアログボックスの「メイン範囲」「断面」の「オフセット」に［210］と入力し、［OK］をクリック。**1**
1 階床が非表示になる。**2**

［構造］タブの［梁］をクリック。
タイプセレクタ［RC 梁 - 角、350x800］を選択。

オプションバー「配置面」を［レベル：設計 GL］に設定。**3**

プロパティパレット「z 位置合わせ」が［上］に設定されていることを確認し、「z オフセット」に［50］と入力。**4**

通芯 X1Y1 柱の中心と通芯 X5Y1 柱の中心をクリックし、梁を配置。**5**

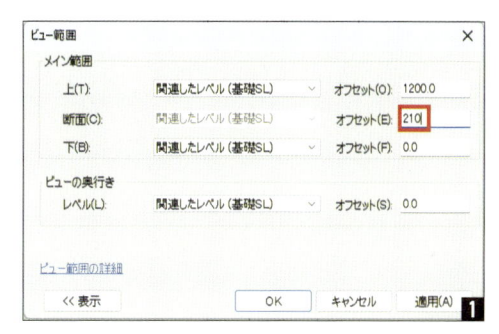

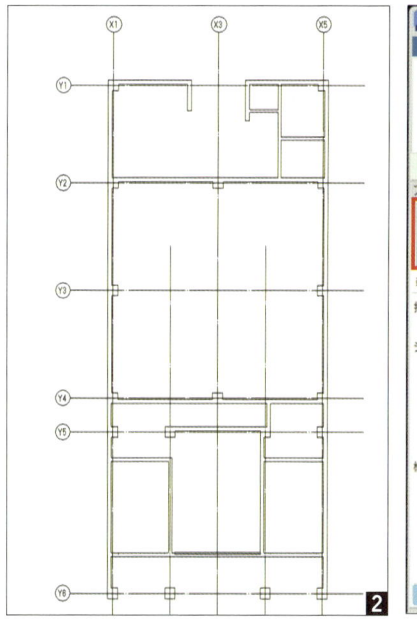
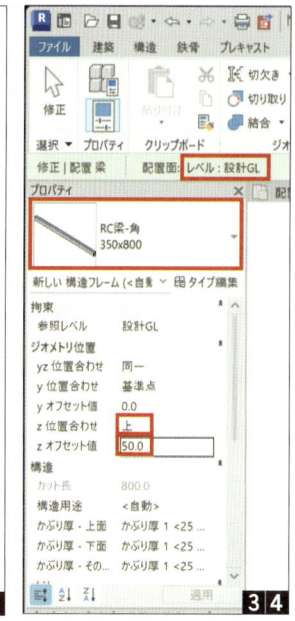

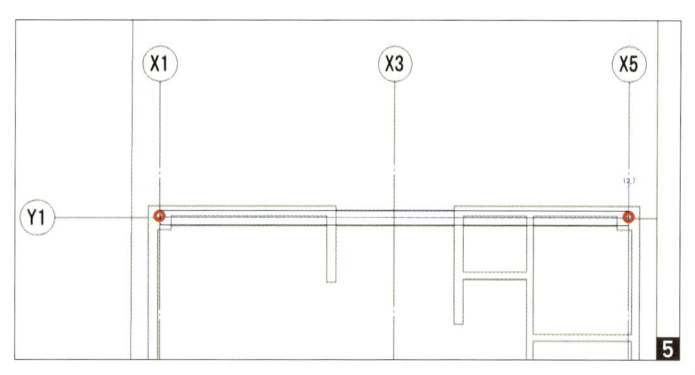

図のように地中梁を配置し、3D ビューで確認する。
1

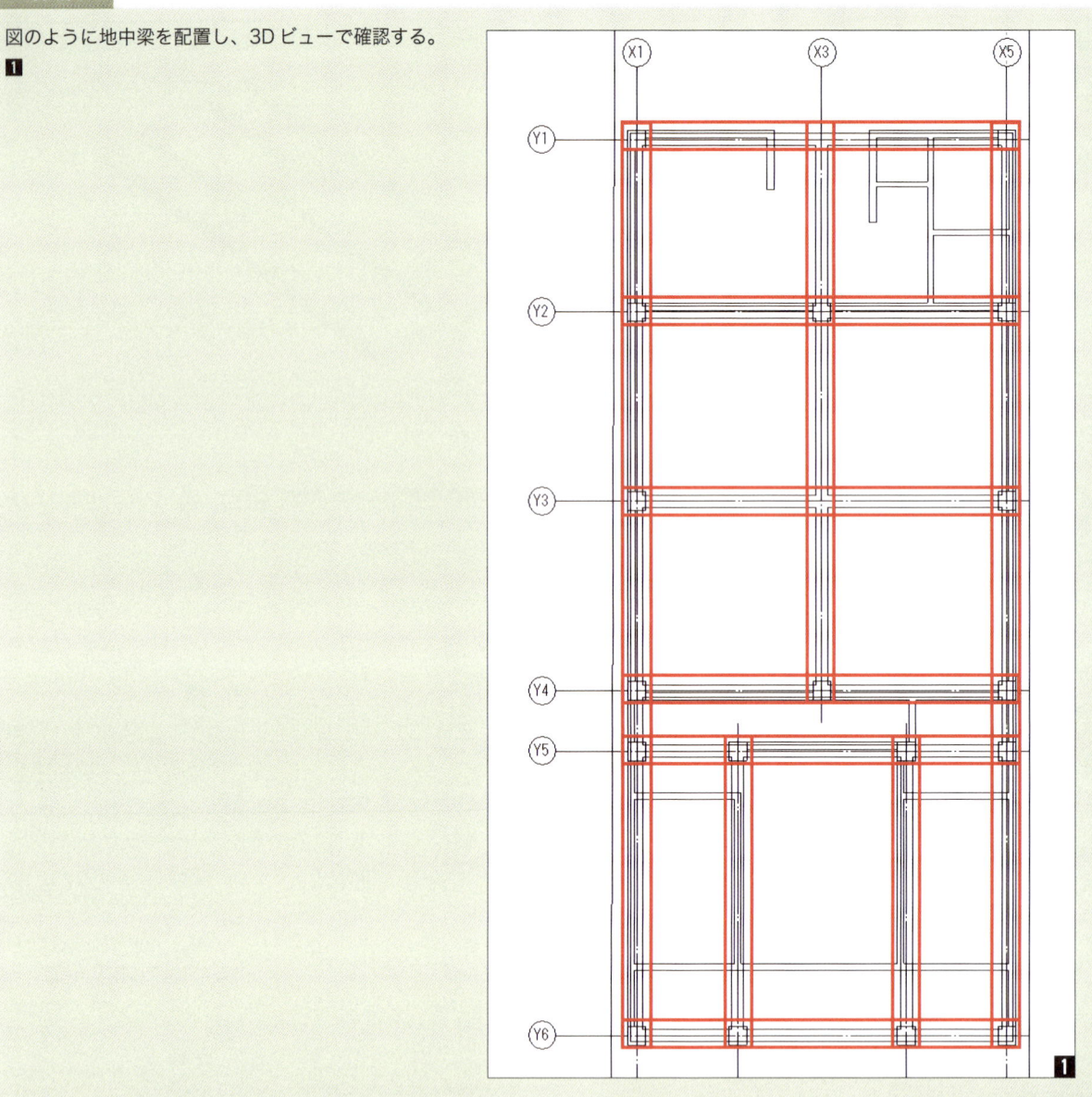

4.3.10 梁（地中梁）の位置合わせ

学習内容：一時的に非表示

地中梁を柱面に合わせて位置合わせする。位置合わせ
時に邪魔なオブジェクトがある場合は、一時的に非表
示設定にする。今回は壁を一時的に非表示にして、地
中梁を位置合わせする。

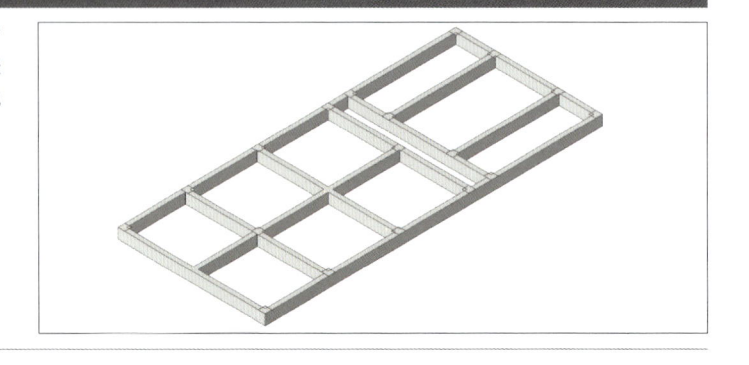

[基礎 SL] ビューであることを確認。

選択しやすい壁を選択（どれでもよい）。

ビューコントロールバーの［一時的に非表示 / 選択表示］の［カテゴリを非表示］をクリック。■1
すべての壁が非表示になる。

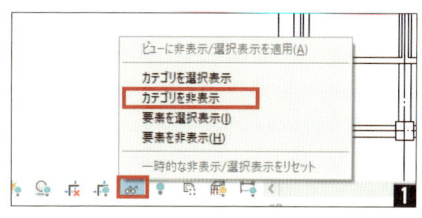

[修正] タブの［位置合わせ］をクリック。

通芯 X1Y1 柱の外面と地中梁の外面を位置合わせする。■2

同様に、図の赤線方向に向かって、地中梁と柱位置の表面位置を合わせる。■3

ビューコントロールバー［一時的な非表示 / 選択表示をリセット］をクリック。
壁が表示される。

[{3D}] ビューに切り替え、確認。

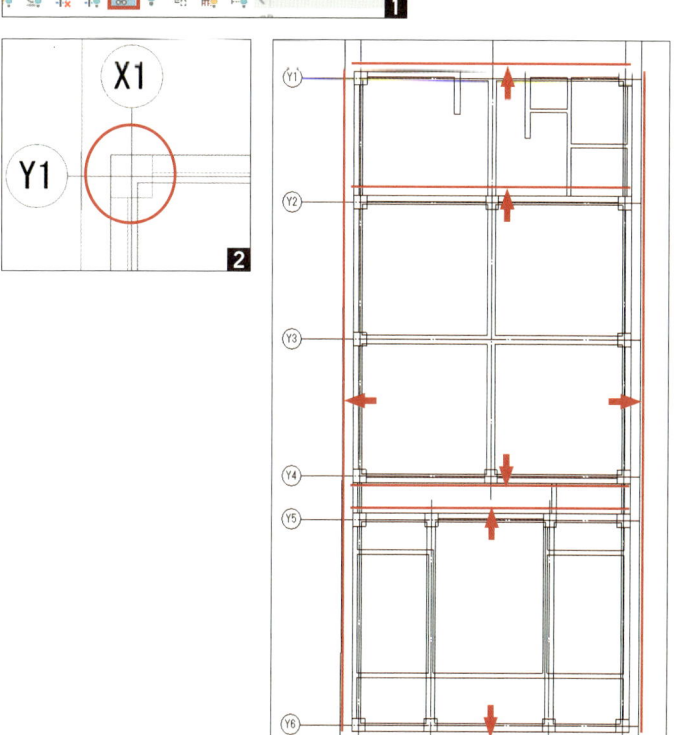

4.3.11 基礎の入力

学習内容：独立基礎、通芯一括配置、タイプセレクタ、フリップ

基礎や構造柱を通芯の交点上に一括で配置できる機能を用いて、長方形の独立基礎を通芯交点上に一括配置する。その後、1 か所のみ三角形の基礎に変更する。タイプセレクタを使うと、同じカテゴリのファミリであれば簡単に別のタイプに変更できる。

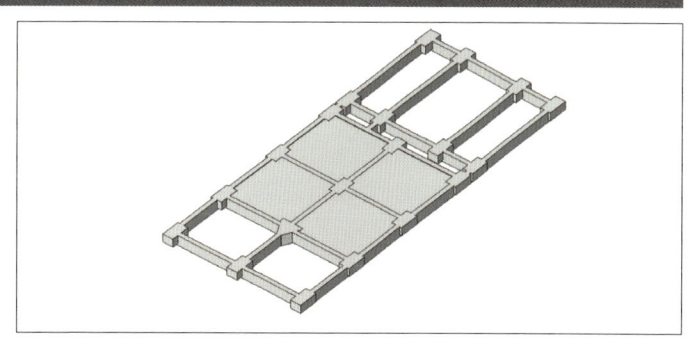

[基礎 SL] ビューであることを確認。

配置した基礎が表示されるようにビュー範囲を変更する。

プロパティパレットの「ビュー範囲」の［編集］をクリック。
「ビュー範囲」ダイアログボックスの「断面」の「オフセット」に［0］と入力し、[OK] をクリック。■1

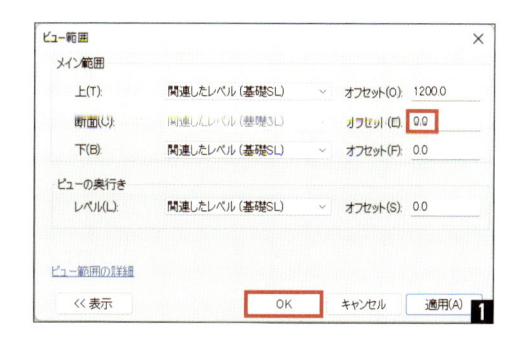

これより、基礎を配置する。
[構造] タブの [構造基礎:独立] をクリック。**2**

タイプセレクタから [杭頭 - 長方形、875x1575x
850] を選択。**3**

次 に、 基 礎 天 端 を 設 計 GL-150mm（ 基 礎 SL
+50mm）と設定する。
プロパティパレットの「基準レベル」が [基礎 SL]
であることを確認。**4**

プロパティパレットの「基準レベル オフセット」に
[50] と入力し、[適用] をクリック。**5**

[修正｜配置独立基礎] の [通芯位置に] をクリック。
6

すべての通芯を領域ボックスにより選択。**7**
選択した通芯のすべての交点に基礎が配置される。

「修正｜配置独立基礎＞通芯交点」の [終了] をクリ
ックし、コマンドを終了。

通芯 X3Y2 の長方形基礎を選択。**8**

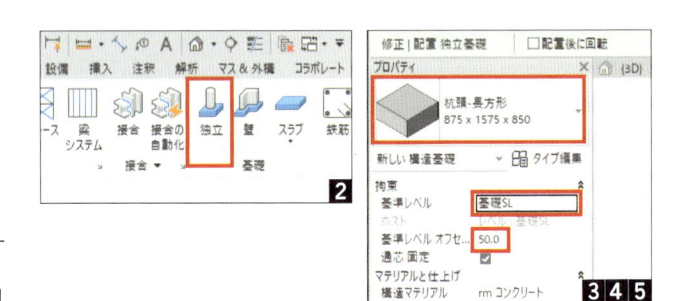
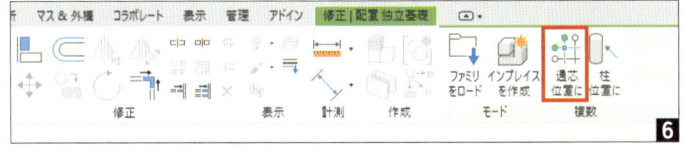
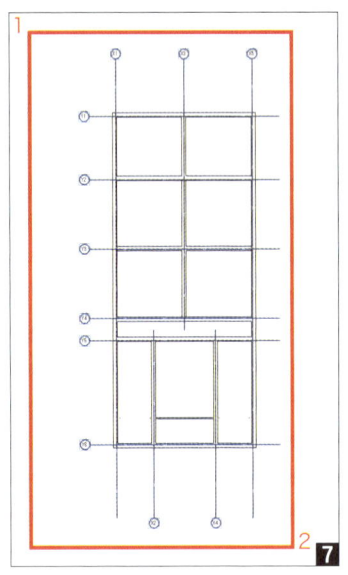
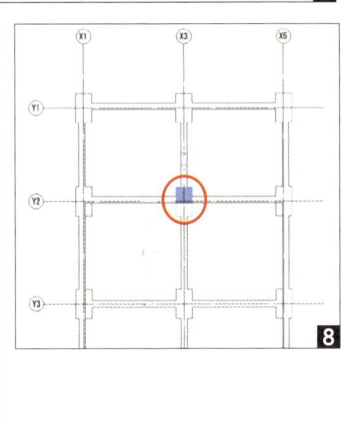

[杭頭 - 3 パイル、1710x1482x850] をタイプセレ
クタから選択。**9**
長方形の基礎が三角形の基礎に変わる。

[インスタンスを垂直方向にフリップ] をクリック。
10

すべての基礎が正しく配置された。**11**

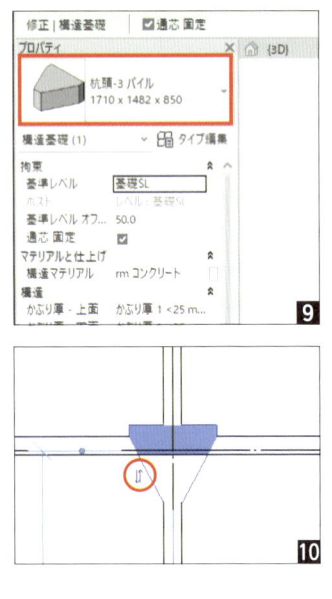
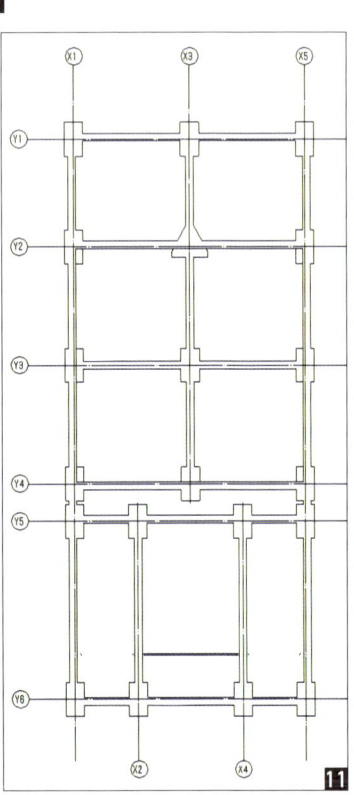

続いて、礼拝堂の下部にスラブ（コンクリート150mm）を配置する。
［建築］タブの［床］をクリック。

タイプセレクタから［コンクリート］を選択。

プロパティパレット「基準レベル」を［基礎SL］に設定。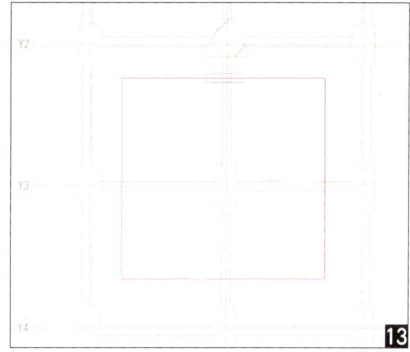

［修正｜床の境界を作成］タブの［長方形］で礼拝堂の適当な位置に、図のようなスケッチを作成。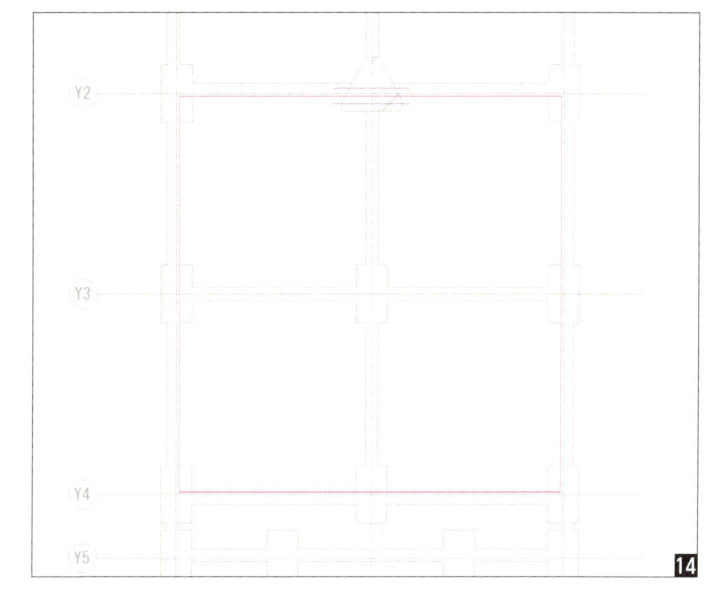

［修正｜床の境界を作成］タブの［位置合わせ］をクリック。

図のように壁の内側にスケッチを位置合わせする。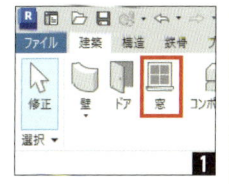

［位置合わせ］タブの［修正］をクリック。
［修正｜床の境界を作成］タブの［編集モードを終了］をクリック。

礼拝堂下部にスラブが作成された。
3D ビューに切り替え、確認する。

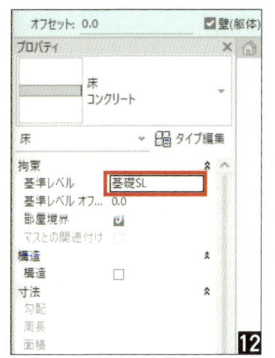

4.4 建具の入力

窓やドアなどの建具ファミリを読み込み、タイプを複製して目的の寸法を持つ建具を作成する。その後、建具を配置し、位置の微調整を行う。

4.4.1 窓タイプの作成と配置

学習内容：窓タイプの作成、マテリアルの検索

トイレの窓として内倒し窓のファミリを読み込み、900 mm x300 mmのサイズの窓タイプを作成する。額縁や膳板は「なし」に設定する。

プロジェクト ブラウザの［平面図 1階］をダブルクリック。

［建築］タブの［窓］をクリック。

プロパティパレットの［タイプ編集］をクリック。
「タイプ プロパティ」ダイアログボックスの［ロード］をクリック。

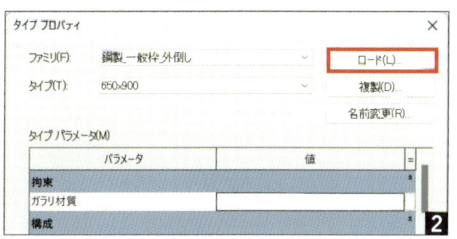

「開く」ダイアログボックスで「探す場所」を「データ」フォルダ内の「ファミリ」フォルダに設定。

[鋼製 _ 一般枠 _ 内倒し .rfa] を選択し、[開く] をクリック。

「タイプ プロパティ」ダイアログボックスの「ファミリ」に [鋼製 _ 一般枠 _ 内倒し] が表示される。**3**

「タイプ プロパティ」ダイアログボックスの [複製] をクリック。

「名前」ダイアログボックスで [トイレ窓 900x300] と入力し、[OK] をクリック。**4**

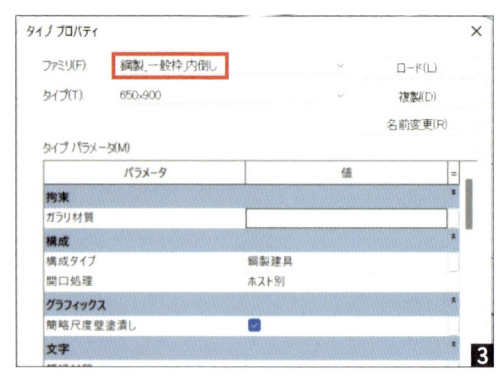

「タイプ プロパティ」ダイアログボックスの「寸法」グループ「高さ」に [300]、「幅」に [900] と入力。**5**

「タイプ プロパティ」ダイアログボックスの「マテリアルと仕上げ」グループの「枠マテリアル」の値をクリックし、表示された […] ボタンをクリック。

「マテリアル ブラウザ」ダイアログボックスの「検索ボックス」をクリックし、[メタル] と入力し、[Enter] キーで確定。**6**

検索結果から [rm メタル アルミ] を選択し、[OK] をクリック。**7**

同様に、「ガラスマテリアル」に [rm ガラス 透明] を設定し、[OK] をクリック。**8**

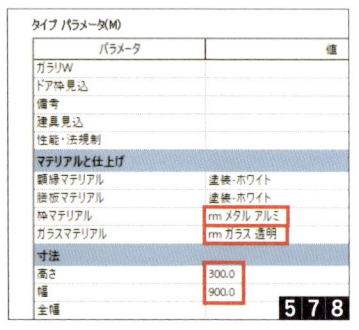

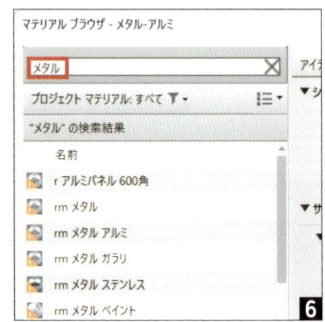

プロパティパレットの「額縁」、「膳板」、「ガラス表記 - 右上」のチェックをオフにして [適用] をクリック。**9**

図の位置に、壁の外側の線上をクリックして配置。**10**
（正確な位置は後で調整するので、適当な位置でよい）

[修正 | 配置窓] タブの [修正] をクリック。

配置した窓を選択し、フリップが壁の外側に表示されていれば、窓の内外は正しい向きである。**11**

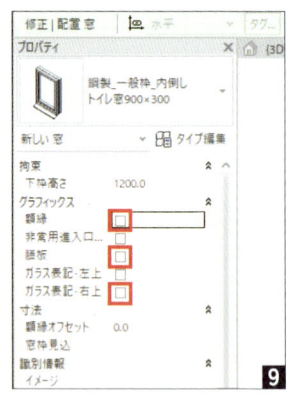

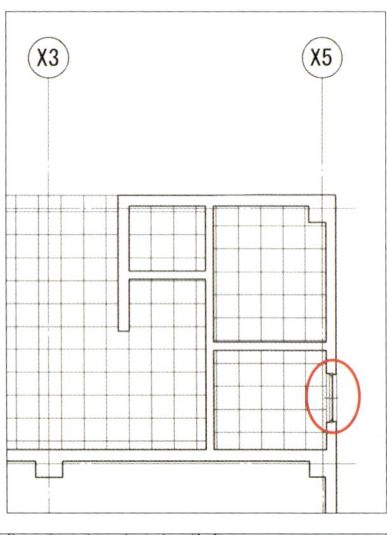

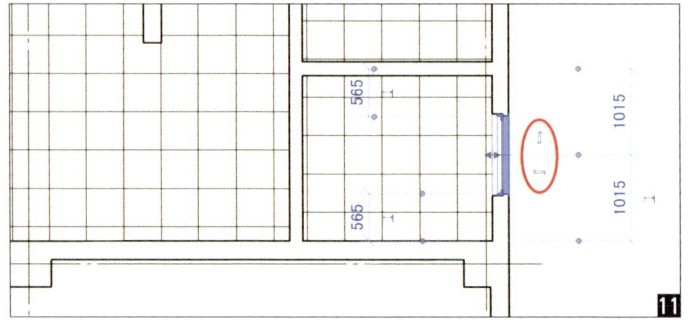

4.4.2 立面図ビューの向きの調整

プロジェクトの北を設定した場合、テンプレートに設定されている立面図ビューが回転してしまい、立面図が正しく表示されない場合がある。立面図が正しく表示されるように修正する。

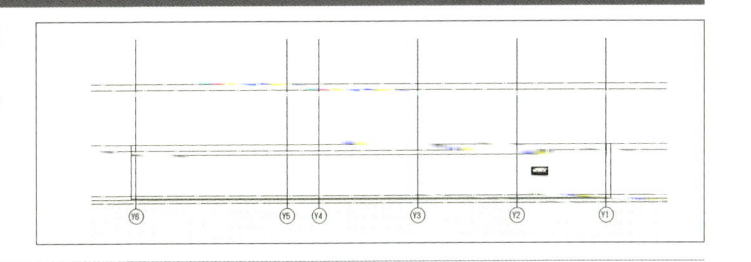

プロジェクト ブラウザの［立面図 東］をダブルクリック。

通芯が表示されておらず、立面図が正しく表示されていないことが分かる。**1**

［平面図 1階］ビューに切り替え。

ビューコントロールバーの［非表示要素の一時表示］をクリック。**2**
非表示設定されている要素が一時的に表示される。

立面図マークの角度がずれていることを確認。**3**

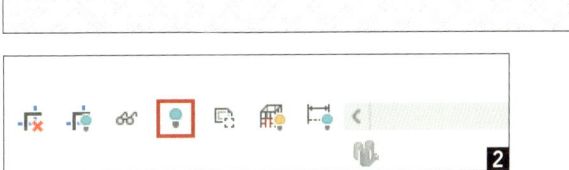

立面図マークがはいるように、領域選択で全体を選択する。**4**

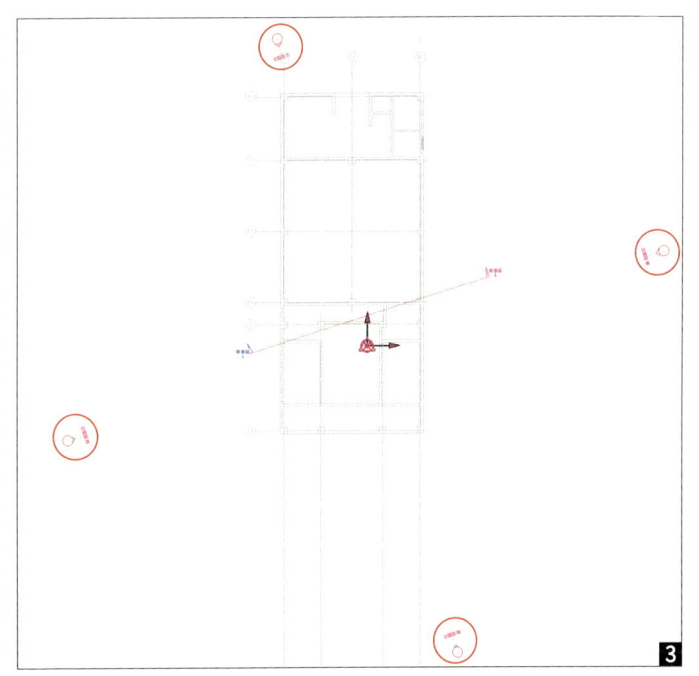

[修正｜複数選択] タブの [フィルタ] をクリック。**5**

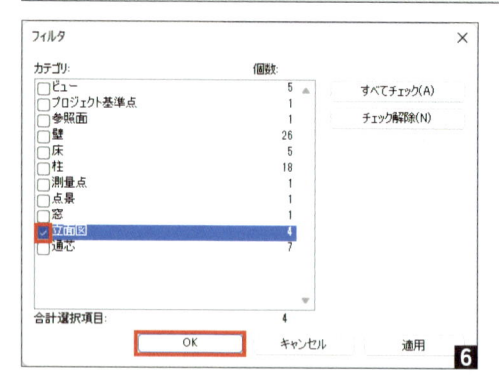

「フィルタ」ダイアログボックスで [立面図] にのみチェックし、[OK] をクリック。**6**

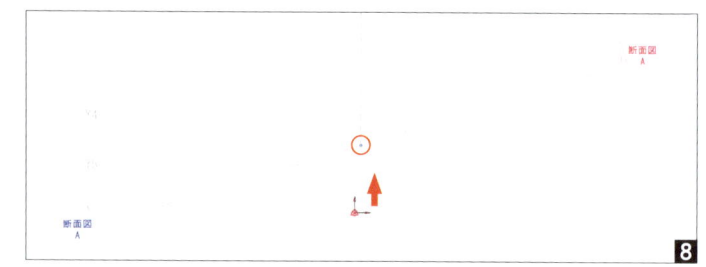

続いて、断面線の角度のずれを手がかりとして、立面図マークの角度のずれを修正する。
[修正｜立面図] タブの [回転] をクリック。**7**

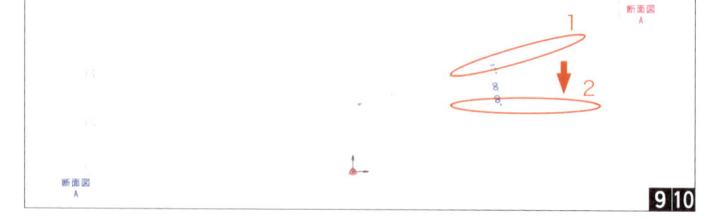

回転の中心である青い [●] をドラッグし、断面線の線上（どこでもよい）でドロップ。**8**

断面線の線上（どこでもよい）をクリック。**9**
回転の参照元の角度が指定された。

回転の基準線分が水平となるような位置でクリック。**10**
回転の参照先の角度が指定された。

立面図マークが正しい向きに回転した。**11**

[修正｜立面図] タブの [非表示要素の一時表示モードを切り替え] をクリック。**12**

[立面図 東] ビューに切り替えて、通芯が表示され、立面図が正しく表示されたことを確認。

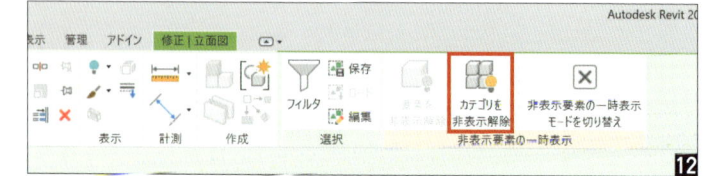

4.4.3 窓位置の調整と平面図の表示

トイレの窓を、柱梁を基準に位置調整する。高さを変更した場合、平面図で表示されなくなる場合があるので表示を調整する。

[立面図 東] ビューであることを確認。

ビューコントロールバーの [表示スタイル] の [ワイヤフレーム] をクリック。**1**
ワイヤフレーム表示になり、柱梁が表示された。**2**

[修正] タブの [位置合わせ] をクリック。

基準となる柱をクリック。**3**
位置合わせしたい窓の左端をクリック。**4**

窓が柱に位置合わせされた。**5**

基準となる梁をクリック。**6**
位置合わせしたい窓の上端をクリック。**7**

窓が梁に位置合わせされた。**8**

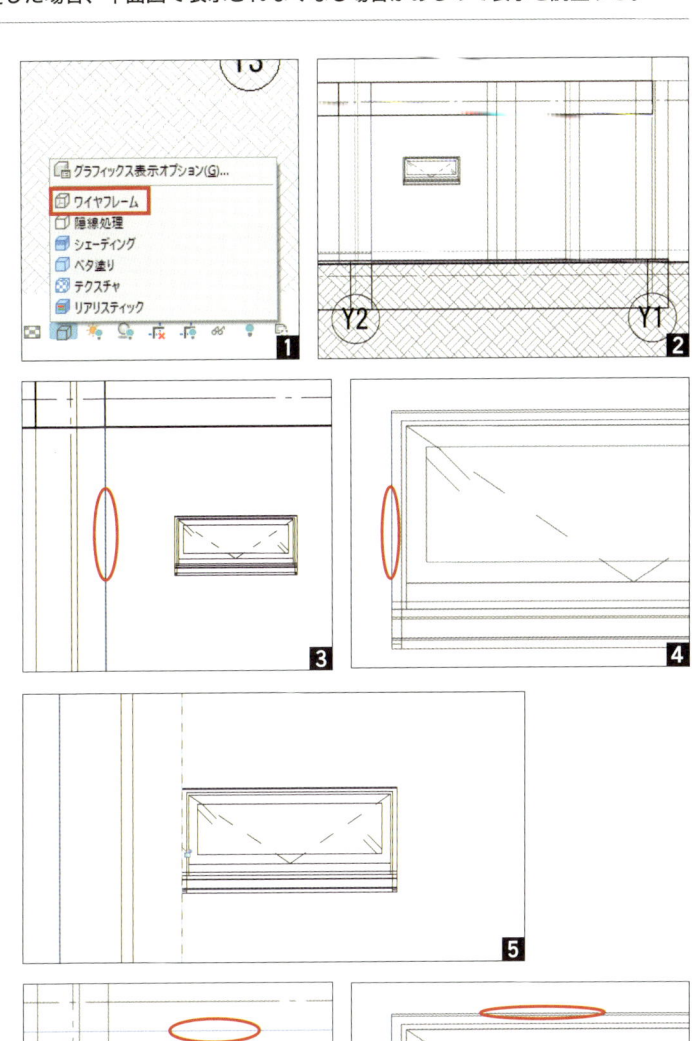

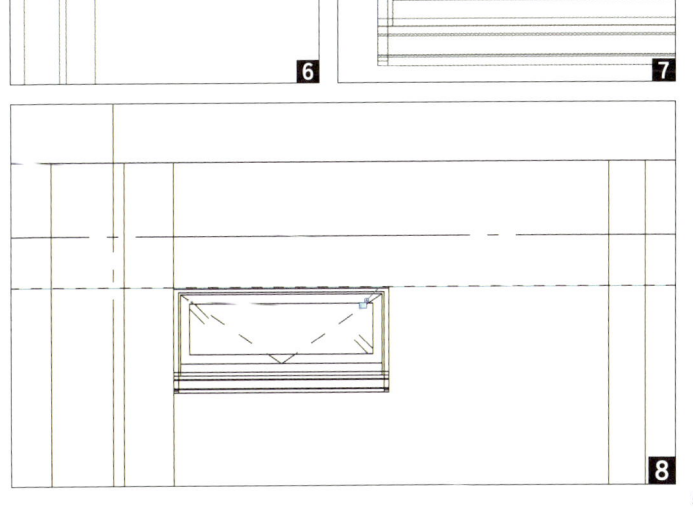

［平面図 1階］ビューに切り替え。

窓の配置位置が高いため、平面図で表示されなくなってしまった。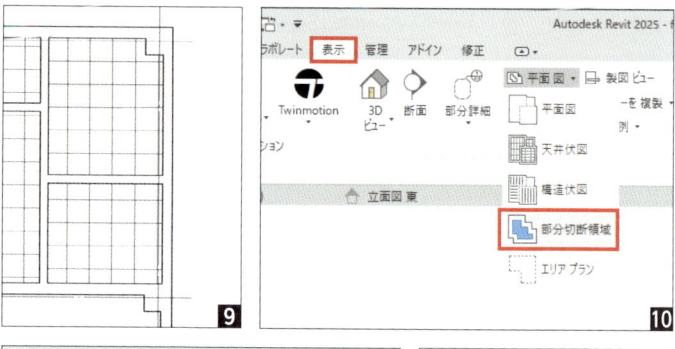

［表示］タブの［平面図］から［部分切断領域］をクリック。

［修正｜部分切断領域の境界を作成］タブの［長方形］をクリック。

図のように窓が表示される部分を長方形で囲む。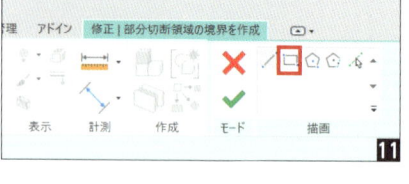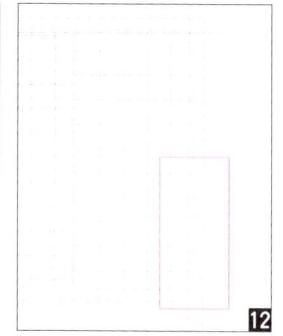

プロパティパレットの「ビュー範囲」の［編集］をクリック。

「ビュー範囲」ダイアログボックスの「上」の「オフセット」に［2300］、「断面」の「オフセット」に［2000］と入力し、［OK］をクリック。

［修正｜部分切断領域の境界を作成］タブの［編集モードを終了］をクリック。

窓が平面図に表示される。
部分切断領域の枠をクリックする。コントロールをドラッグし、範囲を調整。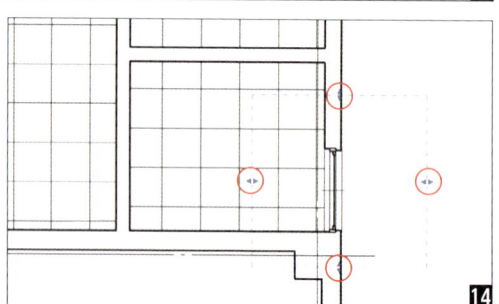

部分切断領域の枠上で右クリックし、コンテキストメニューの［ビューで非表示］の［要素］をクリック。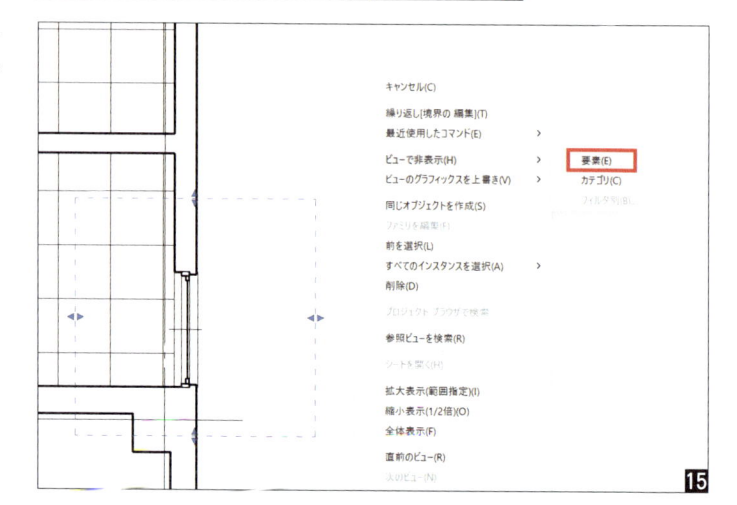

部分切断領域の範囲が非表示になる。

「鋼製_一般枠_1段4列_すべり出し.rfa」を「データ」フォルダ内の「ファミリ」フォルダからロードし、新しいタイプを複製により作成する。

タイプ名は「礼拝堂窓 4900x300」とする。

サイズは幅4900mm、高さ300mm、方立見付20mmとし、枠マテリアルを [rm メタル アルミ]、ガラスマテリアルを [rm ガラス 透明] とすること。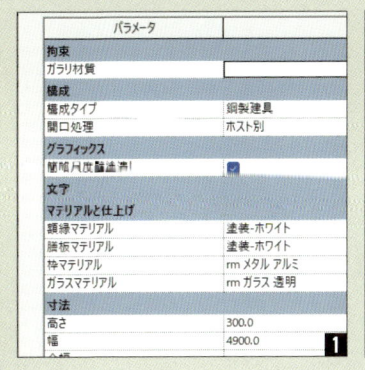
また、「膳板」、「額縁」、「ガラス表記」はすべてなしに設定すること。

図の位置に柱に合わせて2ヶ所配置すること。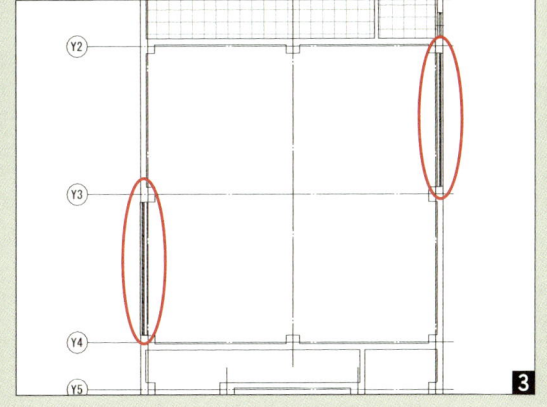

東立面図で高さを梁下の位置に合わせる。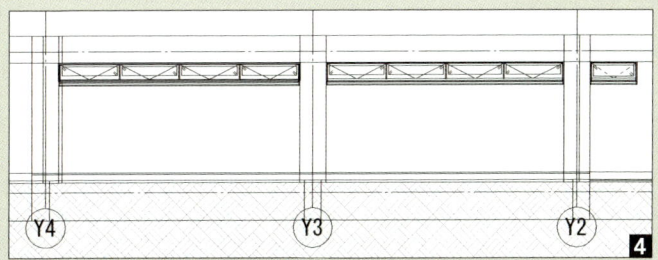

[[3D]] ビューで確認する。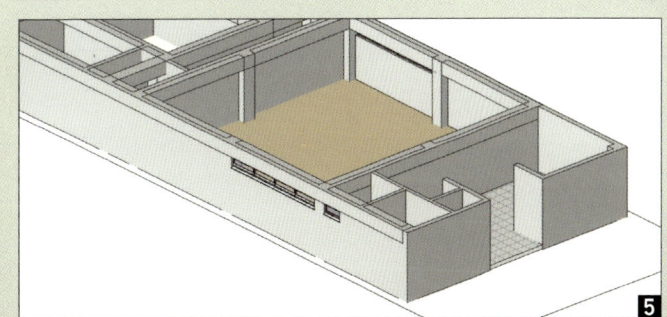

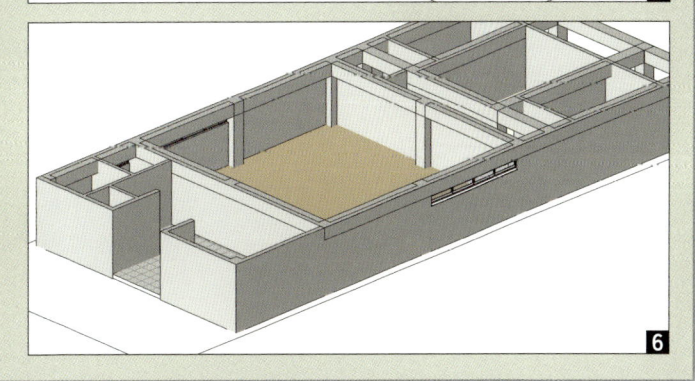

「鋼製_一般枠_外倒し」ファミリ（テンプレート読み込み済）の「準備室窓 900x700」を通芯 Y4 − Y5 の中心に配置する。**1**

膳板：あり、額縁：あり、ガラス表記：なし

東立面図で高さを梁下の位置に合わせる。**2**

[｛3D｝] ビューで確認する。**3**

「鋼製_一般枠_引違い-二枚」ファミリ（テンプレート読み込み済）の「牧師室窓 2400x2180」を通芯 X1 − X2、通芯 X4 − X5 の中心に配置する。配置の際は、仮寸法の基準位置を壁芯から通芯に変更する。**4**

基準レベル：[1FL]、下枠高さ：[20]
膳板：あり、額縁：あり、ガラス表記：なし

南立面図で確認する。**5**

「鋼製_一般枠_引違い-三枚」ファミリ（テンプレート読み込み済）の「事務室窓 4400x2180」を通芯 X3 を中心として配置する。**6**

基準レベル：[1FL]、下枠高さ：[20]
膳板：あり、額縁：あり、ガラス表記：なし

南立面図で確認する。**7**

[｛3D｝] ビューで確認する。**8**

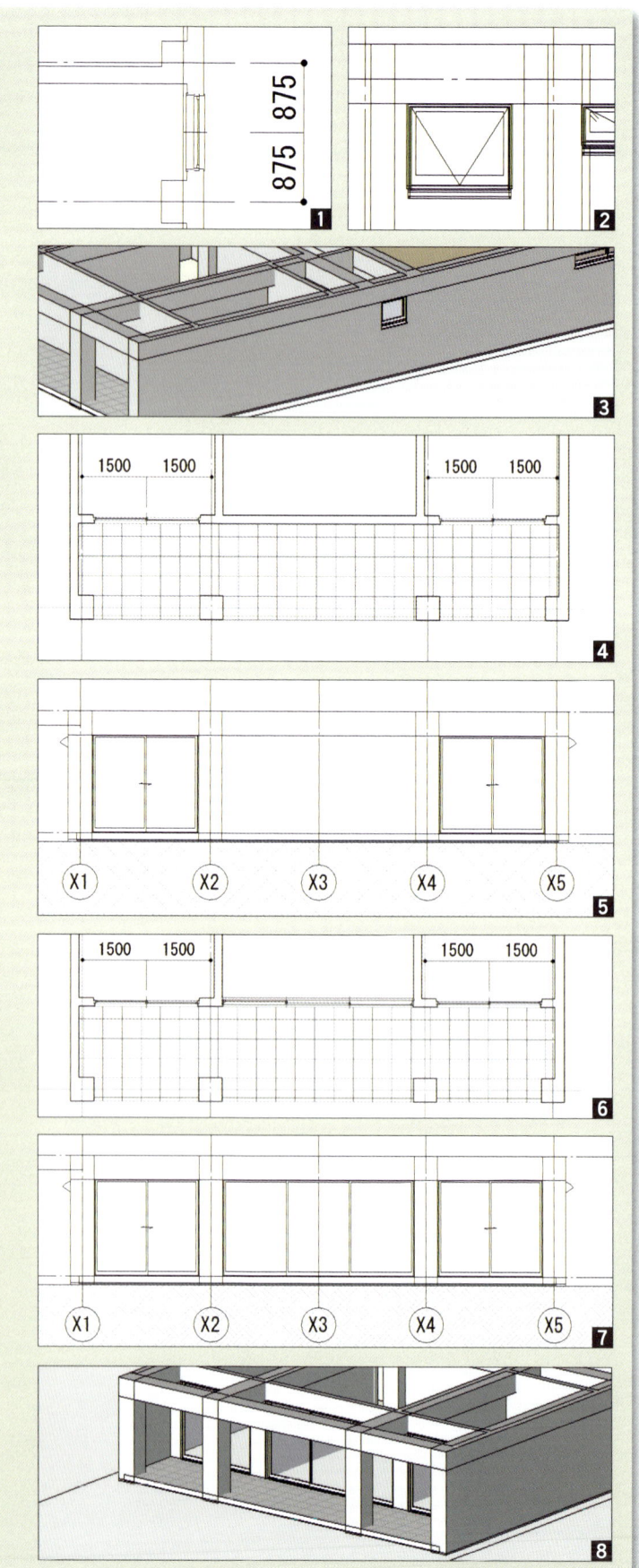

4.4.4 ドアタイプの作成と配置

窓と同様にドアのタイプを作成し、礼拝堂に配置する。

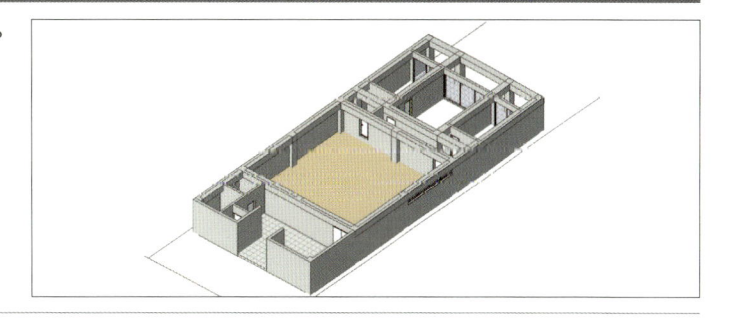

[平面図 1階] ビューに切り替える。

[建築] タブの [ドア] をクリック。**1**

プロパティパレットの [タイプ編集] をクリック。

「タイプ プロパティ」のダイアログボックスの [ロード] をクリック。

「開く」ダイアログボックスで「探す場所」を「データ」フォルダ内の「ファミリ」フォルダに設定。[鋼製_大枠_両開き_フラッシュ.rfa] を選択し、[開く] をクリック。

「タイプ プロパティ」のダイアログボックスの [複製] をクリック。

「名前」ダイアログボックスで [1520x2160] と入力し、[OK] をクリック。

「タイプ プロパティ」のダイアログボックスの「寸法」の「高さ」に [2160]、「幅」に [1520]、「パネル厚」に [30] と入力し、[OK] をクリック。**2**

プロパティパレットの「グラフィックス」の [沓掛 / 敷居] のチェックをオンにする。**3**

通芯 X1Y2 の柱の近くの壁で、ドアの開き方向の壁の線上をクリックして配置。**4**

[修正 | 配置ドア] タブの [位置合わせ] をクリック。

柱面とドア枠を位置合わせする。**5**

礼拝堂にドアが配置されたことを確認し、位置合わせコマンドを終了。

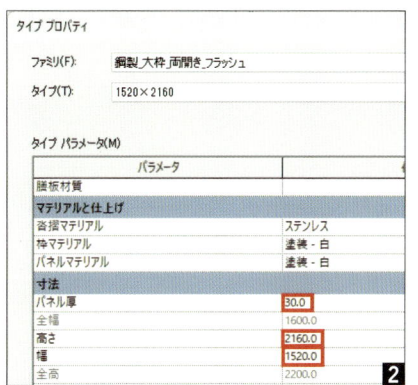

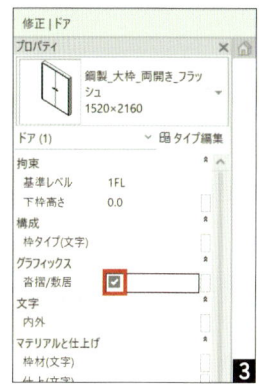

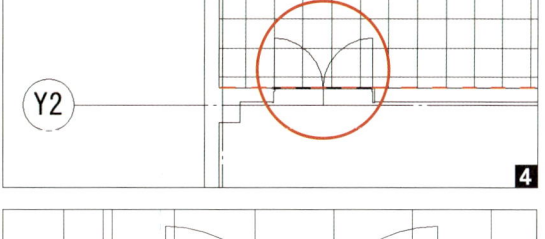

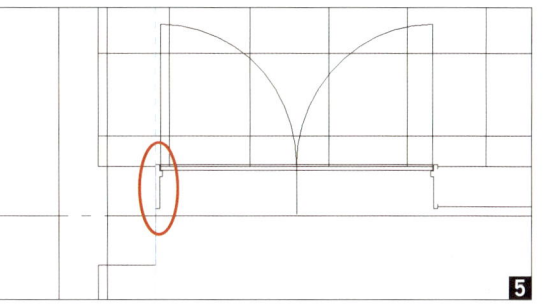

続いて、礼拝堂の南側の壁（通芯 Y4 通り）にも同様
に、「鋼製_大枠_両開き_フラッシュ」の
「1520x2160」タイプのドアを配置する。
通芯 Y2 に配置した両開きドアを選択。

[修正｜ドア] タブの [鏡像化—軸を選択] をクリック。
6

鏡像の軸として通芯 Y3 をクリック。**7**
通芯 Y4 にドアが配置された。

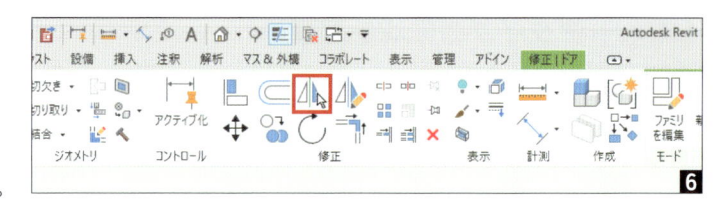

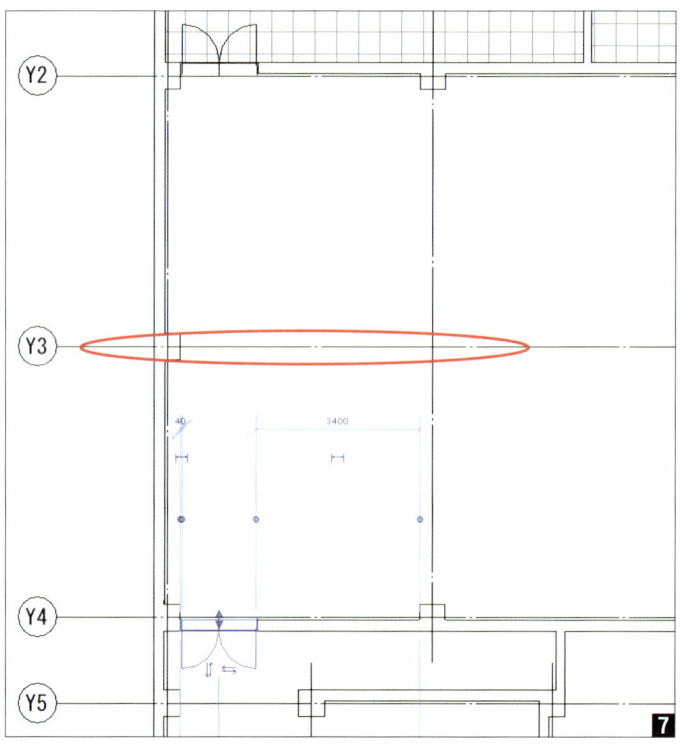

「鋼製＿大枠＿片開＿フラッシュ」（テンプレート読み込み済）から新しいタイプを複製により作成する。タイプ名は「760x2000」とする。サイズは幅760mm、高さ2000mm、パネル厚40mmとすること。「沓掛 / 敷居」は「あり」とする。■

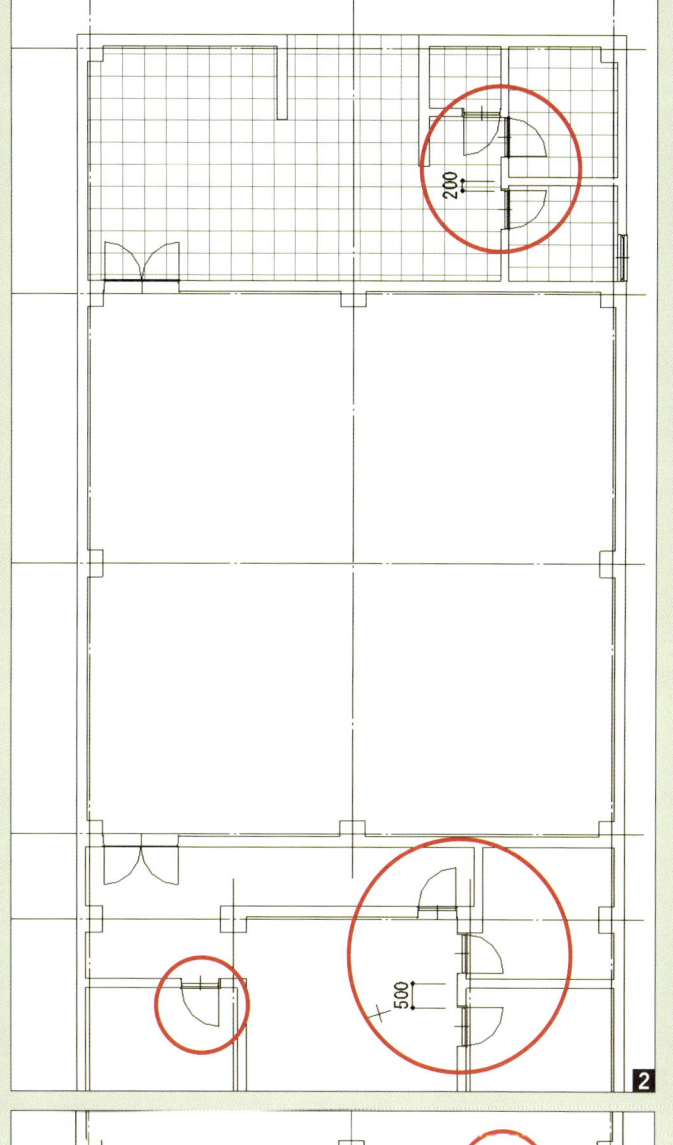

図のように適当な位置に7か所ドアを配置する。■
なお、配置中に［Space］キーを押すことで、開き勝手を切替えることができる。

位置合わせや仮寸法を使って、ドアの位置を図のように調整する。

配置後に開き勝手を変更する場合は、フリップを使用して切り替える。

「鋼製＿人枠＿片開＿フラッシュ」の「760x1740」を図のように配置し、1FL+400mmの位置に配置する。「沓掛 / 敷居」は「あり」とする。■

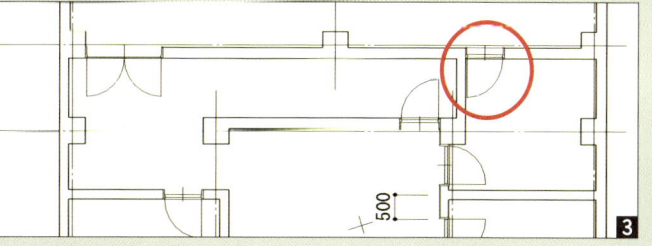

4.4.5 カーテンウォールの入力

学習内容：カーテンウォール、立面図表示スタイル、カーテングリッド、マリオンのタイプ作成、マリオン、面で選択

エントランスのカーテンウォールを入力する。カーテンウォールはパネル、グリッド、マリオンで構成される。はじめにガラスのカーテンパネルを壁コマンドで作成し、次にマリオンを配置するためのカーテングリッド（補助線）を作成する。最後に、配置されたカーテングリッド上にマリオンを配置する。

［平面図 1階］ビューであることを確認。

はじめに、カーテンパネルを配置する。
［建築］タブの［壁］をクリック。
タイプセレクタの［カーテンウォール 自由分割］を選択。 **1**

オプションバーの「上方向」から［指定］を選択し、[5400]と入力。 **2**

図の適当な位置にカーテンウォールを配置する（位置は後で調整する）。 **3**

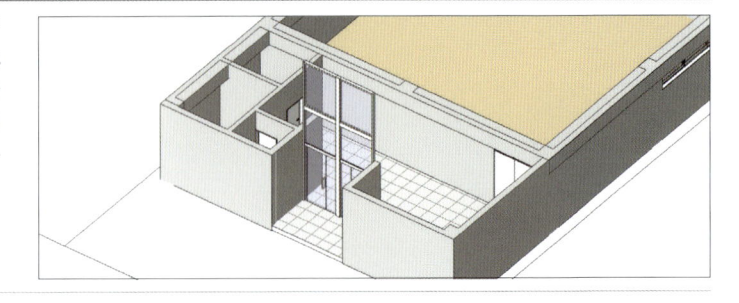

プロジェクト ブラウザの［立面図北］をダブルクリック。 **4**

ビューコントロールバーの［表示スタイル］の［ベタ塗り］をクリック。 **5**

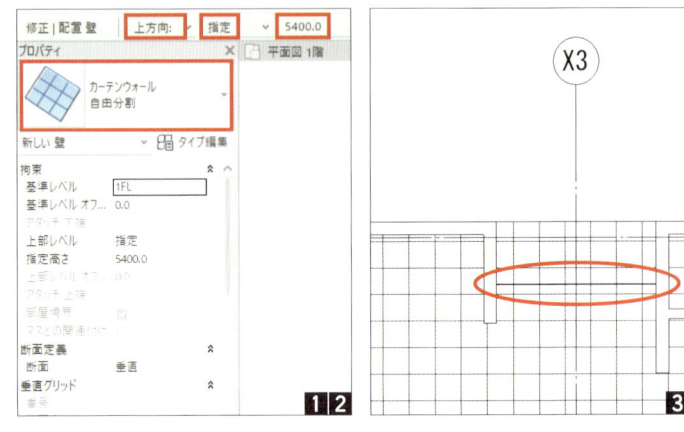

次に、カーテングリッドを配置する。
［建築］タブの［カーテングリッド］をクリック。 **6**

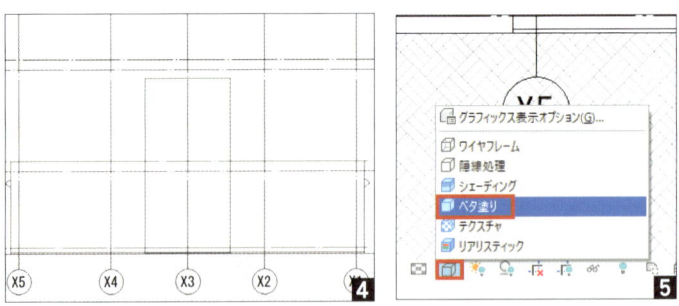

カーテンパネルの上辺をクリックし、縦のカーテングリッドを中央の位置に配置する。 **7**

続けてカーテンパネルの右辺をクリックし、横のカーテングリッドを適当な位置に配置。 **8**

横のグリッドの仮寸法をクリックし、上端から[1775]と入力し、確定。 **9**

［修正｜配置カーテングリッド］タブの［修正］をクリック。

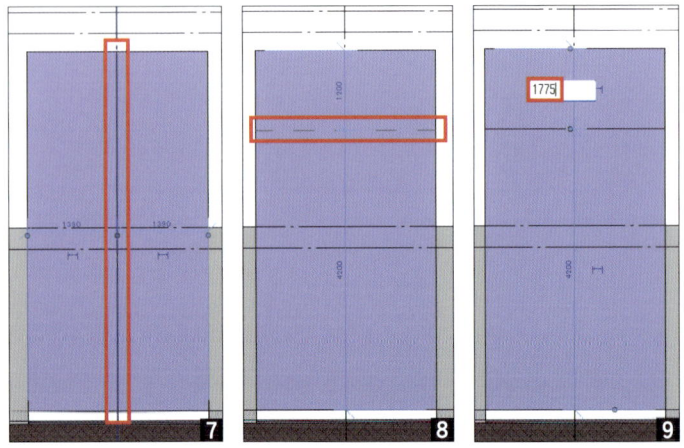

続いて、配置するマリオンのタイプを作成する。
[建築] タブの [マリオン] をクリック。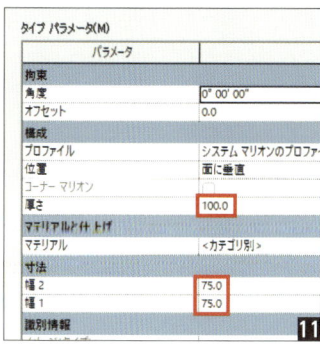

タイプセレクタから [長方形のマリオン、50x150]
を選択し、プロパティパレット [タイプ編集] をクリ
ック。

「タイプ プロパティ」のダイアログボックスの [複製]
をクリック。
「名前」ダイアログボックスで [150x100] と入力し、
[OK] をクリック。

「タイプ プロパティ」ダイアログボックスの「構成」
グループの「厚さ」に [100]、
「寸法」グループの「幅1」、「幅2」にどちらも [75]
と入力し、[OK] をクリック。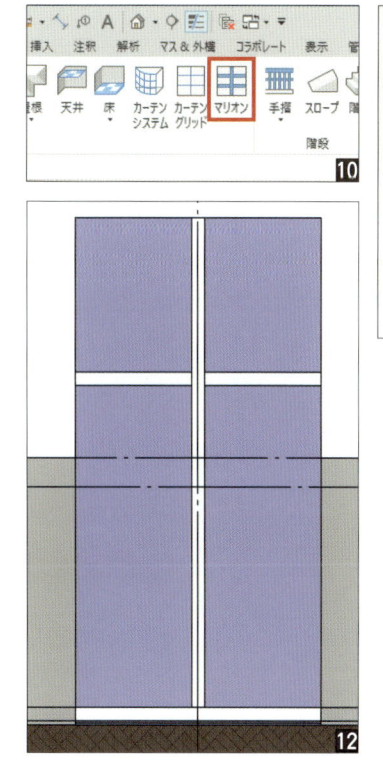

次に、マリオンを配置する。
作成した縦、横のグリッドラインをクリックし、「長
方形マリオン」「150x100」を配置。**12**

HINT

長方形マリオンの「厚さ」は奥行寸法を示す。「幅
1」及び「幅2」はグリッドラインからの見付寸
法を示す。

練習

「長方形マリオン」のいずれかのタイプを複製し、
新たなタイプを作成する。タイプ名は「100x50」
とする。
サイズは「厚さ」50mm、「幅1」50mm、「幅2」
50mm とする。**1**

カーテンパネル下端から 2200mm の位置にカー
テングリッドを作成し、先ほど作成した「100x50」
の長方形マリオンを配置する。**2**

カーテンパネルの上端、左端、右端のカーテング
リッドの位置に「50x100」の長方形マリオン（テ
ンプレートに読み込み済）を配置し、外枠を作成
する。**3**

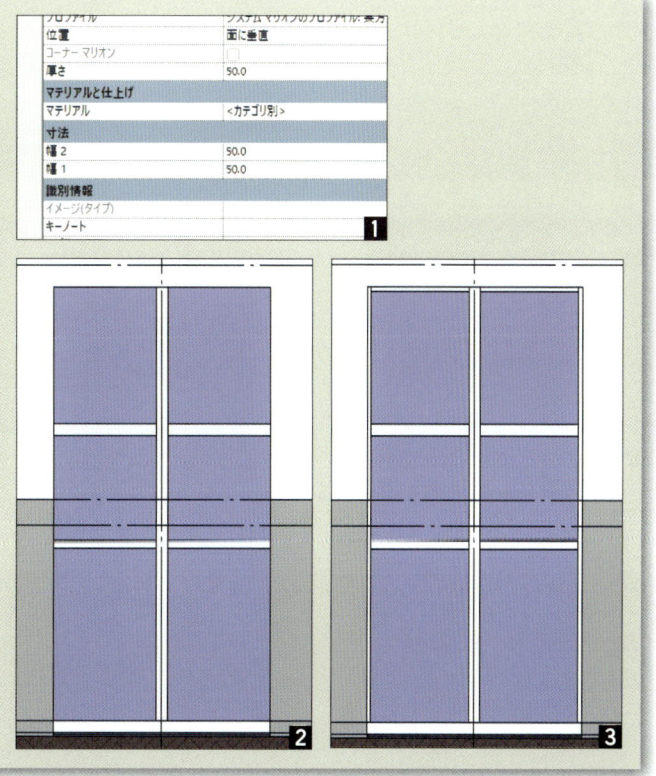

続いて、カーテンパネルにドアを取り付けるためのカーテングリッドを作成する。
[建築] タブの [カーテングリッド] タブの [1 セグメント] をクリック。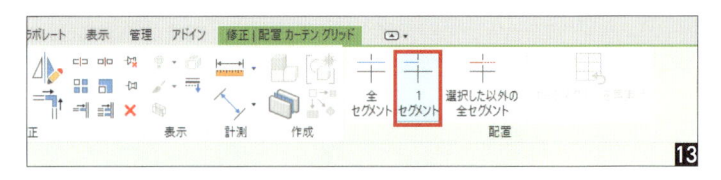

4 か所図の位置にカーテングリッドを作成。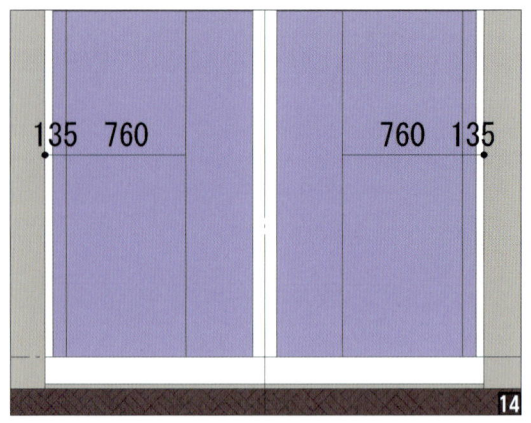

次に、カーテンパネルをドアに変更する。
ここで、カーテンパネルが選択しやすいように、選択モードを変更する。
[建築] タブの [選択] から [面で要素を選択] にチェック。

選択したいカーテンパネルにマウスオンし、幅760mm のカーテンパネルが選択されるまで [Tab] キーを押す。その後、クリックしそのパネルを選択する。

タイプセレクタから「片開 - ヒンジなし」「ガラスパネル」を選択。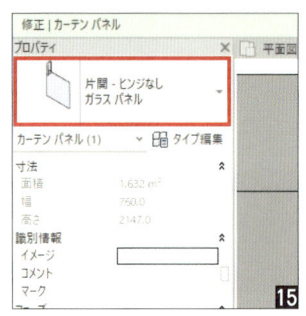
カーテンパネルにドアが配置される。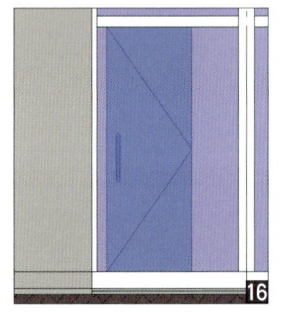

練習

右側のカーテンパネルも同様に [片開き - ヒンジなし ガラスパネル] に変更する。**1**

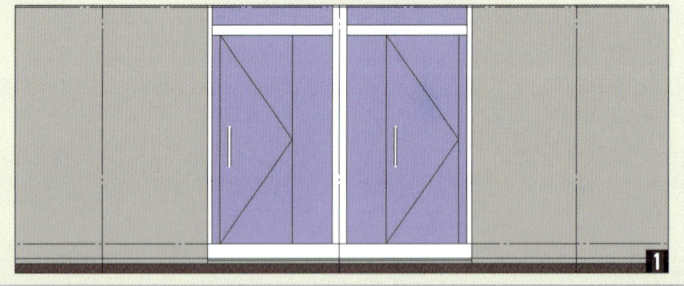

続いて、ドアの吊元を変更する。

[平面図 1階] ビューに切り替え、右側のドアを [Tab] キーを使って選択。

[インスタンスを水平方向にフリップ] をクリック。**17**
ドアの吊元が変更された。**18**

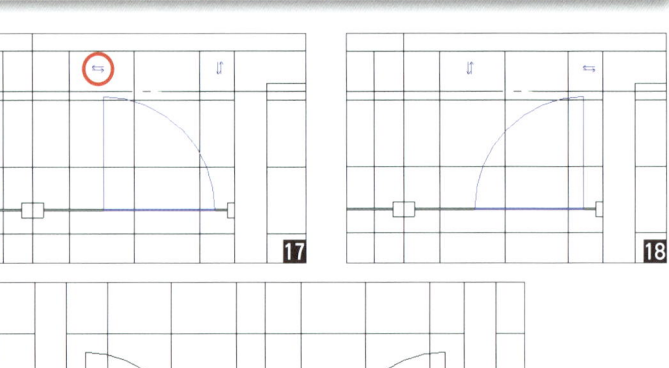

最後に、ドアの位置を袖壁の位置にあわせる。
カーテンウォールを選択。
[修正 | 壁] タブの [移動] をクリック。
移動の基点、移動の目標点の順にクリックし、カーテンウォールを図の位置に移動。**19**
[修正 | 壁] タブの [修正] をクリック。

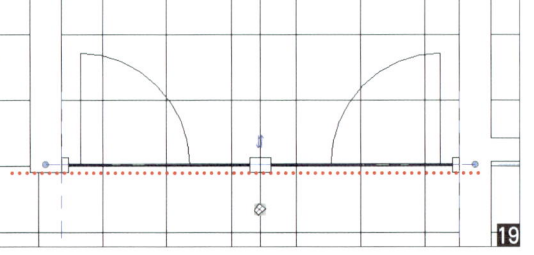

4.5 その他の要素の入力

便所の衛生機器や礼拝堂の祭壇、天井など、1F の詳細をモデリングする。

4.5.1 衛生機器の入力

トイレブース、小便器、洗面カウンタのファミリを配置した後、便所の袖壁の位置を調整する

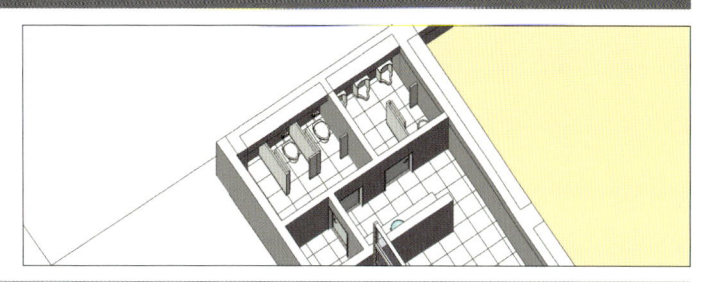

[平面図 1 階] ビューであることを確認。
はじめに、トイレブースを配置する。
[建築] タブの [コンポーネント] をクリック。**1**

[修正｜配置コンポーネント] タブの [ファミリをロード] をクリック。
「ファミリロード」ダイアログボックスで「データ」フォルダから [トイレブース - 草葉町 3D.rfa] を選択し、[開く] をクリック。

スペースキーで配置したい向きに回転し、建物の外の適当な位置に配置する。**2**

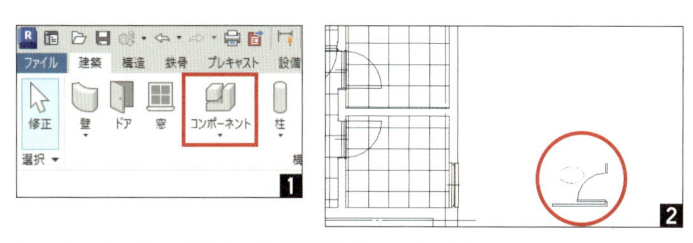

配置したトイレブースを選択し、[修正｜衛生器具] タブの [鏡像化―軸を選択] をクリック。**3**
オプションバー [コピー] のチェックをオフにする。
4
鏡像の軸を選択。**5**
その後、トイレブースの向きが反転する。

[修正｜衛生器具] タブの [移動] をクリック。
図のように移動。**6**

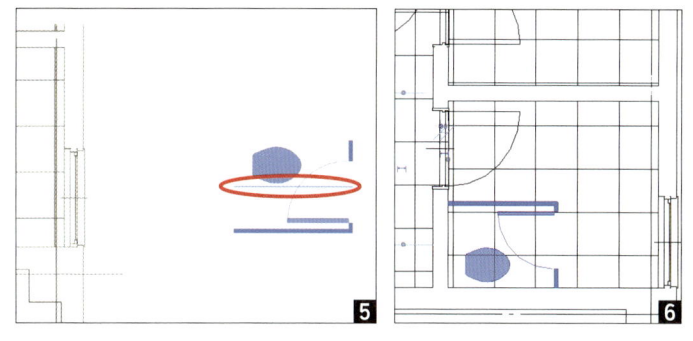

練習

[トイレブース - 草葉町 3D.rfa] を図のように配置する。**1**

適宜移動コマンドやコピーコマンドも使用すること。

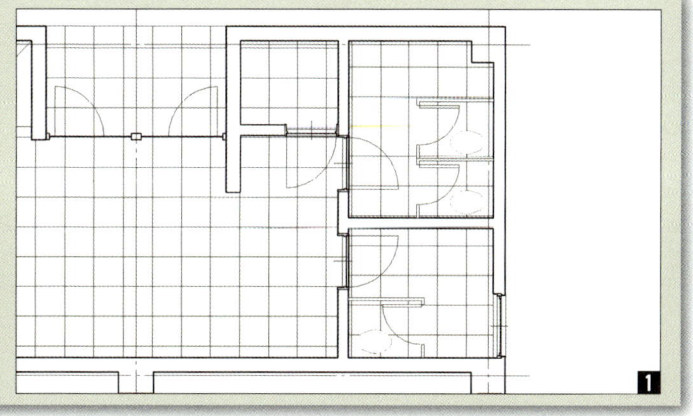

次に、小便器を配置する。
クラウドから Autodesk ファミリを挿入する。
[挿入] タブの [Autodesk ファミリをロード] をク
リック。**7**

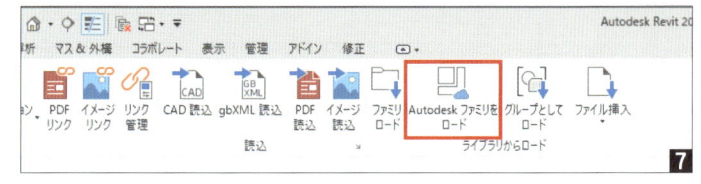

「Autodesk ファミリをロード」ダイアログボックス
の「参照」で [給排水衛生設備] → [建築] → [器具]
→ [小便器] をクリック。**8**
[ストール小手洗器 -3D] をクリックし、[ロード] を
クリック。

ファミリがロードされる。

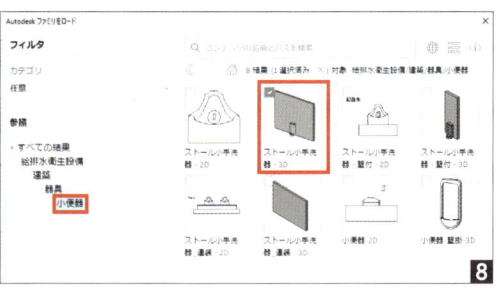

[建築] タブの [コンポーネント] をクリック。

タイプセレクタに [ストール小手洗器 -3D] が選択さ
れていることを確認し、図のように適当に 3 か所配置。
9
[修正｜配置コンポーネント] タブの [修正] をクリ
ック。

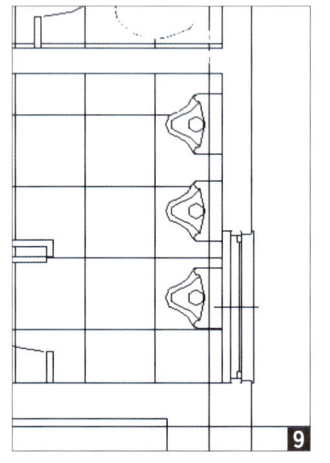

続いて、小便器を均等に配置するために、壁からの固
定位置を決める。
[注釈] タブの [平行寸法] をクリック。**10**

壁芯から小便器の中心までの寸法を 2 ヶ所入力。
小便器を選択状態にし、表示される仮寸法の値を
[400] に変更。**11**

寸法線を選択し、鍵マークをロック。**12**
もう一方の寸法も同様にロック。

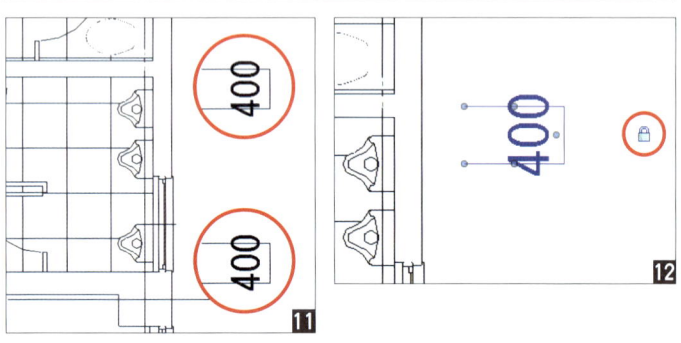

[注釈] タブの [平行寸法] をクリックし、各小便器
間に寸法を入力。なお、寸法は連続で入力する。**13**

寸法線を選択し、EQ（各寸法を同一にする拘束）を
クリック。**14**
小便器が均等に配置された。**15**

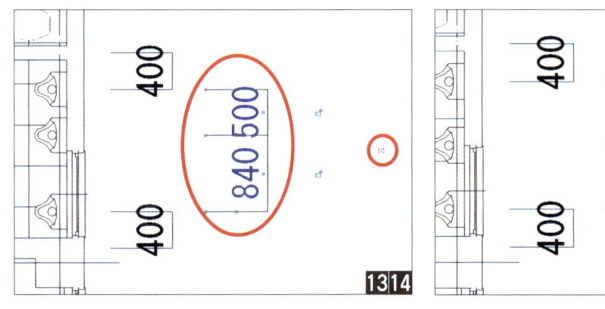

袖壁の位置を図の赤の破線位置に変更する。**1**

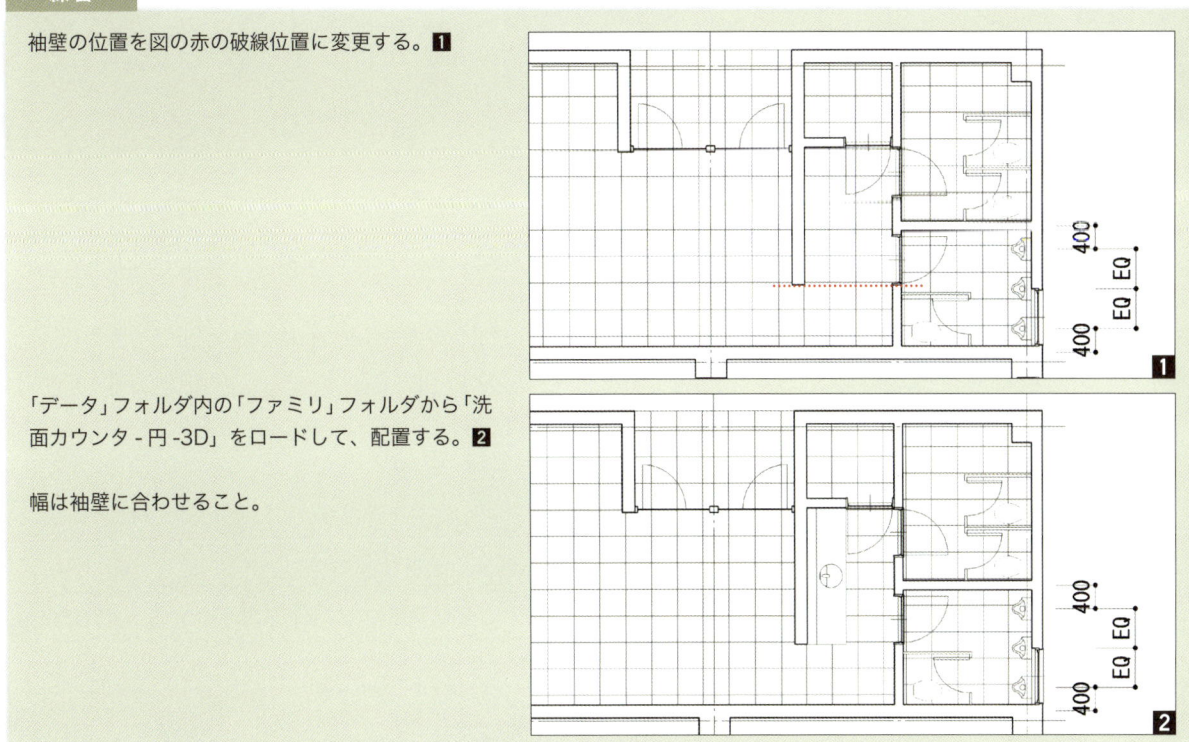

「データ」フォルダ内の「ファミリ」フォルダから「洗面カウンタ - 円 -3D」をロードして、配置する。**2**

幅は袖壁に合わせること。

4.5.2 内装の入力

学習内容：アタッチ、階段、床の修正、天井

礼拝堂の祭壇、天井、垂れ壁、ベンチを入力する。

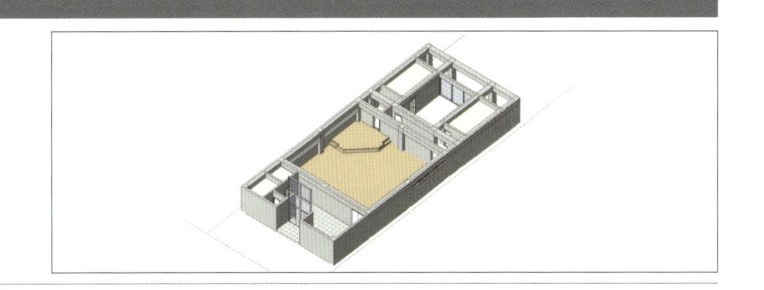

はじめに、祭壇の基準になる位置を参照面で入力する。
［平面図 1階］ビューであることを確認。
［建築］タブの［参照面］をクリック。**1**

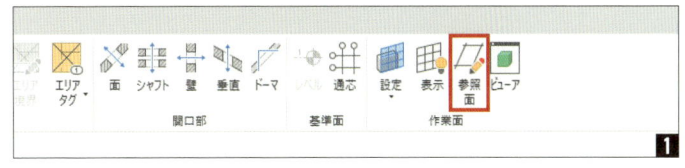

図の位置に参照面を作成。**2**

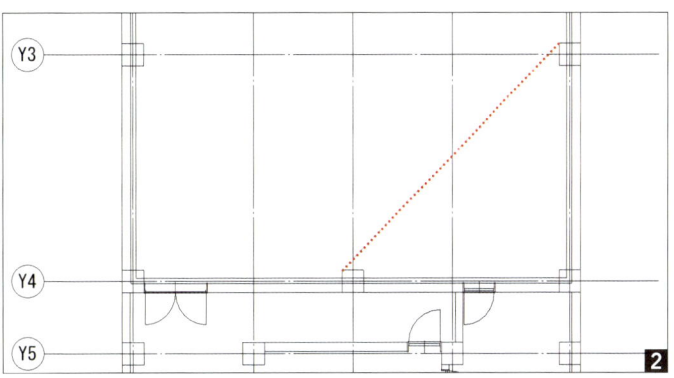

[修正｜配置 参照面] タブの［描画］から［選択］を
クリック。**3**

オプションバー「オフセット」に［150］と入力。
4

作成済の参照面にマウスオンすると、新たな参照面が
仮表示される。マウスを少し動かし、仮表示が図の赤
点線の位置に表示されたところでクリックし確定。**5**

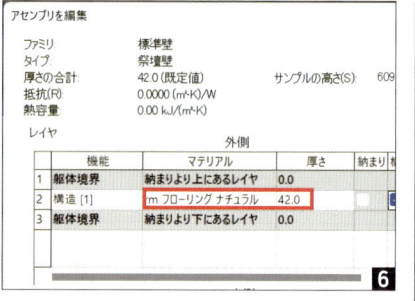
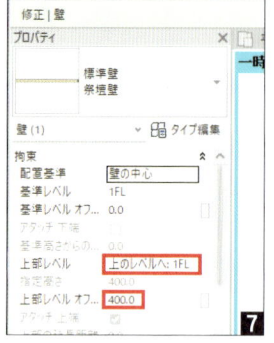

次に、祭壇壁を作成する。
［建築］タブの［壁］をクリック。

プロパティパレットの［タイプ編集］をクリック。

「タイプ プロパティ」ダイアログボックスの「標準壁」
「(R)RC200」を選択し、タイプを複製する。
新たなタイプの名前を［祭壇壁］とし、「アセンブリ
を編集」ダイアログボックスで図のように設定する。
6

タイプセレクタに［祭壇壁］が選択されていることを
確認。
プロパティパレットの「上部レベル」に［1FL］、「上
部レベル オフセット」に［400］と入力し、［適用］
をクリック。**7**

図のような形状で適当に祭壇壁を入力。**8**
ただし、図中赤枠の祭壇壁は 45 度で描画する。

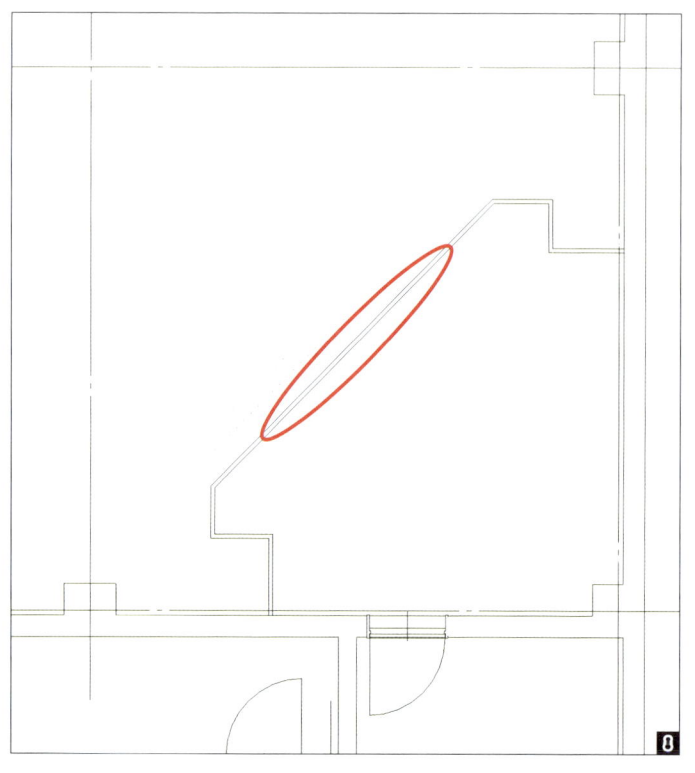

HINT

参照面とは、描画のためのガイドライン（補助線）
である。参照面は線ではなく面であり、高さを
持っているため他のビューにも表示される。

斜め 45 度の祭壇壁の祭壇外側の面を参照面に位置合わせする。

仮寸法を使用して、その他の祭壇壁の位置を調整する。図中寸法は祭壇壁の祭壇外側の面及び柱の面を指している。**1 2 3 4**

なお、引出し線の参照位置（中心または面）は、[Tab] キーで切替えることができる。

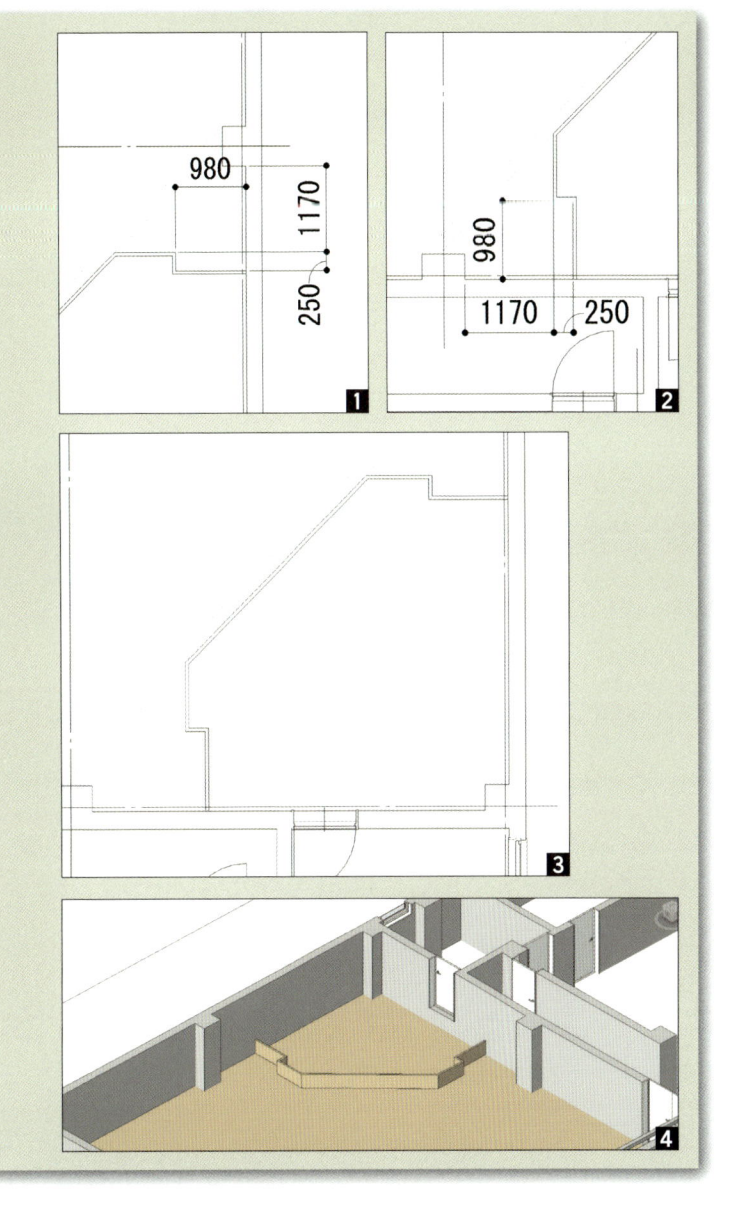

続いて、祭壇の床を作成する。
[建築] タブの [床] をクリック。
タイプは [フローリング] を選択し、高さは 1FL+400mm に設定する。

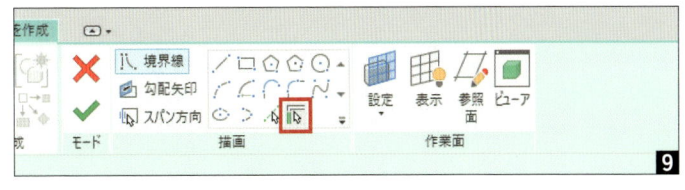

[修正｜床の境界を作成] タブの [壁を選択] をクリック。**9**

祭壇壁にマウスオンし、[Tab] キーを押す。連結した壁が一括でハイライトされたらクリック。**10**
その後、ピンクのスケッチラインが描画される。**11**
なお、スケッチラインが祭壇内側に描画されていた場合は、フリップをクリックし、祭壇外側に描画する。

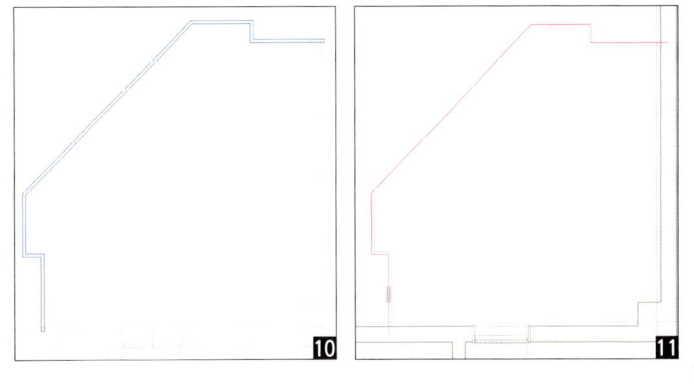

[修正｜床の境界を作成] タブの [線] をクリック。

図の赤線部分にスケッチ線を追加し、不要な部分を調整する。**12**
[修正｜床の境界を作成] タブの [編集モードを終了] をクリック。

「この床 / 地形ソリッドのレベル下部に壁をアタッチしますか？」のメッセージに対して [アタッチ] をクリック。

[{3D}] ビューに切り替え確認。**13**

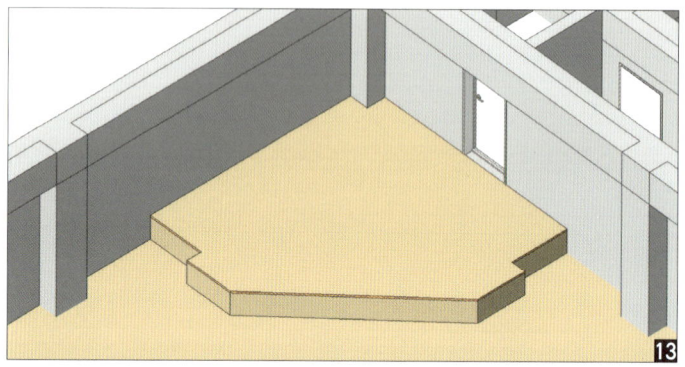

続いて、祭壇に上る階段を入力する。ここでは [祭壇階段] というタイプを作成する。高さは1FLから1FL+400 mmまでとし、段数を2段とする。踏面は250mm、階段幅は980mmとし、側桁は設けない。

[平面図 1階] ビューであることを確認。
[建築] タブの [階段] をクリック。**14**

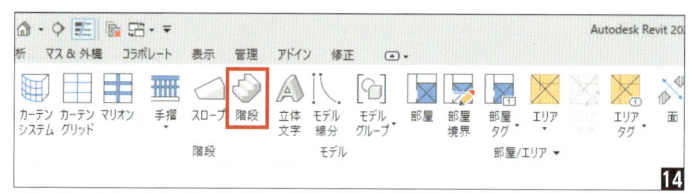

タイプセレクタから [鉄骨階段、r S 250x200] を選択し、[タイプ編集] をクリック。**15**

「タイプ プロパティ」ダイアログボックスの [複製] をクリック。

「名前」ダイアログボックスで [祭壇階段] と入力し、[OK] をクリック。

「タイプ プロパティ」ダイアログボックスの「最小階段の経路幅」に [980] と入力。
「右側の桁」、「左側の桁」は [なし] を選択。**16**

次に、踏み板の厚さは 25 mm、蹴込み板の厚さは 15 mmかつ段鼻に対して垂直に取り付ける設定を行う。
「タイプ プロパティ」ダイアログボックスの「階段経路タイプ」をクリックし、[…] をクリック。**17**

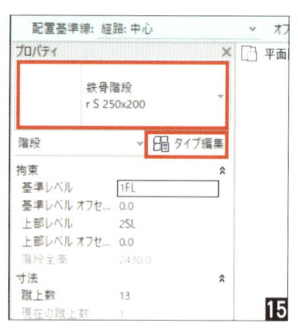

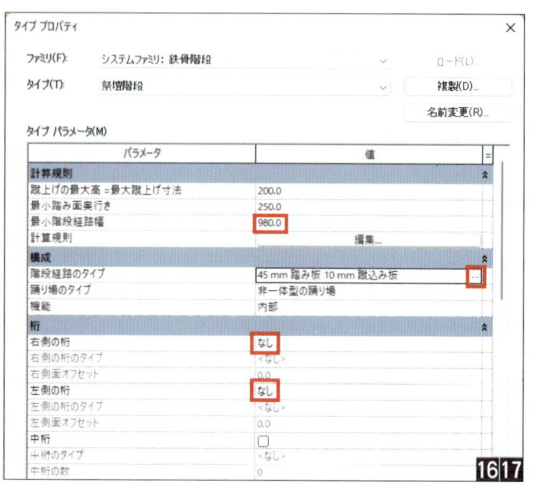

「タイプ プロパティ」ダイアログボックスの［複製］をクリック。
「名前」ダイアログボックスで［祭壇階段踏面蹴上］と入力し、［OK］をクリック。

「タイプ プロパティ」ダイアログボックスで「踏み板のマテリアル」と「蹴込み板のマテリアル」を［rm フローリング ナチュラル］に設定。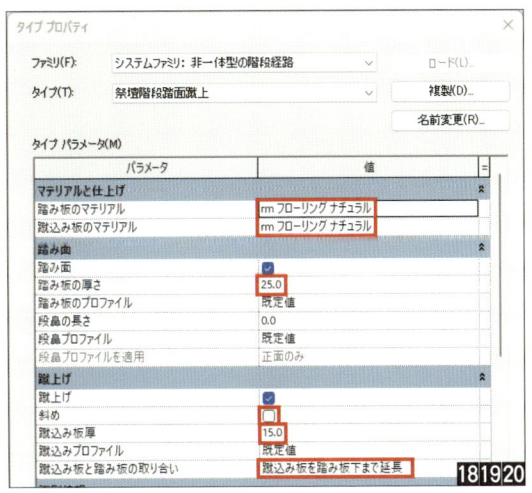

「踏み板の厚さ」に［25］、「蹴込み板厚」に［15］と入力。

「斜め」をチェックオフ、「蹴込み板と踏み板の取り合い」から［蹴込み板を踏み板下まで延長］を選択し、［OK］をクリック。

「タイプ プロパティ」ダイアログボックスの「階段経路タイプ」が［祭壇階段踏面蹴上］に設定されていることを確認し、［OK］をクリック。

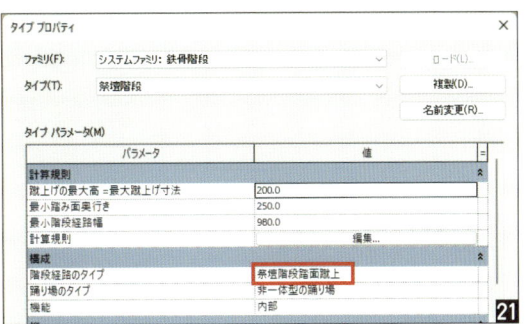

続いて、階段の高さ、段数、踏面、階段幅、手摺を設定する。
プロパティパレット「上部レベル」を［1FL］に設定し、「上部レベル オフセット」に［400］と入力。

「蹴上数」が［2］、「現在の踏面奥行」が［250］であることを確認。

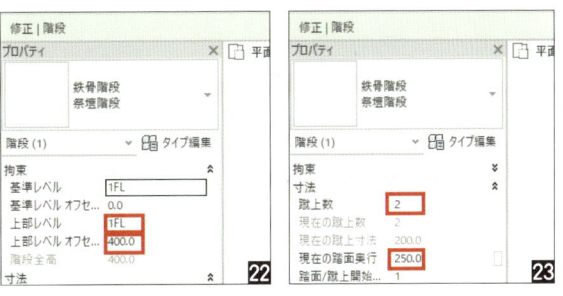

［修正｜作成 階段］タブの［手すり］をクリック。

「手摺」ダイアログボックスで［なし］を選択し、［OK］をクリック。

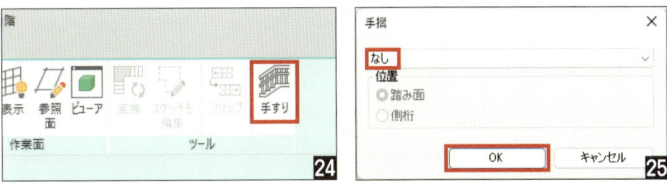

オプションバー「配置基準線」を［側桁：左］に設定し、「実際の経路幅」が［980］であることを確認。

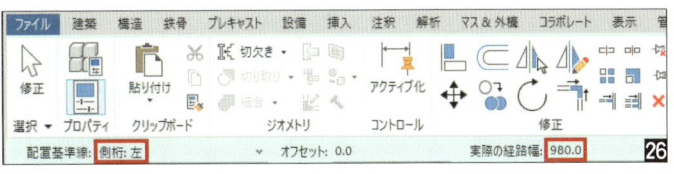

図の位置で階段の1点目をクリック、「2 蹴上げが作成されました」と表示されたら2点目をクリック。

［修正｜作成階段］タブの［編集モードを終了］をクリック。
階段が作成されたことを確認。

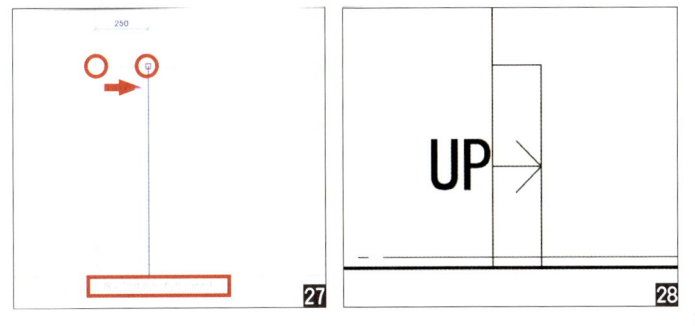

〔3D〕ビューに切り替え、階段を確認。[29]

最後に、もう一方の階段を作成する。
〔平面図 1階〕ビューに切り替え。
〔建築〕タブの〔選択〕から〔面で要素を選択〕のチェックオフ。[30]

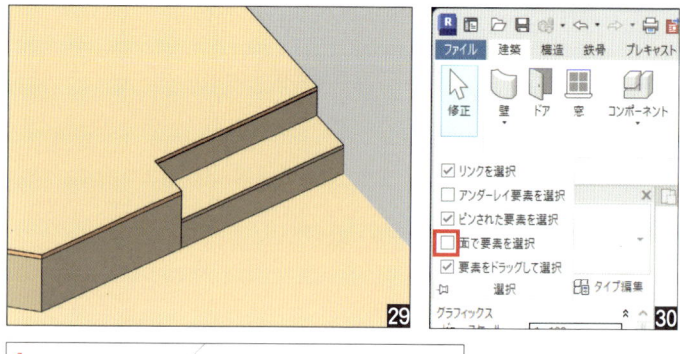

階段のあたりを領域選択で選択。[31]

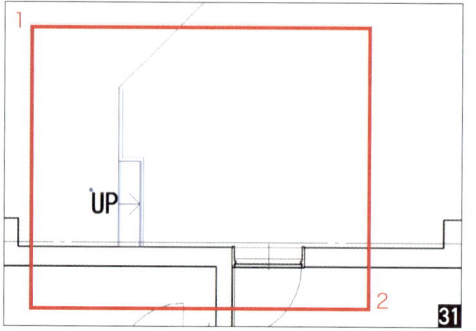

〔修正｜複数選択〕タブの〔フィルタ〕をクリック。
「フィルタ」ダイアログボックスで〔階段〕、〔階段：階段経路〕、〔階段パス〕を選択し、「OK」をクリック。[32]

〔修正｜複数選択〕タブの〔鏡像化―軸を描画〕をクリック。[33]
オプションバー〔コピー〕にチェック。

鏡像の軸を 2 点クリックで作成。[34]

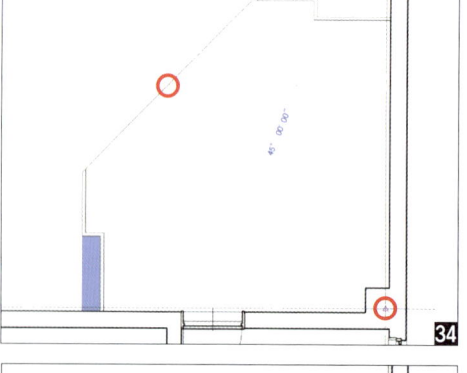

もう一方の階段が複製された。[35]

ここから、牧師室と副牧師室の天井を作成する。天井タイプは吸音板（18mm）、天井高は1FL+2220mmとする。
プロジェクト ブラウザの［天井伏図］から［1FL］をダブルクリック。

［建築］タブの［天井］をクリック。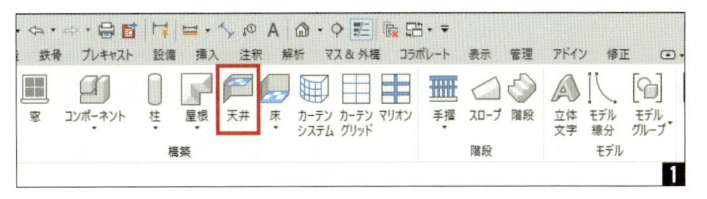

タイプセレクタから［天井、一般］を選択。
プロパティパレットの［タイプ編集］をクリック。

「タイプ プロパティ」のダイアログボックスから［複製］をクリック。

「名前」ダイアログボックスで［吸音板］と入力し、［OK］をクリック。

タイプ プロパティの「構造」の［編集］をクリック。「アセンブリを編集」ダイアログボックスで［挿入］をクリック。追加されたレイヤ［4］の「機能」を［仕上げ1［4］］に変更。

レイヤ［2］の「マテリアル」を［rm プラスターボード］に変更し、「厚さ」に［9］と入力。
レイヤ［4］の「マテリアル」を［r岩綿吸音板600x300］に変更、「厚さ」に［9］と入力し、［OK］をクリックし閉じる。

プロパティパレットの「オフセット（基準レベル）」に［2220］と入力。

［修正｜配置 天井］タブの［天井をスケッチ］をクリック。

［修正｜天井の境界を作成］タブの［長方形］が選択されていることを確認。
梁または壁の内面をなぞり、牧師室と副牧師室の天井のスケッチを作成。

［修正｜床の境界を作成］タブの［編集モードを終了］をクリック。
牧師室と副牧師室に天井が作成された。

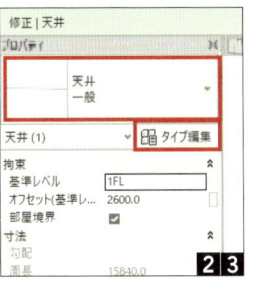
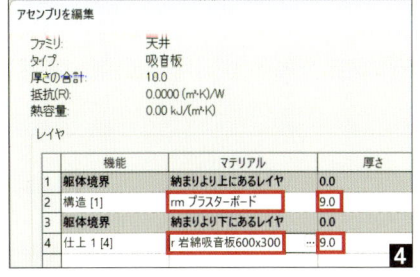
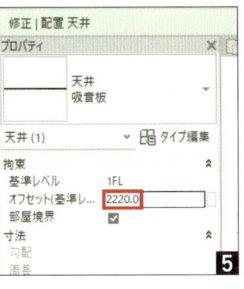
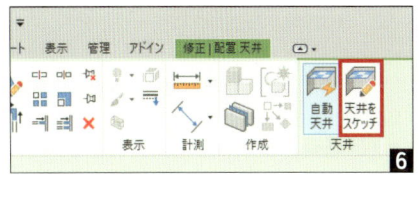
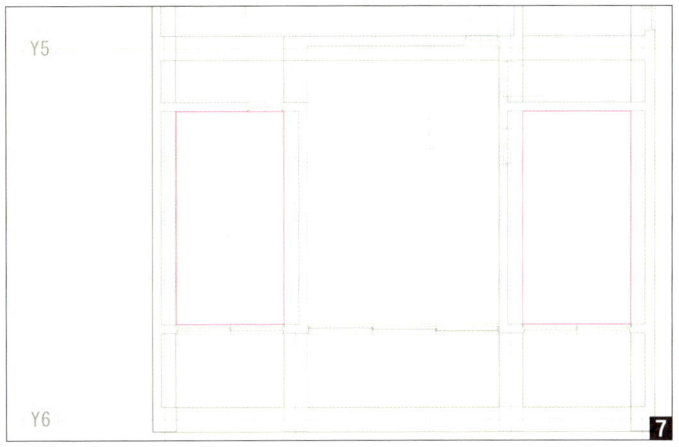
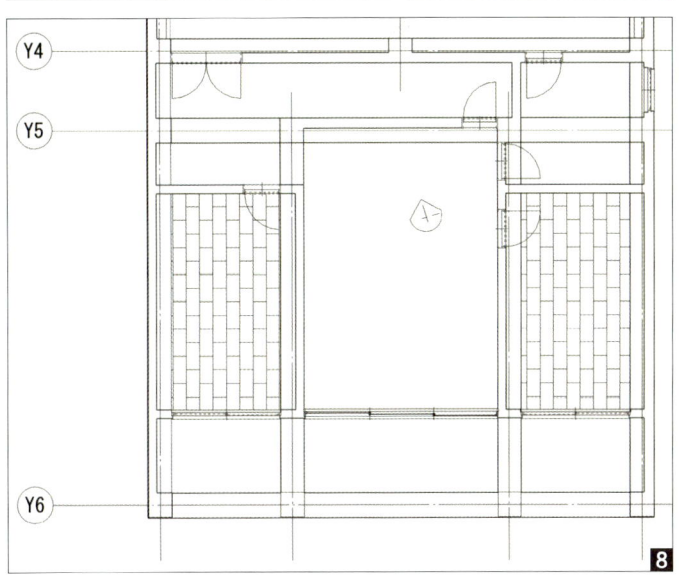

「ケイカル板」という天井タイプを作成する。

「レイヤ2」は「マテリアル」が［rm プラスターボード］、厚さ9mm、「レイヤ4」は「マテリアル」が「ケイカル板」、厚さ6mm。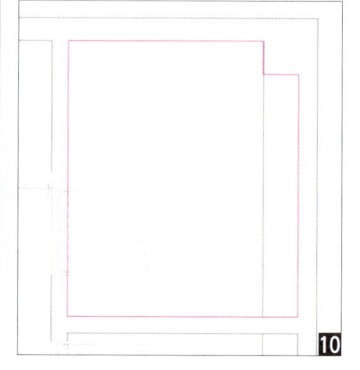

ファミリ:　天井
タイプ:　ケイカル板
厚さの合計:　15.0
抵抗(R):　0.0000 (m²K)/W
熱容量:　0.00 kJ/(m²K)

レイヤ

	機能	マテリアル	厚さ	納まり
1	躯体境界	納まりより上にあるレイ	0.0	
2	構造 [1]	rm プラスターボード	9.0	
3	躯体境界	納まりより下にあるレイ	0.0	
4	仕上 1 [4]	ケイカル板	6.0	

次に、トイレの天井を作成する。天井タイプはケイカル板、天井高は1FL+2175mmとする。

タイプセレクタに［天井、ケイカル板］が選択されていることを確認し、プロパティパレット「オフセット（基準レベル）」に［2175］と入力。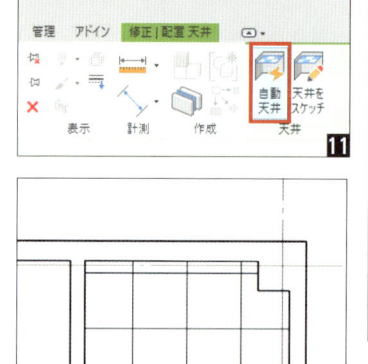

［修正｜配置 天井］タブの［天井をスケッチ］をクリック。

［修正｜天井の境界を作成］タブの［線］が選択されていることを確認。
壁の内面をなぞり、女子便所の天井のスケッチを作成し、コマンドを終了。

女子便所の天井が作成された。

続いて、男子便所の天井を作成する。
［建築］タブの［天井］をクリック。
［修正｜配置天井］タブの［自動天井］が選択されていることを確認。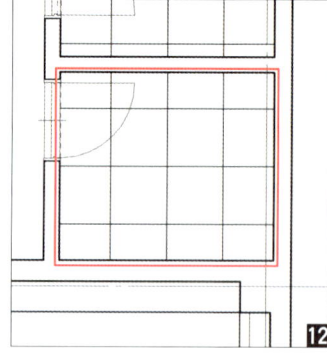

部屋内をクリックし、天井を作成。
コマンドを終了。

男子便所の天井が作成された。

HINT

自動天井
壁に囲まれた部分を自動的に認識し、天井を作成する。ただし、壁が閉じていない場合は、範囲を自動的に認識できない。その場合は「天井をスケッチ」でスケッチラインを作図する。

礼拝堂に「垂れ壁」と「ベンチ」を配置する。

壁「R(RC100)」を複製により作成し、「垂れ壁」を赤線で示した位置に配置する。**1**

「R(RC100)」の「マテリアル」は「rm コンクリート」、「厚さ」は 100mm とする。
配置高さはプロパティを参照する。**2**

[平面図 1階] ビューに切り替える。
床「ベンチ」を複製により作成し、「ベンチ」を赤枠で示した位置に配置する。**3**
「ベンチ」のマテリアルは「rm コンクリート」、「厚さ」は 120mm とする。
配置高さはプロパティを参照する。**4**

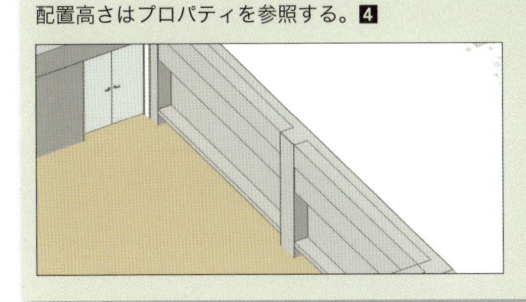

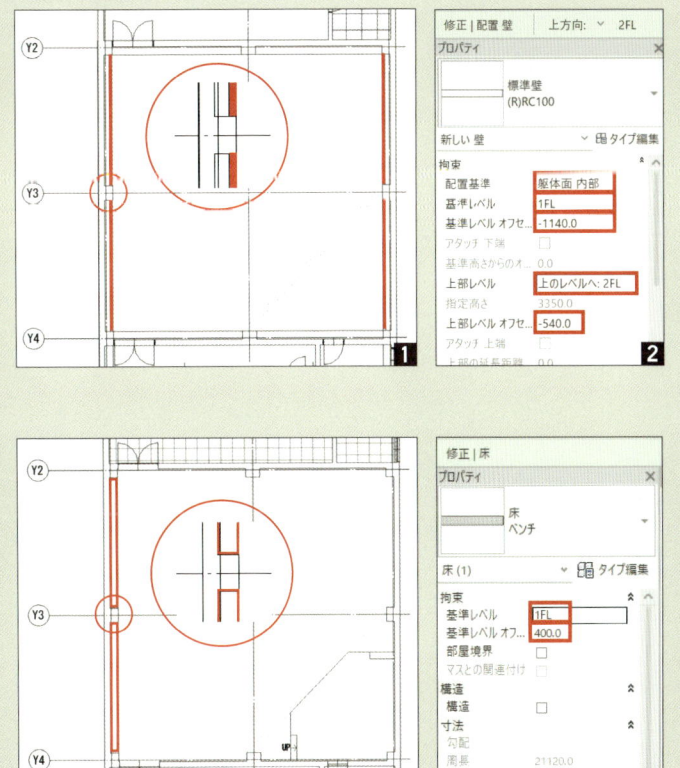

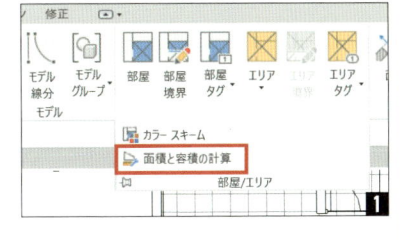

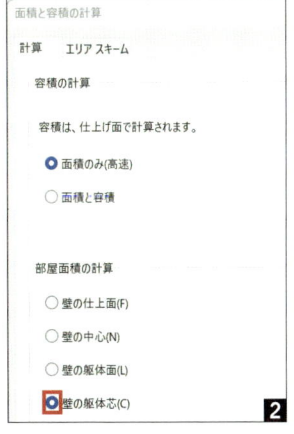

4.6 図面要素の入力

部屋名や寸法を記入し、1 階平面図を作成する。また入力したモデルから面積表や断面図を作成する。

4.6.1 部屋名の入力と面積算定

学習内容：面積の計算、部屋、部屋境界

部屋名は、文字記入ではなく「部屋」というオブジェクトを配置することにより入力する。部屋オブジェクトは面積等の属性情報を持っているため、それらの情報を基に面積表等の作成に活用することができる。

はじめに、部屋の面積の計算基準位置を設定する。
[平面図 1階] ビューであることを確認。
[建築] タブの [部屋 / エリア] から [面積と容積の計算] をクリック。**1**

「面積と容積の計算」ダイアログボックスの「部屋面積の計算」で [壁の躯体芯] にチェックし、[OK] をクリック。**2**

次に、部屋を入力する。
［建築］タブの［部屋］をクリック。
タイプセレクタに［r 室名 面積、面積あり］が選択
されていることを確認。**3**

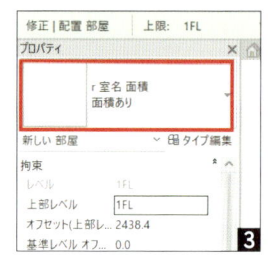
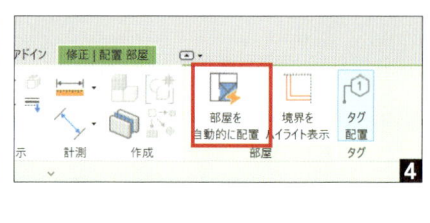

［修正｜配置 部屋］タブの［部屋を自動的に配置］を
クリック。**4**
「10 部屋が自動的に配置されました。」というメッセ
ージが表示されるので、［閉じる］をクリック。

壁に囲まれた範囲を認識し、部屋が自動配置された。
5

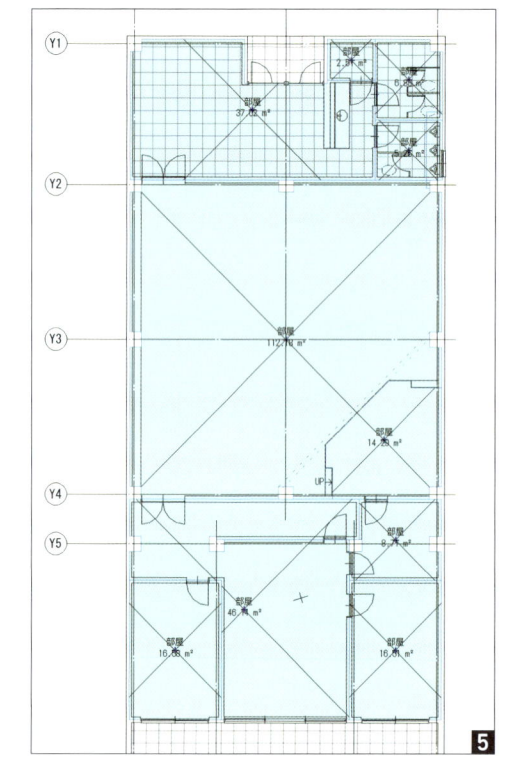

テラスと廊下が壁に囲まれていないため、部屋が自動
配置されない。以降でその修正を行う。
［建築］タブの［部屋境界］をクリック。**6**

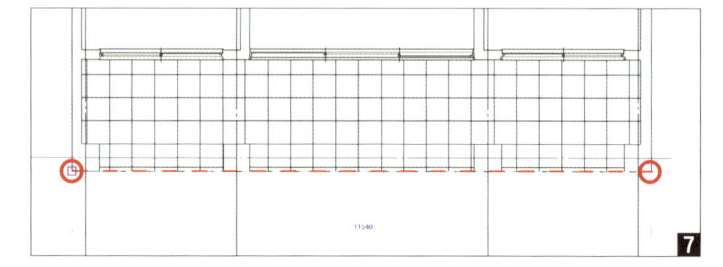

［修正｜配置 部屋を分割］タブの［線］が選択されて
いることを確認し、図のように分割線を描画。**7**

続けて、部屋と廊下を分けるために、図のように分割
線を描画。**8**
［修正｜配置 部屋を分割］タブの［修正］をクリック。

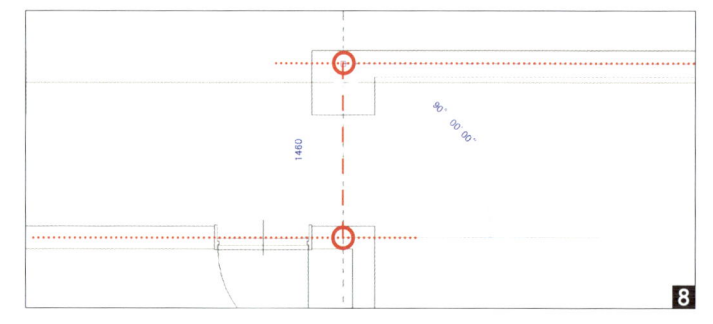

次に、テラスと廊下の部屋を追加する。
[建築] タブの [部屋] をクリック。

テラスと廊下をクリックし、部屋を配置する。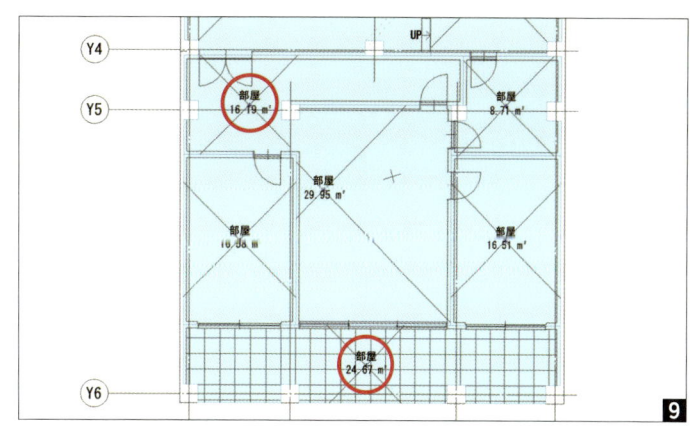
[修正｜配置 部屋] タブの [修正] をクリック。

次に、祭壇下の壁が部屋境界となっているので、解除
する。祭壇壁を選択しやすくするためにワイヤフレー
ム表示に変更する。

ビューコントロールバーの [表示スタイル] から [ワ
イヤフレーム] をクリック。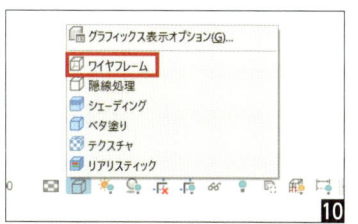

祭壇壁にマウスオンし、[Tab] キーを押して祭壇壁
がすべてハイライトされた後クリックすることで、一
括選択。**11**

プロパティパレットの [部屋境界] のチェックをオフ
にし、[適用] をクリック。**12**

「1つの空間に部屋が2つ配置されている」旨の警告
メッセージが表示されるので、[部屋を削除] をクリ
ック。

続いて、「部屋はすべてのビューから削除されたがプ
ロジェクトには残っている」旨の警告メッセージが表
示されるので、[OK] をクリック。
祭壇壁に囲まれた範囲から部屋が削除された。

ビュー表示を「ワイヤフレーム」から「隠線処理」に
戻す。

いずれかの柱の上で右クリックし、コンテキストメニ
ュー [すべてのインスタンスを選択] の [ビューに表
示] をクリックし、すべての柱を選択。

プロパティパレットの [部屋境界] のチェックをオフ
にし、[適用] をクリック。**13**

最後に、部屋名を変更する。
図の位置の部屋タグをクリックで選択。続けて [部屋]
の部分をクリック。[エントランスホール] と入力し、
[Enter] キーで確定。**14**

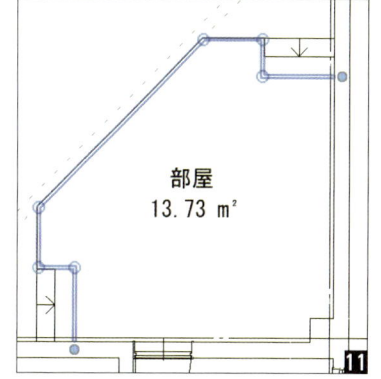

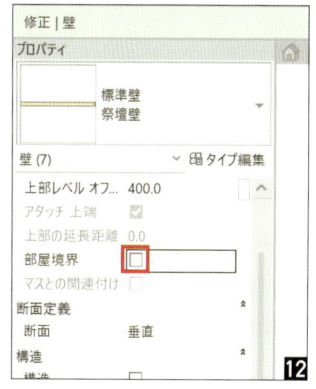

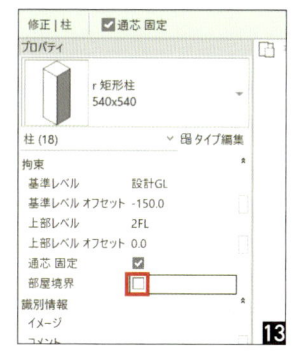

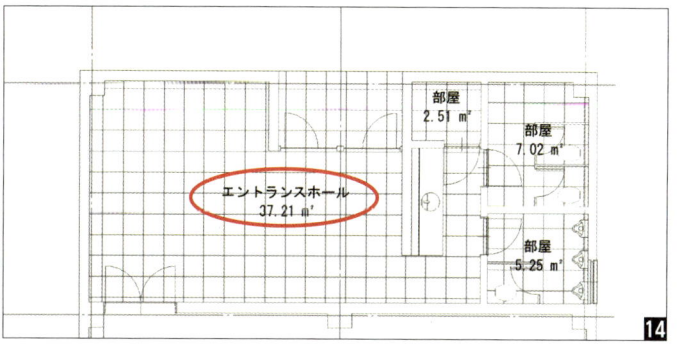

図のように部屋名を変更する。■

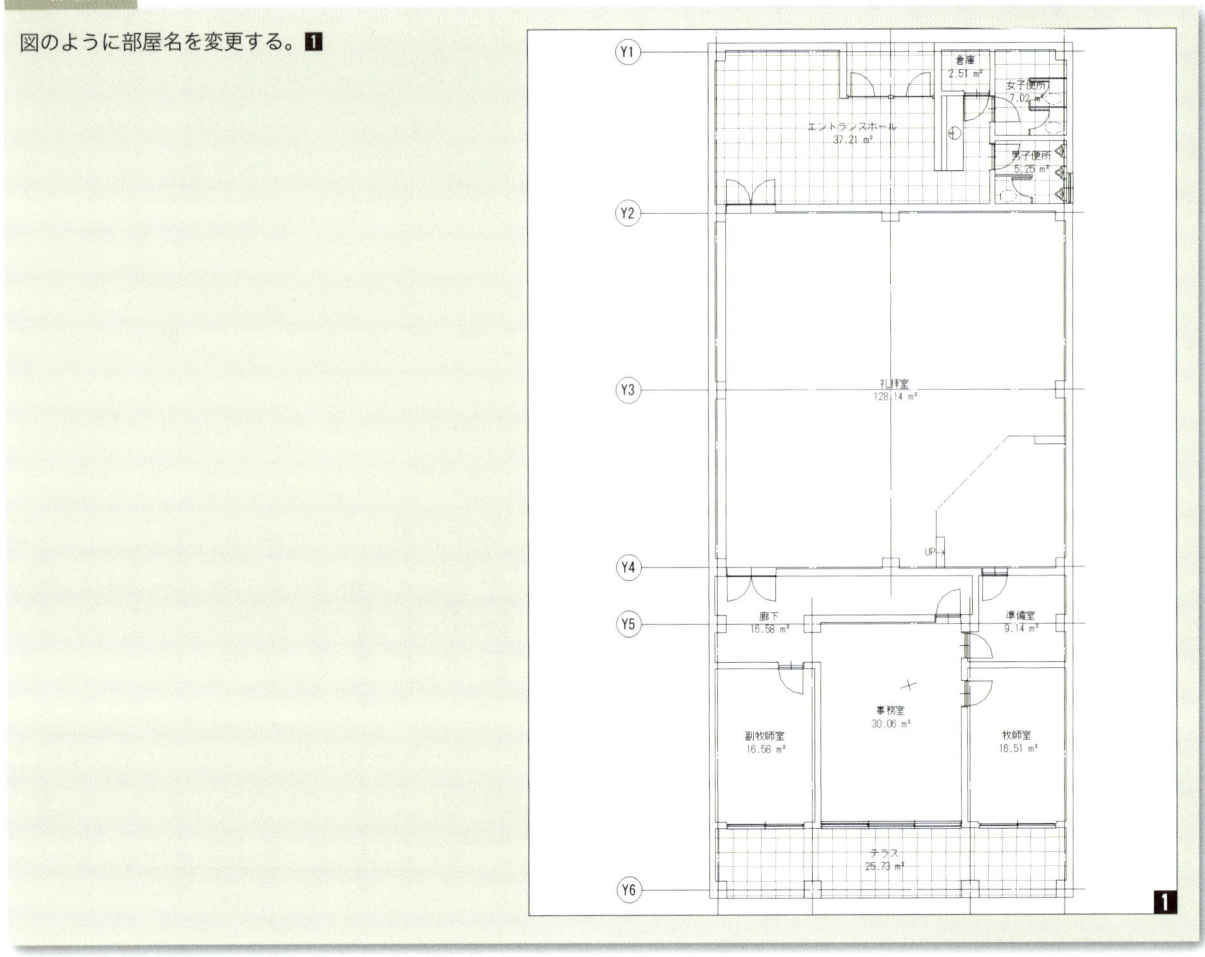

4.6.2 寸法線の入力

学習内容：平行寸法、長さ寸法タイプ

寸法を記入し、1 階平面図を完成させる。

[注釈] タブの [平行寸法] をクリック。■

タイプセレクタから [長さ寸法スタイル、黒丸 補助線あり 固定 7 mm] を選択。■

通芯 X1 から通芯 X5 まで連続してクリックする。（クリックする場所はどこでもよい）。■

寸法線の位置を確定するため、最後に寸法線や要素が何もない場所でクリック。■

通芯 X1 と通芯 X5 をクリックする。既に入力済みの寸法線の直下に、スナップにより配置。■

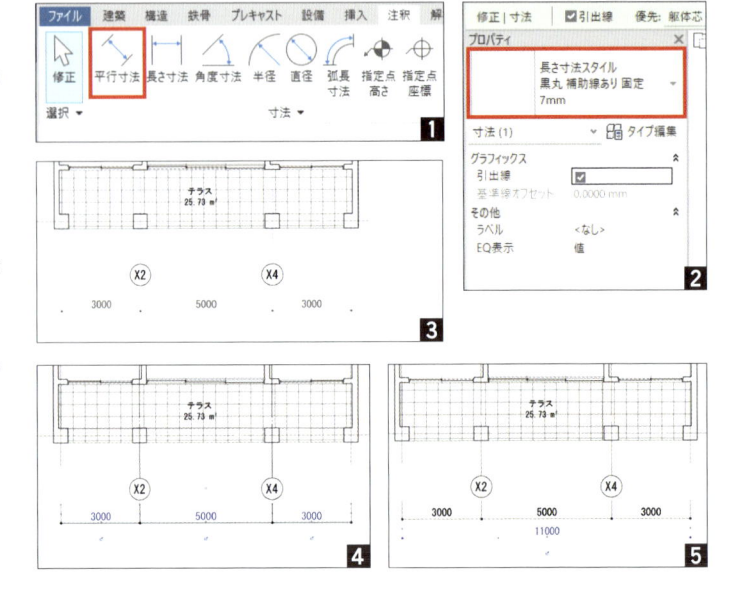

寸法線の表記に関する各種設定

寸法線の表記に関する各種設定は、「タイプ プロパティ」ダイアログボックスで設定する。端部記号、寸法補助線の延長長さ、寸法線のスナップ間隔、寸法値の文字のサイズや縦横比、フォントなど詳細に設定できる。これらタイプを登録することで、複数の設定として保存することができる。■

［注釈］タブの［寸法］の［長さ寸法タイプ］をクリックすると、「平行寸法」もしくは「長さ寸法」で利用する「タイプ プロパティ」ダイアログボックスが開く（ショートカットとして機能）。■

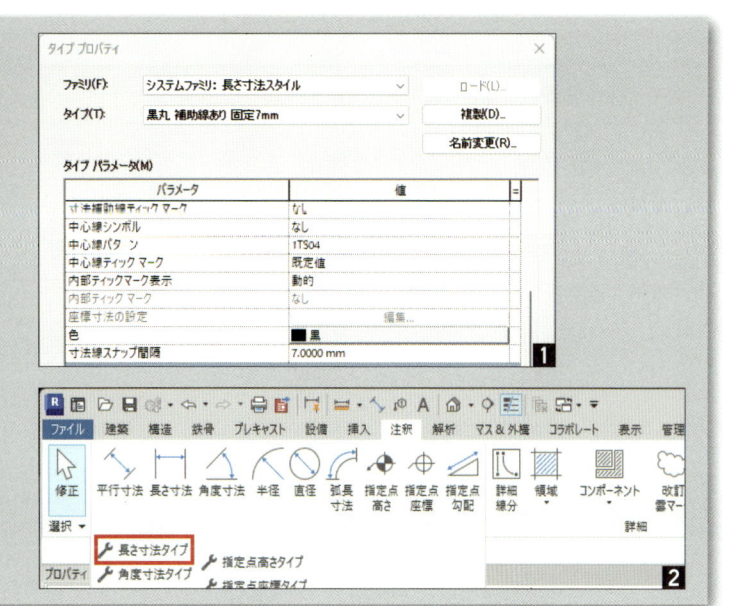

練習

図のように寸法線を入力する。なお、図に示す以外の寸法は非表示すること。■

通芯の長さを調整する場合は、ピンの固定解除を行うこと。

部分切断領域を設定し、平面図に礼拝堂窓、準備室窓が表示されるようにすること。

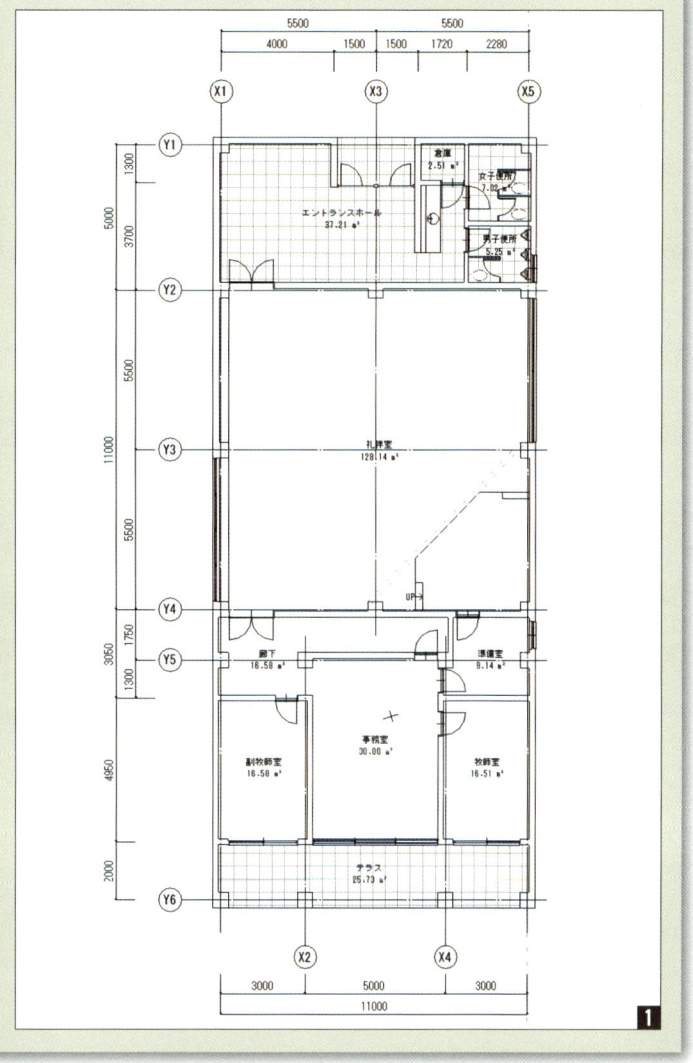

4.6.3 面積表の作成

部屋名と面積情報を利用して面積表を作成する。

[表示] タブの [集計] から [集計表 / 数量] をクリック。**1**

「新しい集計表」ダイアログボックスの「カテゴリ」で [部屋] を選択し、[OK] をクリック。**2**

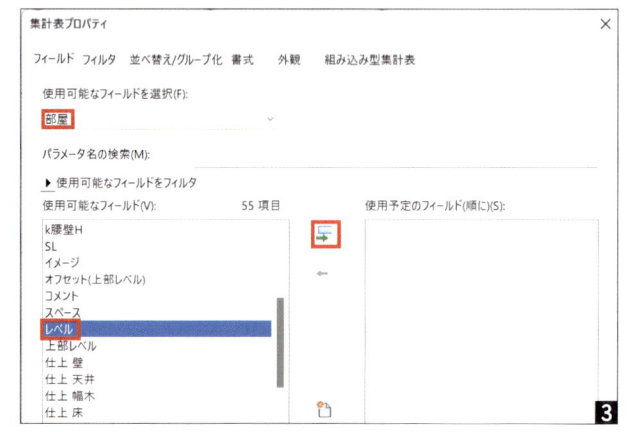

次に、面積表に必要な項目を選択する。
「集計表プロパティ」ダイアログボックスの「使用可能なフィールド」で [レベル] を選択し、[パラメータを追加] をクリック。**3**
「使用予定のフィールド」に「レベル」が追加された。

同様に [名前]、[面積] を追加。**4**

続いて、面積表をレベルごとに昇順に並べ替えし、最下部に合計を表示する設定をする。
「集計表プロパティ」ダイアログボックスの [並べ替え / グループ化] タブをクリック。
「並べ替え方法」から「レベル」を選択。
[フッタ] にチェックをし、[合計のみ] を選択。**5**

次に、合計を計算する項目を設定する。
「集計表プロパティ」ダイアログボックスの［書式］
タブをクリック。
「フィールド」から「面積」を選択。
「位置合わせ」から［右］を選択し、［合計を計算］に
変更する。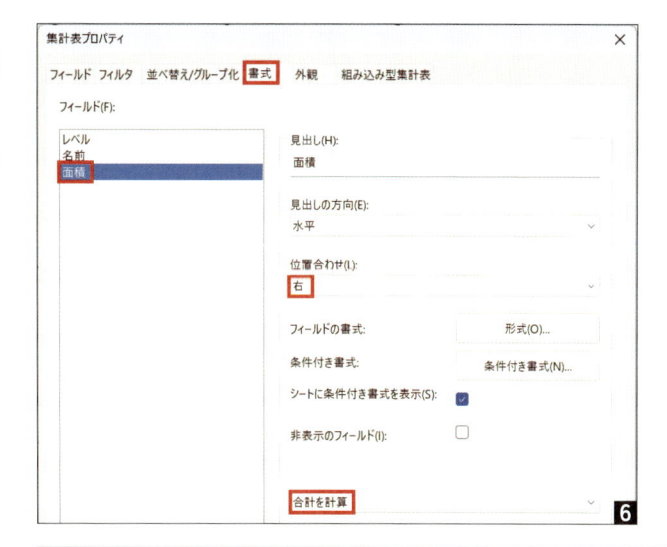

［ＯＫ］をクリックすると、面積表が作成され、プロ
ジェクト ブラウザ「集計表 / 数量」に［部屋集計］
のビューが追加される。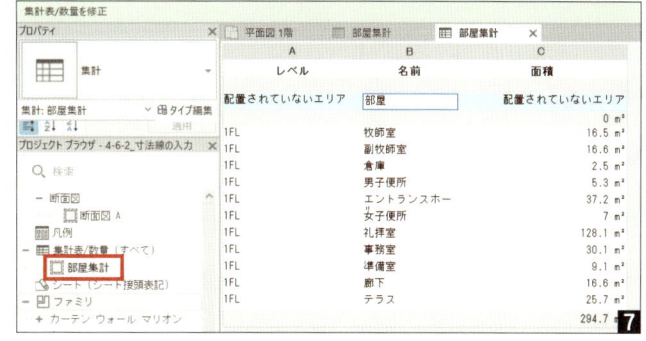

最後に、先ほど削除した部屋が残っているので、プロ
ジェクトから削除する。
配置されていない部屋を選択。
［集計表 / 数量を修正］タブの［削除］をクリック。
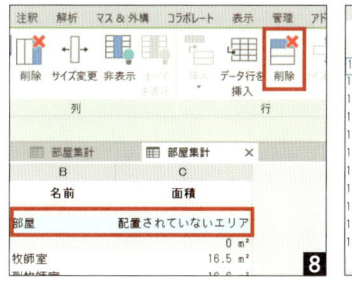

「1 個の選択した部屋と部屋タグが削除されます」と
いうメッセージが表示されるので［ＯＫ］をクリック。
不要な項目が削除された。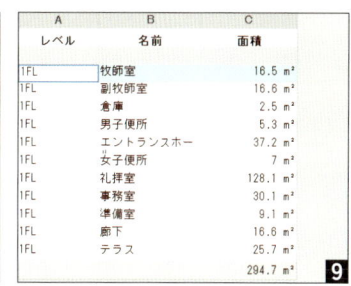

4.6.4 断面図の作成

平面図で断面線を入力し、断面図を作成する。

［平面図 1階］ビューに切り替え。

［表示］タブの［断面］をクリック。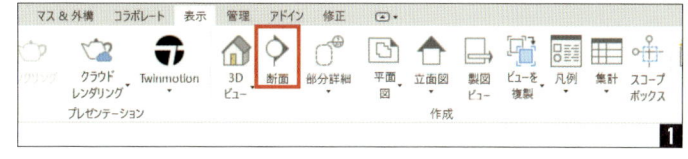

通芯 Y5 と通芯 Y6 の間に、左から右へ断面線を入力。
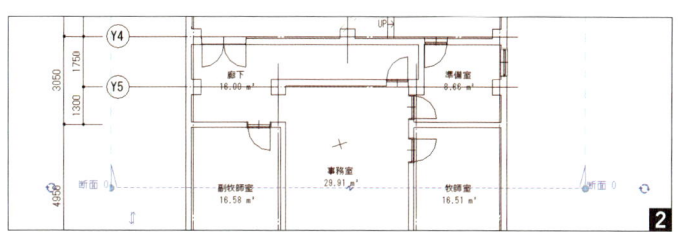

プロジェクト ブラウザ「断面図」に新たに［断面 0］が追加されるので、それをダブルクリック。

先ほどの平面図で矢視方向（断面線の三角形）が上側を向いているので、北方向を見た断面図が作成された。
3

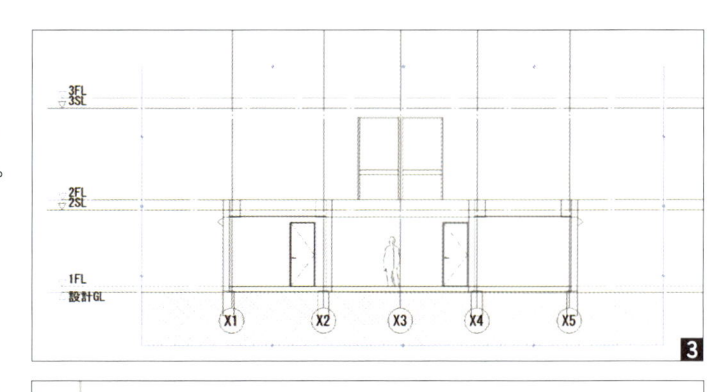

断面図を作成すると表示（トリミング）範囲が自動的に表示される。
ビューコントロールバー［トリミング領域を非表示］をクリックすると、図面のトリミング領域の［オン / オフ］を切り替えできる。**4**
トリミング線を選択し表示される青い［●］をドラッグすると、大きさを変更できる。
なお、トリミング領域にあわせてレベル線の長さが調整される。

ビューコントロールバー［ビューをトリミングしない］をクリックすると、トリミングの［オン / オフ］を切り替えできる。**5**

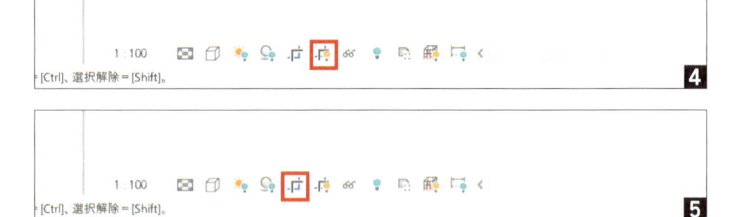

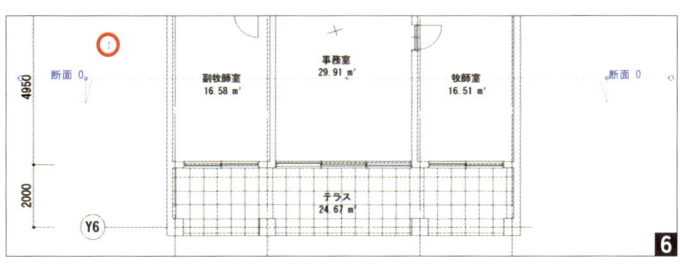

続いて、断面方向を変更する。
［平面図 1階］ビューに切り替え。
断面線を選択し、フリップをクリック。**6**
断面線の矢視方向が変更される。

［断面 0］ビューに切り替え。
断面図が図面の南側を矢視する断面図に変更された。
7

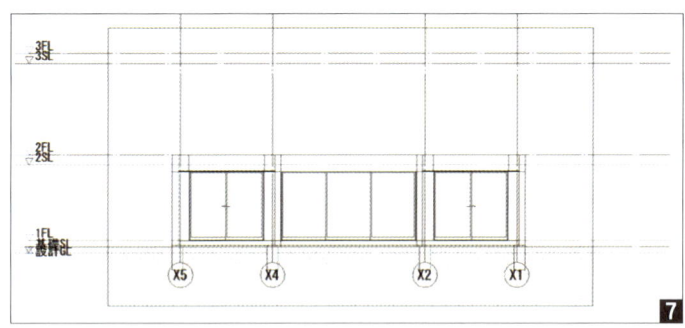

次に、1つの断面線で 2ヶ所の位置を切断する。
［平面図 1階］ビューに切り替え。
断面線を選択し、フリップをクリックして、矢視方向を北側に戻す。

［修正 | ビュー］タブの［セグメントを分割］をクリック。**8**

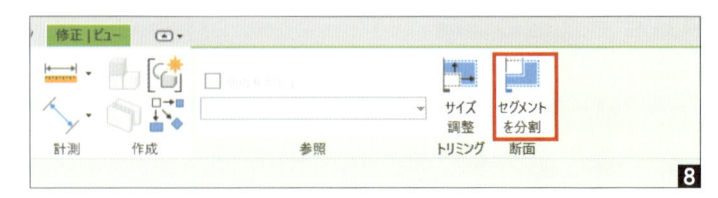

初めに断面線を切断する箇所をクリックし、次に追加する断面線の位置をクリック。**9**

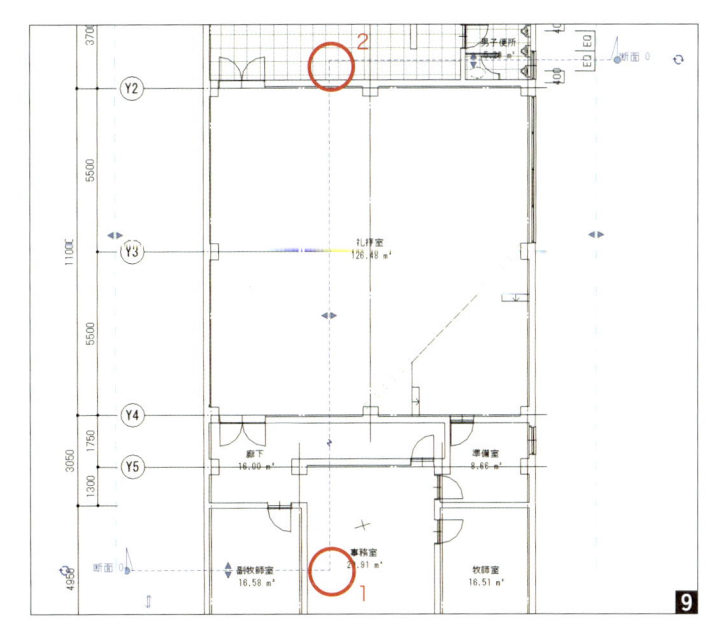

[断面 0] ビューに切り替え。
断面図が変更されたことを確認。**10**

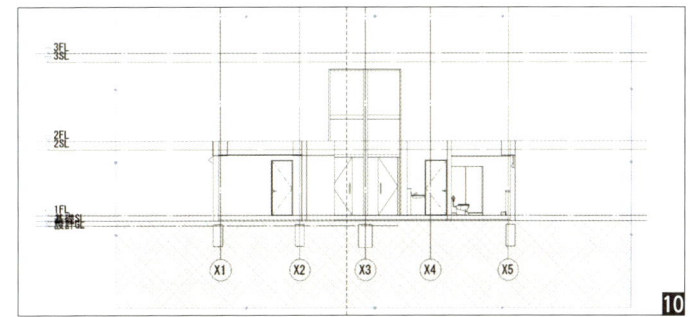

[平面図 1階] ビューに切り替え。
断面線を選択し、断面線上の青い［▲］をドラッグすることで、断面位置が変更できる。**11**
また、トリミング領域上の青い［▲］をドラッグすることで、トリミング領域が変更できる。**12**

[断面 0] ビューに切り替え、断面図が変更されたことを確認する 。

[平面図 1階] ビューに切り替え。
断面線上の青い［▲］をドラッグし断面線を揃えると、一本の断面線に戻る。

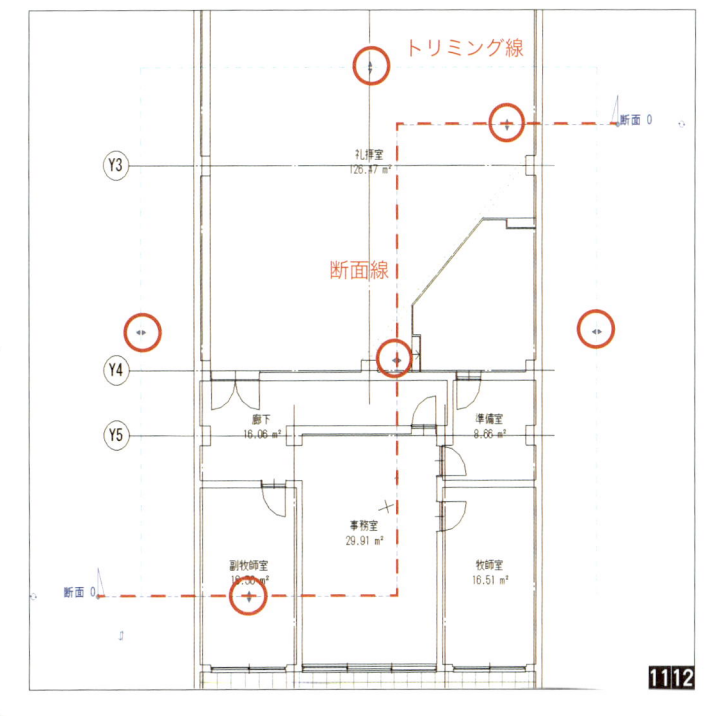

HINT

断面線を作成すると、断面のトリミング領域も合わせて作成される。トリミング領域の断面線方向の大きさは断面図の表示範囲、断面線直行方向の大きさは断面図の見えがかりの表示範囲。

図の位置に断面線を入力し、南北方向の断面図を作成する。**1**

［断面 0］ビューと［断面 1］ビューのレベル間に寸法線を入力する。**2** **3**
レベル線の長さを調整する場合は、通芯と同様ロックの解除を行うこと。

図の位置に断面線を入力し、南北方向の断面図を作成する。
［断面 0］ビューと［断面 1］ビューのレベル間に寸法線を入力する。

レベル線の長さを調整する場合は、通芯と同様ロックの解除を行うこと。

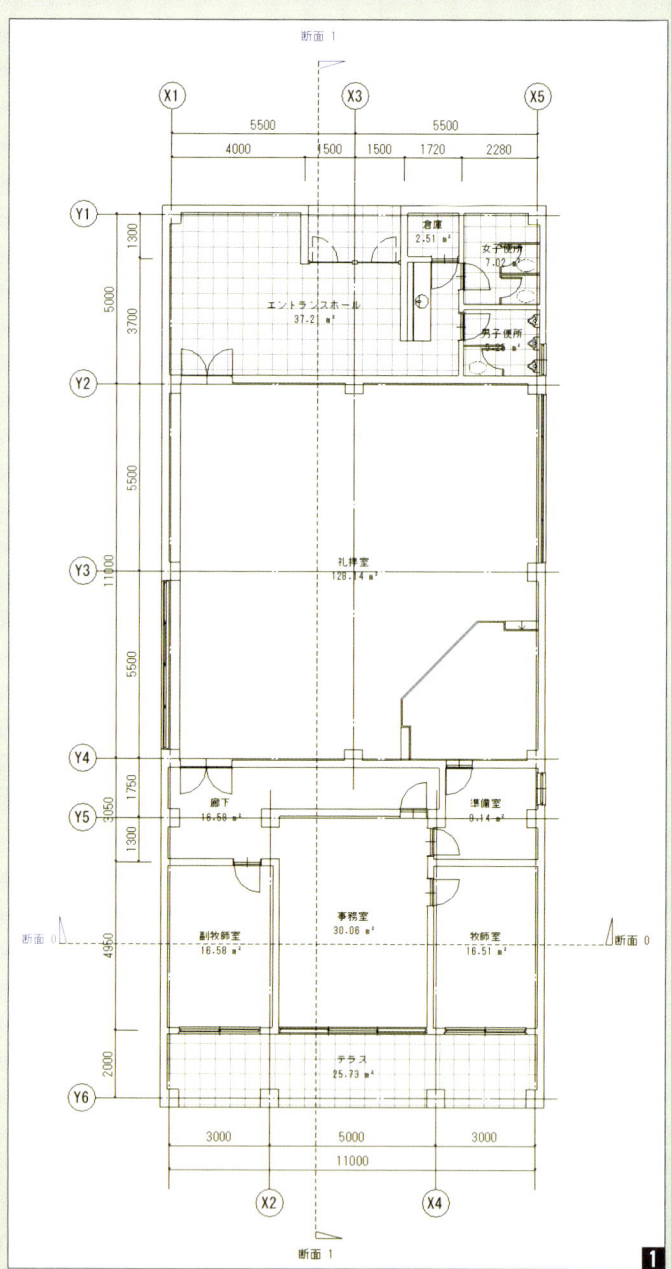

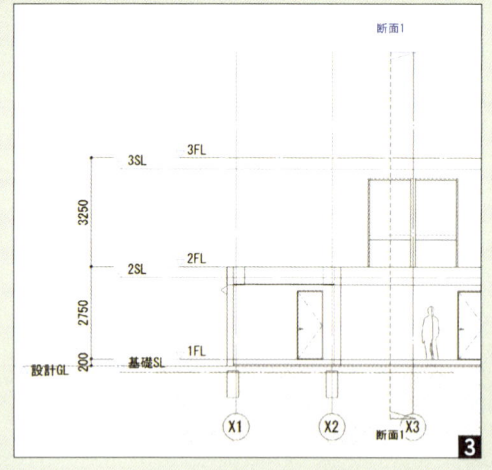

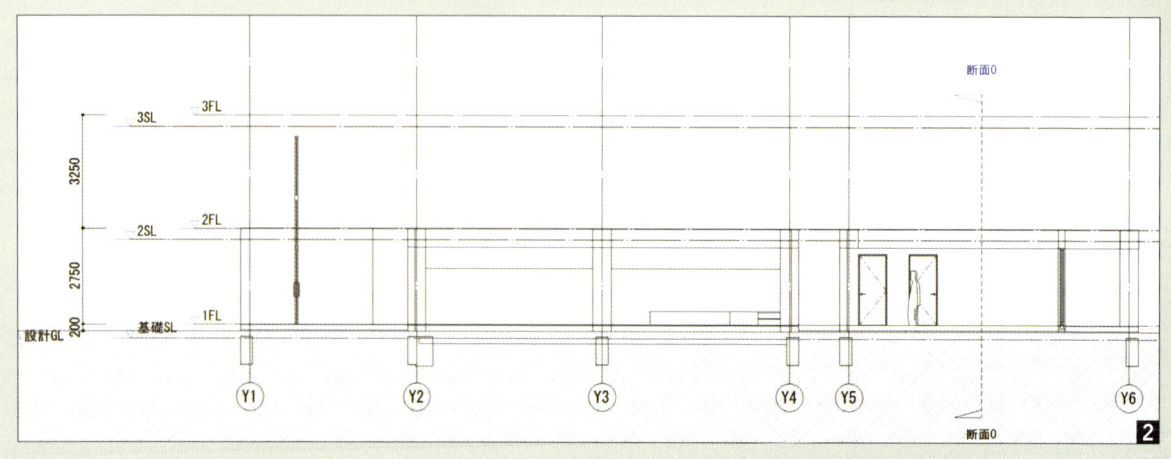

5

2階の入力

1階をコピーして2階を作成する。それにより共通する部分の作成手間が減少する。コピーした要素の高さ調整が必要な場合や、不要な要素の削除、間取りの変更などがある場合は編集を行う。
間取りに合わせて、建具の変更や削除、追加を行う。階段や吹抜通路、十字架などを作成し、2階を完成させる。

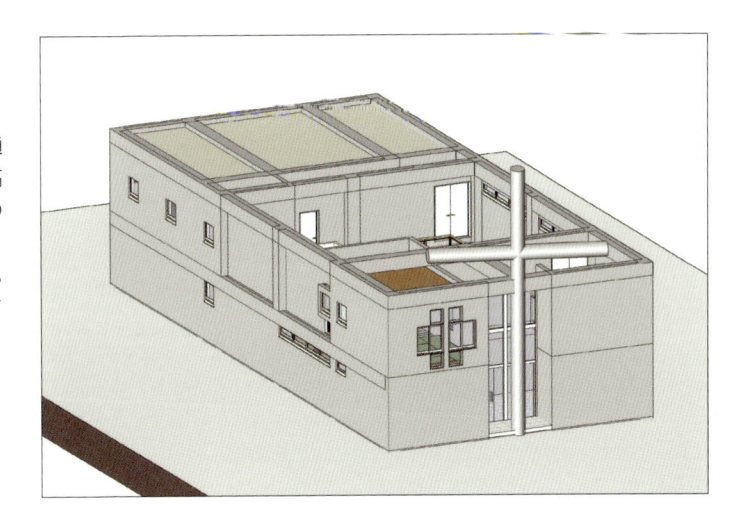

5.1 主要要素の入力

1階要素（柱、梁、壁、ドア、窓）をコピーして、2階を作成する。

5.1.1 1階要素のグループ化とコピー

学習内容：グループを作成、グループ解除、クリップボードにコピー、選択したレベルに位置合わせ

1階要素を個別にコピーすると手間がかかる。そこで、1階要素をグループ化する。これにより、要素群をグループ単位で編集することができる。

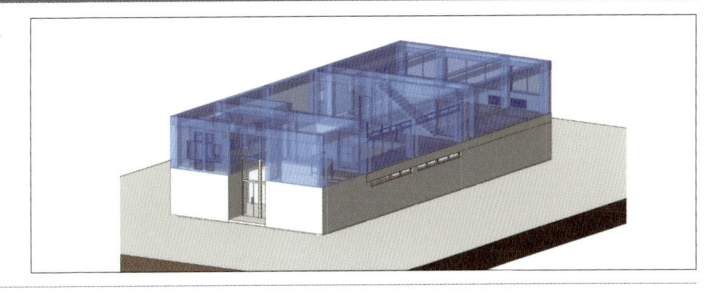

[立面図 南] ビューに切り替え。
領域選択で2FLから基礎SLの間にある要素をすべて選択する。この時、基礎梁は選択しないように注意する。**1**

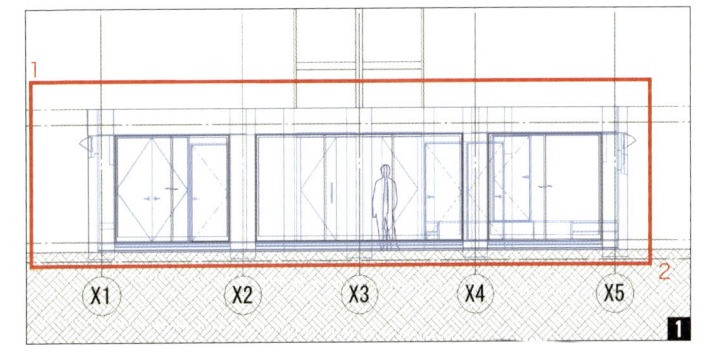

はじめに、選択された要素から、必要のない要素を除外する。
[修正 | 複数選択] タブの [フィルタ] をクリック。**2**

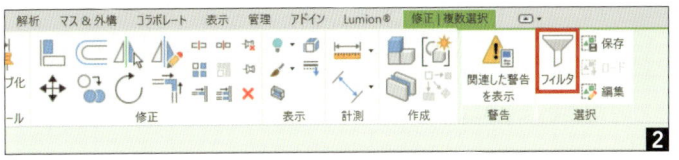

「フィルタ」ダイアログボックスの［チェック解除］をクリック。
［ドア］、［壁］、［柱］、［構造フレーム（その他）］、［窓］をチェックし、［OK］をクリック。**3**

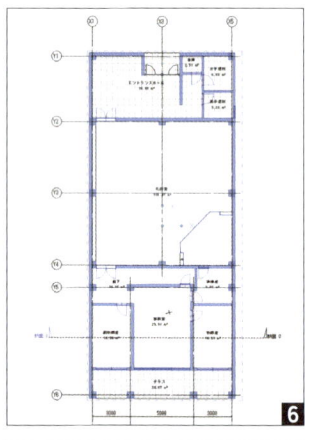

［修正｜複数選択］タブの［グループを作成］をクリック。**4**

「モデル グループを作成」ダイアログボックスの「名前」に［1 階主要要素］と入力し［OK］をクリック。要素がグループ化された。**5**

1 FL を基準として「1 階主要要素」を 2 FL に複写するため、ここでは［平面図 1階］ビューで貼り付け作業を行う必要がある。
［平面図 1階］ビューに切り替え。**6**
［1階主要要素］が選択されていることを確認。

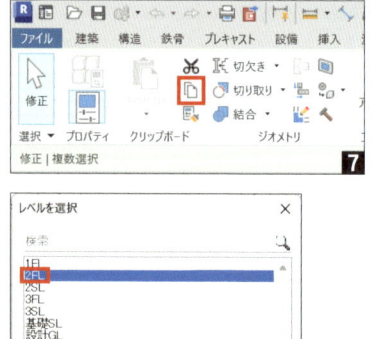

［修正｜モデルグループ］タブの［クリップボードにコピー］をクリック。**7**
［修正｜モデルグループ］タブの［貼り付け］からの［選択したレベルに位置合わせ］をクリック（同じ呼び名のコマンドが二つあるので注意）。**8**

「レベルを選択」のダイアログボックスで［2FL］を選択し［OK］をクリック。**9**

「壁に結合部が、壁に挿入された要素と干渉しています」という警告メッセージが表示されるが、後ほど調整するのでそのままメッセージを閉じる。

［｛3D｝］ビューに切り替え、確認。**10**

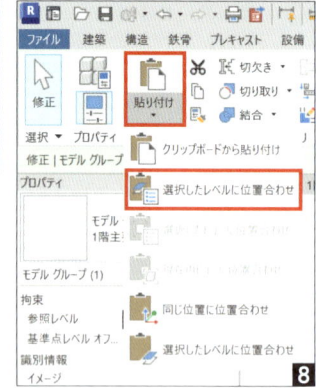

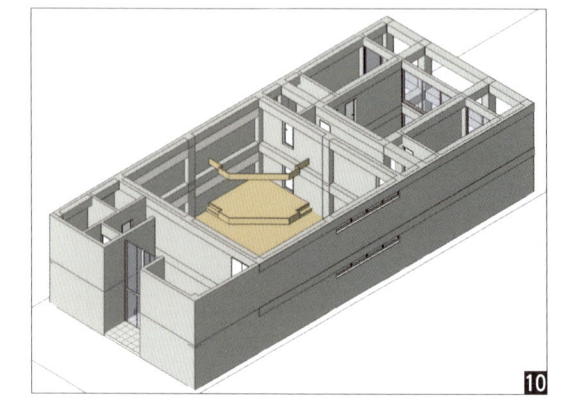

最後に、編集のためにグループを解除する。
2 階のグループを選択。

［修正｜モデルグループ］タブの［グループ解除］をクリック。**11**

練習

1階のグループを解除する。**1**

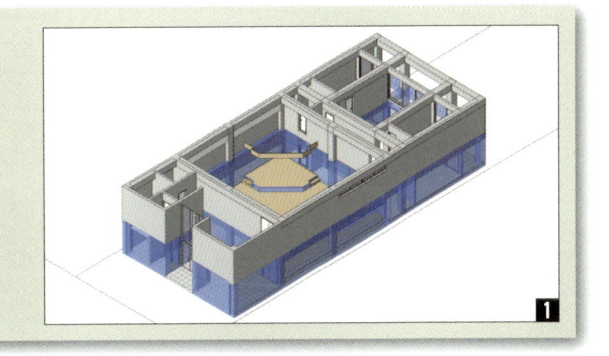

5.1.2 柱のレベル調整

学習内容：カテゴリを選択表示

コピーした柱の高さを調整する。

［立面図 南］ビューに切り替え、柱のみの表示に切り
替える。
いずれかの柱を選択。**1**
ビューコントロールバー［一時的に非表示 / 選択表示］
から［カテゴリを選択表示］をクリック。**2**

領域選択により2階の柱を選択。**3**
うまく選択できない場合は、選択ボックスを右から左
へ描画する。

次に、柱の高さを調整する。
プロパティパレット「基準レベル オフセット」に［0］、
「上部レベル」を［3FL］、「上部レベル オフセット」
に［0］と入力し、［適用］をクリック。**4**

ビューコントロールバー［一時的に非表示 / 選択表示］
から［一時的な非表示 / 選択表示をリセット］をクリ
ック。

柱の高さが変更された。**5**

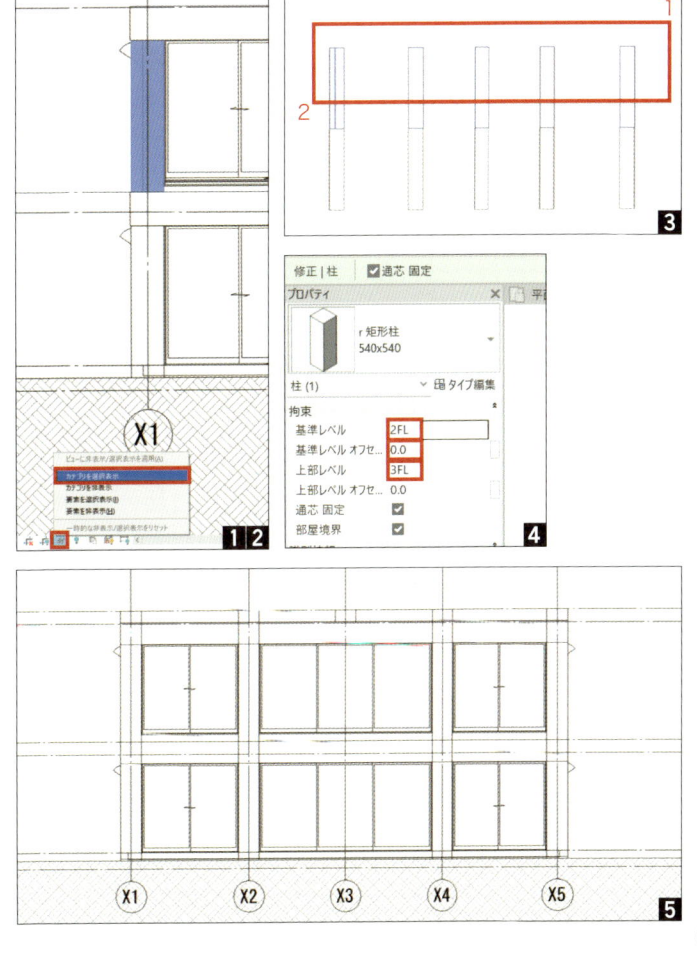

5.1.3 壁のレベル調整

壁の高さを調整する。

[［3D］] ビューに切り替え。
壁カテゴリのみの表示に切り替え。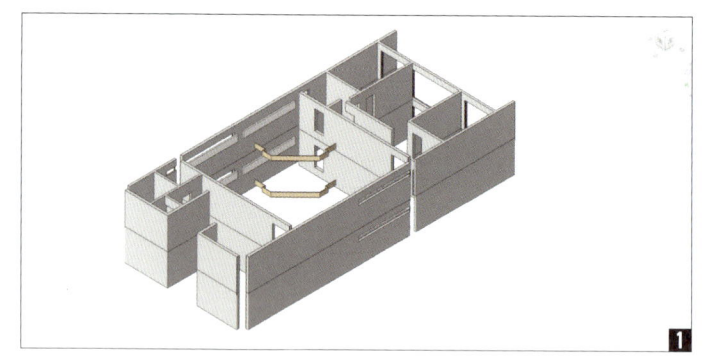■

ビューキューブで［前］をクリック。■

領域選択で2階の壁を選択。■

ビューキューブにマウスオンした際に表示される［ホーム ビュー］をクリック。■

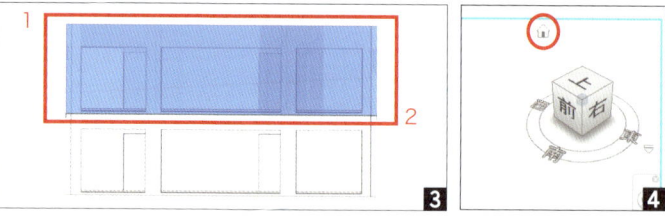

赤枠に示す礼拝堂の東西の垂れ壁を［Shift］キーを押しながらクリックし、選択から除外する。■■

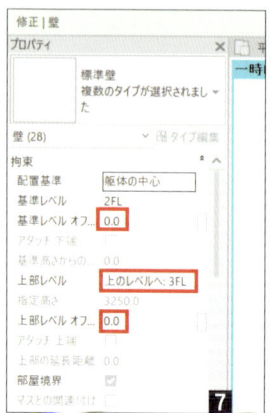

次に、壁の高さを調整する。
プロパティパレット「基準レベル オフセット」に［0］、「上部レベル」を［3FL］、「上部レベル オフセット」に［0］と入力し、［適用］をクリック。■

図■に示す垂れ壁を削除する。

図■に示す垂れ壁のプロパティパレットの「基準レベル」および「上部レベル」をどちらも 3FL に変更する。また、「基準レベル オフセット」を［-1120］、「上部レベル オフセット」を［-540］に変更する。■

ビューコントロールバー［一時的に非表示／選択表示］から［一時的な非表示／選択表示をリセット］をクリック。

壁と柱の天端が揃っていることを確認。**9**

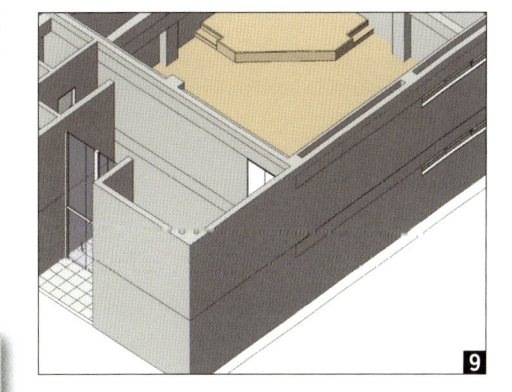

HINT

ホーム ビュー
プロジェクト毎に任意に設定が可能な特別なビュー。ホームビューに設定すると手軽にそのビューへ変更することができる。

5.1.4 梁のレベル調整

学習内容：作業面

コピーした梁のレベルを調整する。

［立面図 南］ビューに切り替え。

梁カテゴリのみの表示に切り替える。
領域選択で3階床梁を選択。**1**

［修正｜構造フレーム］タブの［作業面を編集］をクリック。**2**

「作業面」ダイアログボックスで［名前］にチェックがついていることを確認。
［レベル：3FL］を選択し、［OK］をクリック。**3**
これにより、コピーした梁が3FLに位置合わせされると共に、梁の基準高さが3FLに設定された。

立面図 南ビューの梁以外のカテゴリを表示する。**4**

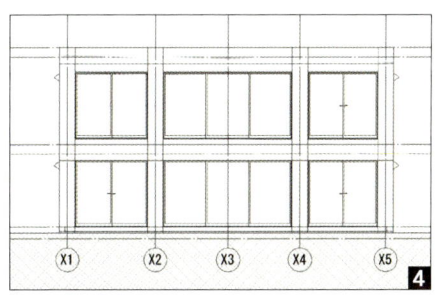

5.1.5 梁の編集

エントランス上部の梁を延長、追加する。

プロジェクト ブラウザ［平面図 3階］をダブルクリック。

3 階床下の梁が表示されるように、ビュー範囲を図のように設定する。■

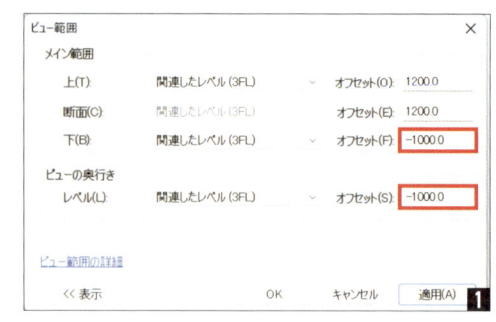

通芯 X1 の梁を選択し、通芯 Y1 まで延長する。2

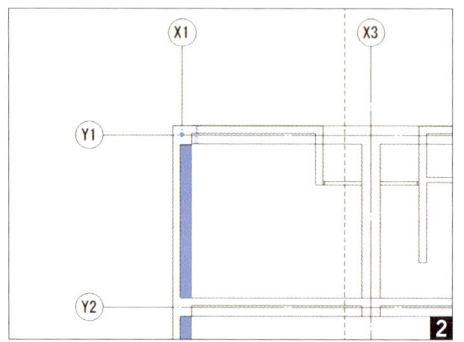

次に、通芯 Y1 と通芯 X3 に梁を追加する。
通芯 X1 の梁を選択。
［修正｜構造フレーム］タブの［類似オブジェクトの作成］をクリック。3
これにより、通芯 X1 の梁と同じ種類の梁の入力準備が完了する。

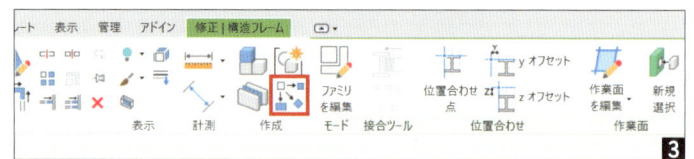

図のように、始点と終点のクリックにより二つの梁を追加する。4

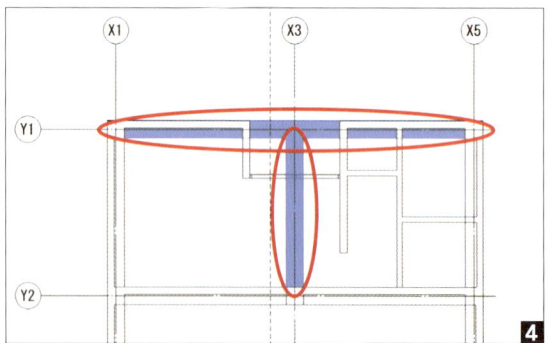

［{3D}］ビューで確認。5

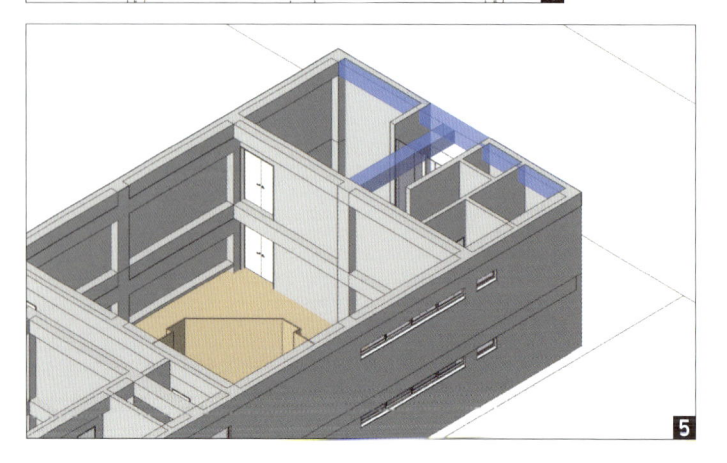

5.1.6 壁の編集

不要な壁を削除する。

[平面図 2階] ビューに切り替え。
ここで、2階部分のみが表示された状態に設定する。

プロジェクト ブラウザ「ビュー範囲」の [編集] を
クリック。

「ビュー範囲」ダイアログボックスの「下」を [関連
したレベル（2FL）]、「レベル」も [関連したレベル
（2FL）] に設定し [OK] をクリック。**1**

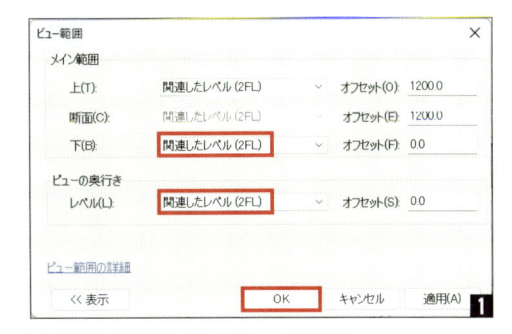

図の壁を選択し、削除。**2**
なお、壁が削除されると、その壁に付属する開口部も
削除される。

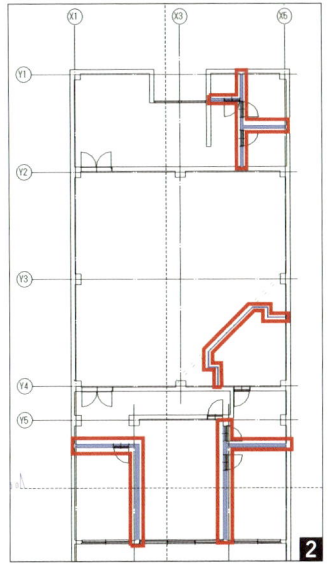

練習

図のように壁を延長、短縮、追加する。**1**

図中赤　[標準壁、（R）RC190]
図中緑　[標準壁、軽鉄間仕切]
いずれも下端は 2FL、上端は 3FL とする。

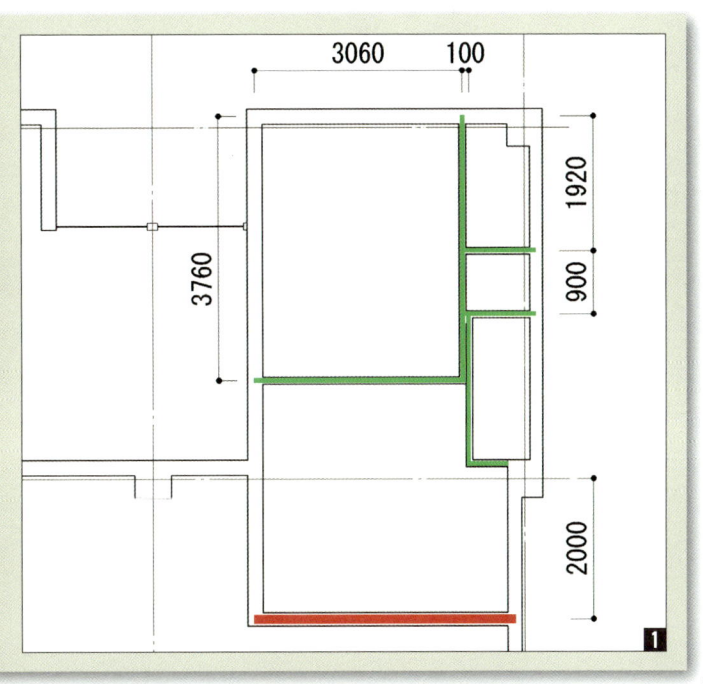

次に、礼拝堂東側外壁の位置を修正する。なお、面積計算のため壁の端部は壁芯と接続すること。

通芯 Y4 の (R)RC220 の壁の右端部を図のようにドラッグ。**1**

「壁外にある 760x1740 のインスタンスを切り取ることができません。」という警告が出るが、[インスタンスを削除] をクリック。

取り付いていたドアが削除される。

[建築] タブの [壁] をクリック。

タイプセレクタから [標準壁、(R)RC190] を選択。

プロパティパレットの基準レベル：[2FL]、基準レベル オフセット：[0]、上部レベル：[3FL] とし、[適用] をクリック。

(R)RC190 の壁を図のように配置。**2**

通芯 X4 の (R)RC190 の壁の上端部をドラッグし、先ほど配置した壁と接続。**3**

通芯 X5Y2 柱内で隣接する壁と結合している、通芯 X5 の (R)RC220 の壁の上端部を図のようにドラッグ。**4**

これにより隣接する壁と結合解除される。

先ほどドラッグした壁を通芯 X5Y4 柱の上あたりで分割し、分割後の下の壁の端部を図のようにドラッグ。**5**

二つの壁が結合解除される。

先ほど編集した壁の壁面を、通芯 X5Y3 柱の左面に図のように位置合わせする。**6**

位置合わせした壁の上端部を図のようにドラッグ。**7**

これにより端部が壁と結合される。

通芯 X5Y4 柱内で、3 つの壁の端部を図のようにドラッグ。**8**

これにより 3 つの壁が結合される。

南側外壁の壁面を、通芯 X2Y6 柱の下面に図のように位置合わせする。

[結合要素を分離] をクリック。**9**

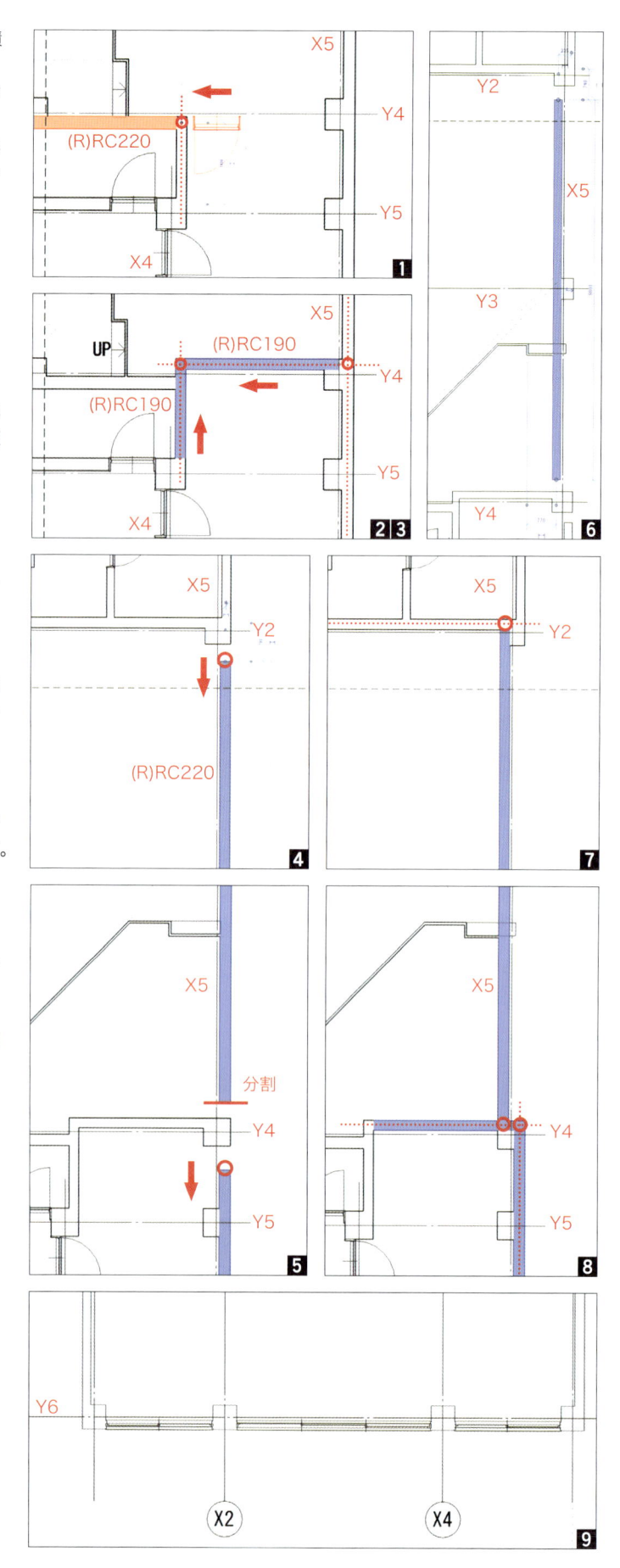

5.1.7 床の作成と配置

学習内容：床

2 階の床を作成する。

練習

床タイプ［フローリング 2］を作成する。**1**

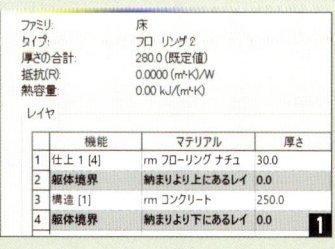

図の位置（エントランスホール西側）に階段の踊り場の床を作成する。**2**

高さは 2FL+0mm
周囲の壁をアタッチしない設定とする。

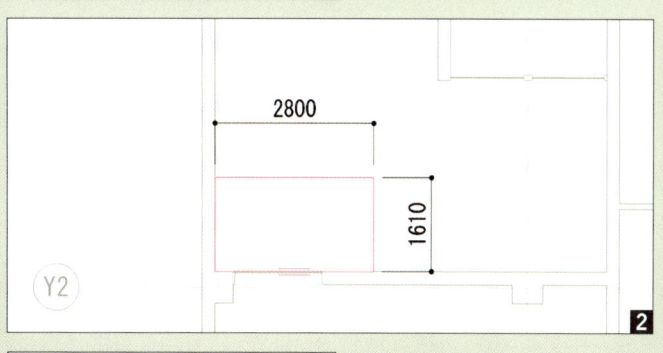

床タイプ［ビニルシート 2］を作成する。**3**

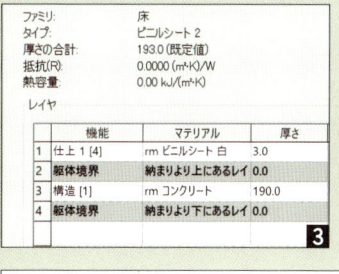

図の位置に食堂の床を作成する。**4**

高さは 2FL+0mm
周囲の壁をアタッチしない設定とする。

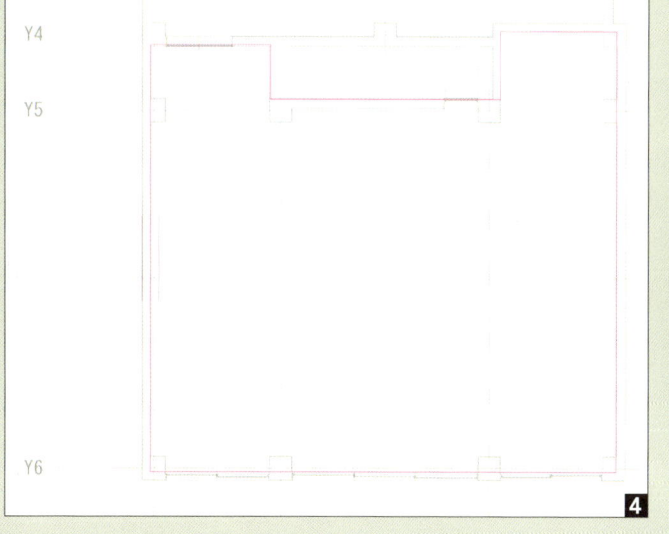

床タイプ［カーペット］を作成する。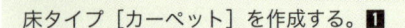

図の位置（礼拝堂北東）に母子室の床を作成する。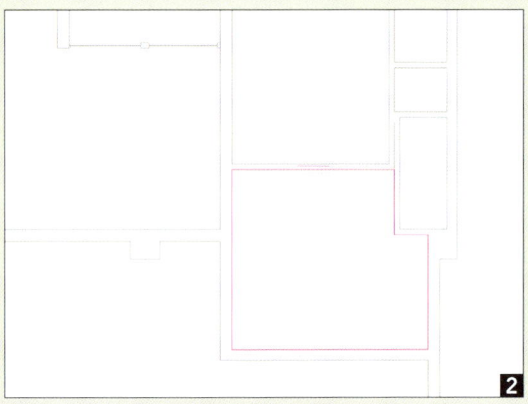
配置高さは 2FL+0mm
アタッチしない設定とする。

床タイプ［タイル2］を作成する。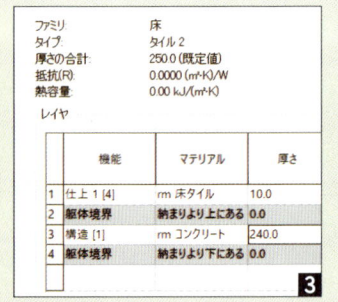

図の位置（母子室内）に床を作成する。

配置高さは 2FL+0mm
アタッチしない設定とする。

床タイプ［畳下地］を作成する。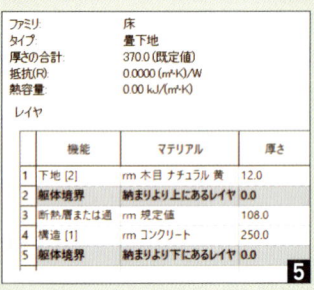

図の位置（エントランスホール東側）に和室の床を
作成する。

配置高さは 2FL+120mm
アタッチしない設定とする。

5.2 窓・ドアの修正と追加

2 階の窓とドアを修正、追加する。

5.2.1 窓の修正

2 階の窓を修正する。

練習

窓タイプ「牧師室窓 2400x2180」を複製し、新しい窓タイプ「食堂窓 2400x1600」を作成する。**1**

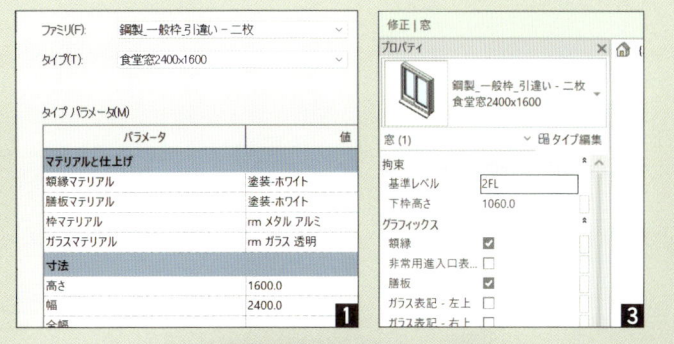

図の赤枠に示す窓タイプを［食堂窓 2400x1600］に変更する。**2**

プロパティパレットを図のように設定する。**3**

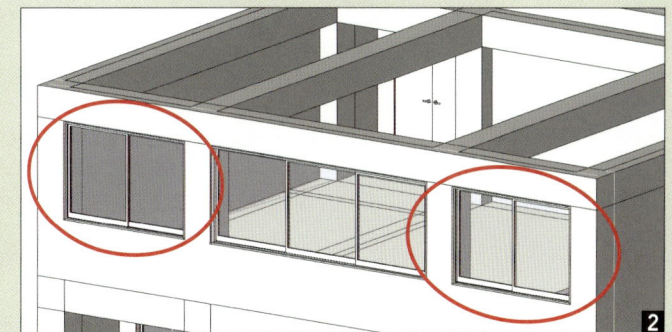

窓タイプ「事務室窓 4400x2180」を複製し、新しい窓タイプ「食堂窓 4400x1600」を作成する。**4**

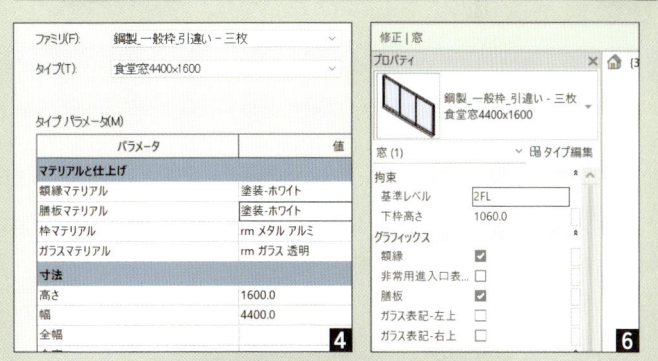

図の赤枠に示す窓タイプを［食堂窓 4400x1600］に変更する。**5**

プロパティパレットを図のように設定する。**6**

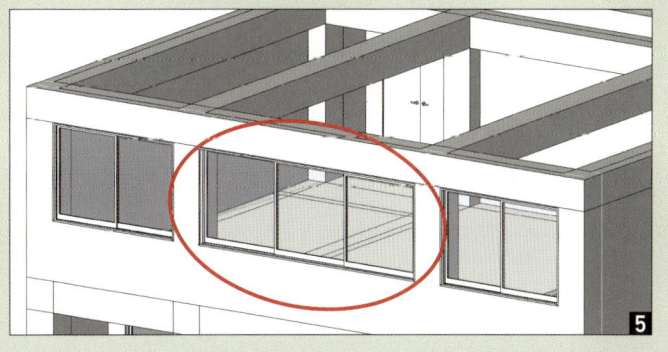

不要な窓を消去する。
[立面図 東] ビューに切り替え。

ビューコントロールバー [表示スタイル] の [隠線処理] をクリック。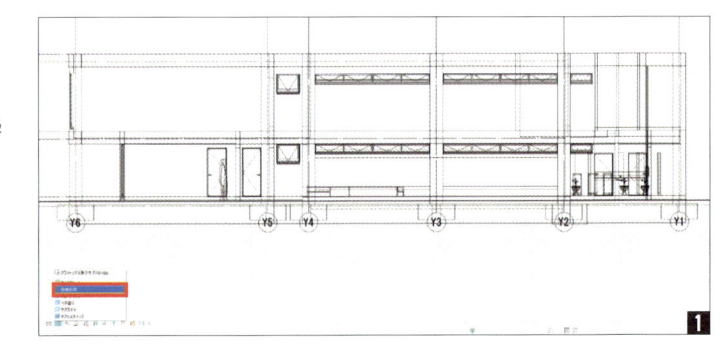

2 階の窓を選択し、削除。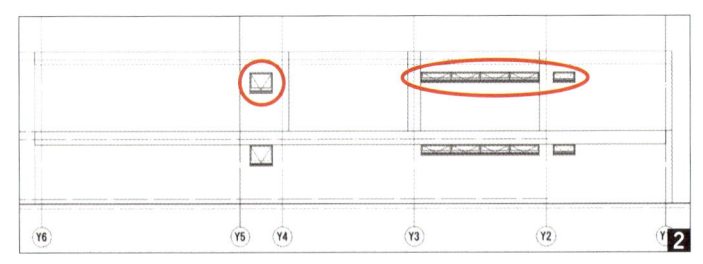

[立面図 西] ビューに切り替えて、ワイヤフレーム表示にする。

連窓の上端を梁下に位置合わせにより移動する。

さらに、位置合わせした連窓を通芯 Y2- 通芯 Y3 間にコピー。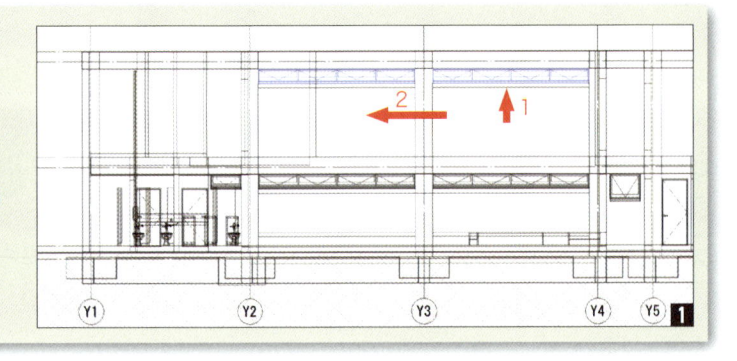

5.2.2 窓の追加

学習内容：復習

窓 [鋼製 _ 一般枠 _ 外倒し、準備室窓 900x700] を図のように配置する。1 2 3 4

下枠高さは 1100mm とし、膳板、額縁はありの設定とする。

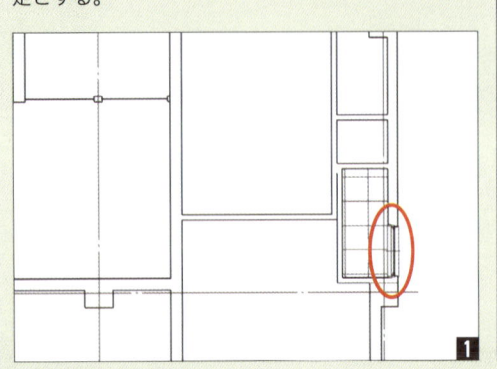

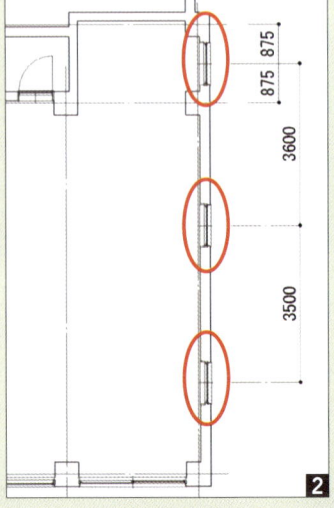

5.2.3 出窓の作成

学習内容：選択ボックス、壁のプロファイル編集、断面線の移動、断面図ビューに移動

母子室に出窓を作成する。はじめに壁の出っ張りを作成し、床でその上下に蓋をする。次に、プロファイルを編集して二重の壁の内側に穴を開ける。最後に、二重の壁の外側に窓を配置する。

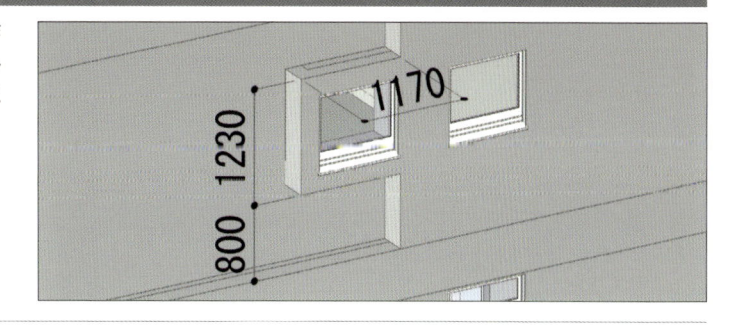

[平面図 2階] ビューであることを確認。
[建築] タブの [壁] をクリック。

タイプセレクタから [標準壁、(R)RC190] を選択。**1**

プロパティパレットの「基準レベル オフセット」に[800] と入力、「上部レベル」から [指定] を選択、「指定高さ」に [1230] と入力し、[適用] をクリック。**2**

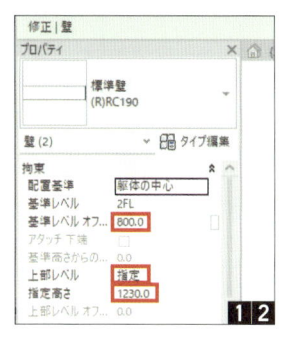

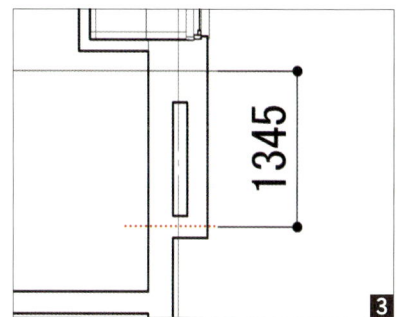

図のように壁を作成。**3**

次に、出窓の下端に床を配置する。
[建築] タブの [床] をクリック。
タイプセレクタから [出窓下] を選択。**4**

[修正 | 床の境界を作成] タブの [長方形] をクリックし、壁の内側にスケッチを作成。**5**

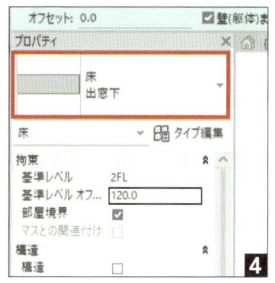

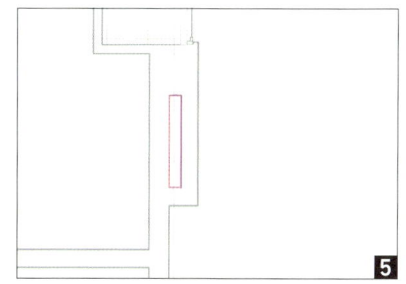

[修正 | 床の境界を作成] タブの [編集モードを終了]をクリック。
「この床 / 地形ソリッドのレベル下部に壁をアタッチしますか」というメッセージが表示されるので [アタッチしない] をクリック。

続いて、断面図で配置高さを調整する。
[断面 0] の断面線をドラッグして出窓の位置に移動。**6**

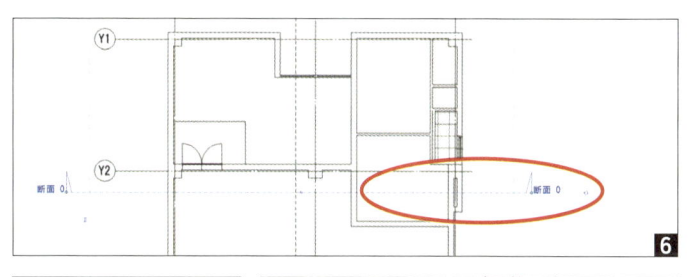

断面線の上で右クリックし、コンテキストメニューから [ビューに移動] をクリック。**7**

[断面 0] が表示される。**8**

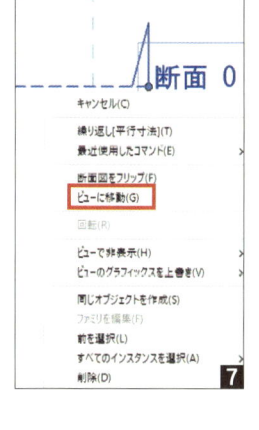

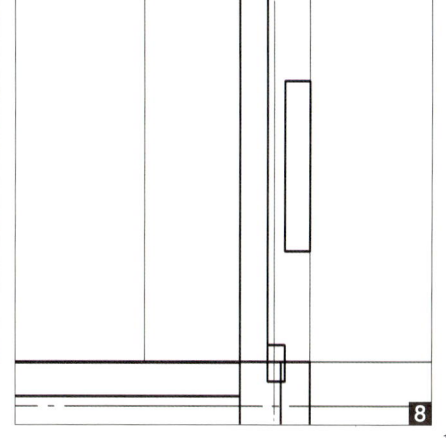

HINT

断面線上で右クリックし、コンテキストメニューから [ビューに移動] をクリックすると、対応する断面図ビューが表示される。

次に、出窓下の床を位置合わせする。
[修正] タブの [位置合わせ] をクリック。
出窓の壁の下端と床「出窓下」の下端を位置合わせする。9

続いて、出窓の壁の上端に床「出窓下」をコピーする。
床「出窓下」を選択。

[修正 | 床] タブの [コピー] をクリック。
出窓の壁の上端と床「出窓下」の上端の位置が揃うようにコピーし、コマンドを終了。

コピーした床を選択し、タイプセレクタから [出窓上] を選択。10

出窓上と出窓下が閉じたことを [[3D]] ビューにて確認。11

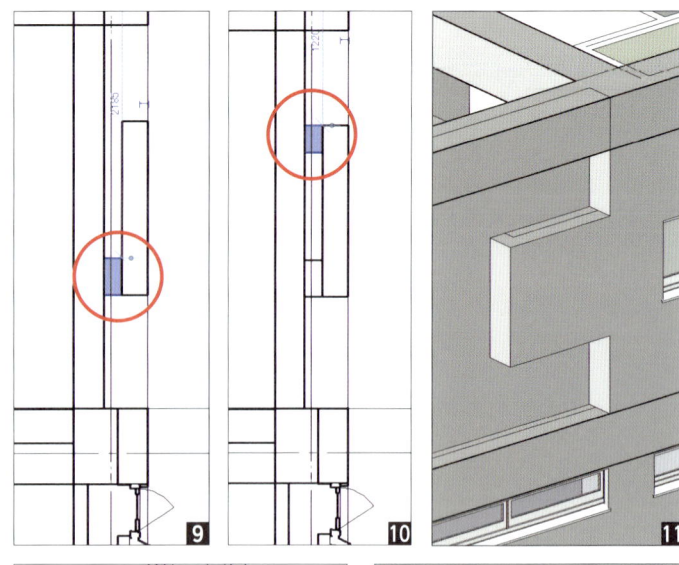

次に、出窓部分の二重の壁の外側に窓を配置し、内側の壁に穴を開ける。
[平面図 2階] ビューに切り替え、出窓のあたりを領域選択。12

[修正 | 複数選択] タブの [選択ボックス] をクリック。13

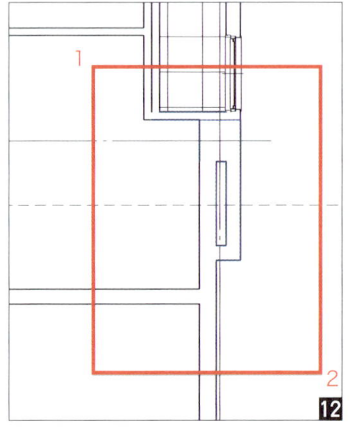

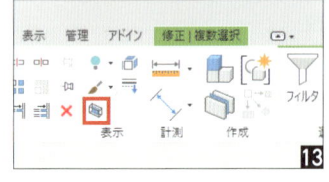

選択した部分をカットした状態で 3D ビューに表示される。14

穴をあけたい内側の壁を選択し、ビューキューブ [左] をクリック。15

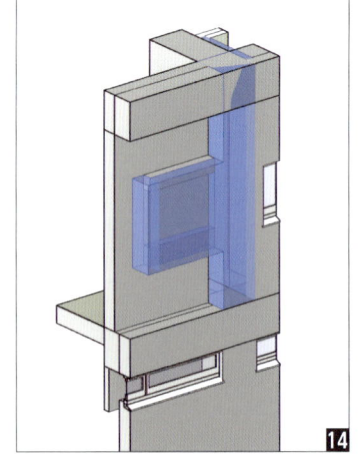

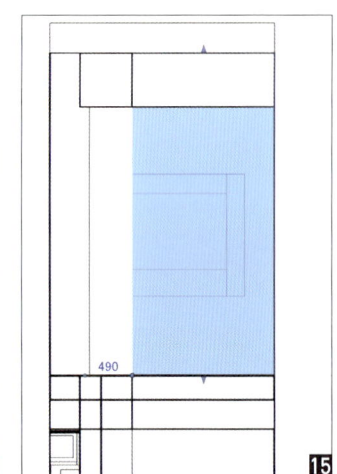

[修正 | 壁] タブの [プロファイルを編集] をクリック。16
[修正 | 壁 > プロファイルを編集] タブの [線] をクリック。

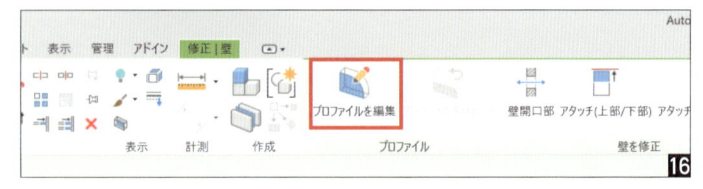

壁と出窓床に囲まれた部分に沿うようにスケッチを編集する。**17**
[修正｜壁＞プロファイルを編集] タブの [編集モードを終了] をクリック。

ビューキューブの [ホーム ビュー] をクリックし、確認。**18**

プロパティパレットの「切断ボックス」のチェックをはずし、[適用] をクリック。

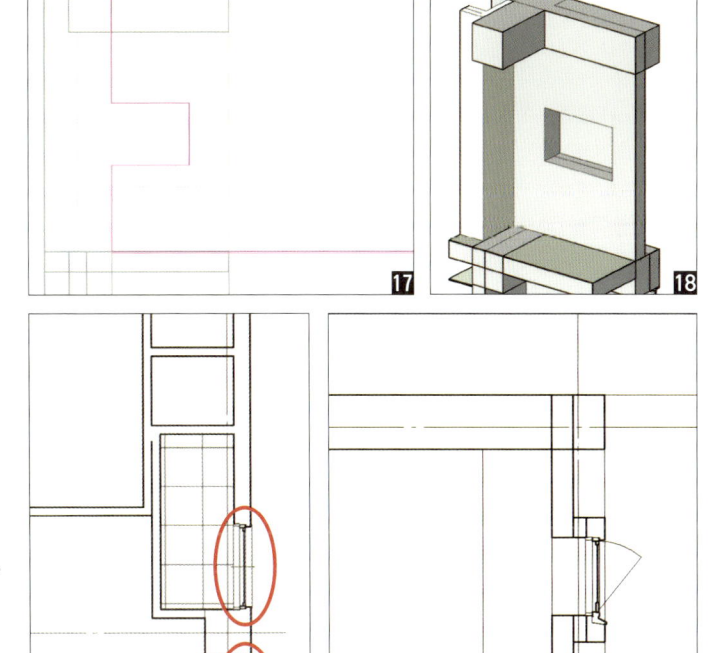

最後に、出窓の窓を配置する。
[平面図 2階] ビューに切り替え。
母子室の便所の窓 [鋼製 _ 一般枠 _ 外倒し、準備室窓 900x700] を選択。**19**

[修正｜窓] タブの [コピー] をクリック。
出窓の壁面と柱面に窓の両端が揃うように窓をコピー。**20**

[断面 0] ビューに切り替えて窓が配置されていることを確認。**21**

5.2.4 吹抜窓の追加

学習内容：フリップ

吹抜窓を作成する。

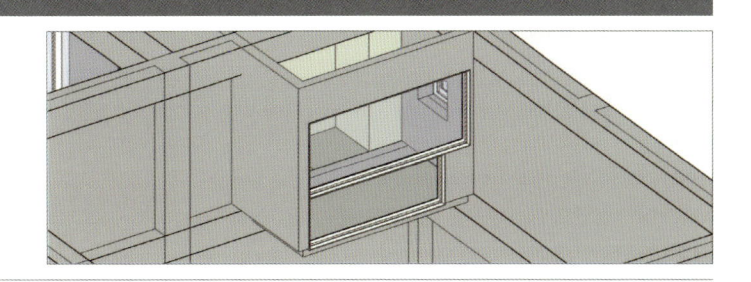

練習

Autodesk ファミリの [窓] → [鉄鋼] → [内部] から [窓 - はめ殺し - 内付] をロードする。

窓タイプ [母子室窓上 3540x1505] を複製により作成し、下記のように設定する。**1**

マテリアル
額縁：[rm メタルアルミ]
サッシ：[rm メタルアルミ]
ガラス：[rm ガラス透明]

寸法
高さ：1505 mm
幅：3540 mm
額縁見附：15mm
額縁ちり：5 mm

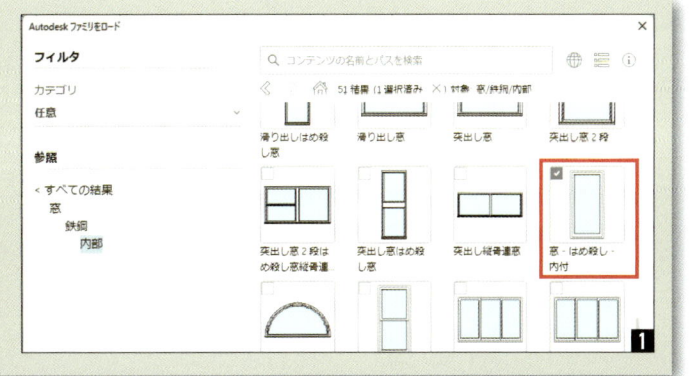

[平面図 2階] ビューに切り替え、図のように左の壁面に合わせて配置する。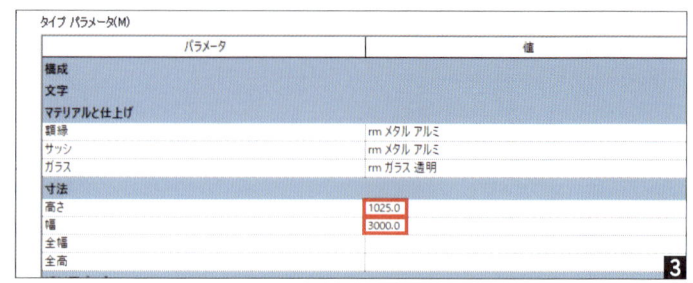
配置高さは 2FL+1025mm とする。

額縁が礼拝堂側になるようにフリップで変更。

窓タイプ [母子室窓上 3540x1505] を複製し、[母子室窓下 3000x1025] を作成する。

高さは 1025mm 幅 3000mm に変更。

母子室あたりを領域選択し、[修正 | 複数選択] タブの [選択ボックス] をクリック。

[母子室窓下 3000x1025] を適当な位置に配置する。
配置高さは 2FL+0mm とする。

次に、窓の向きを調整する。
[母子室窓下 3000x1025] を選択。

選択したまま [平面図 2階] ビューに切り替え。
額縁が母子室側になるようにフリップにより調整する。

[{3D}] ビューに切り替え。
ビューキューブ [前] をクリック。

上の窓と左側を位置合わせする。

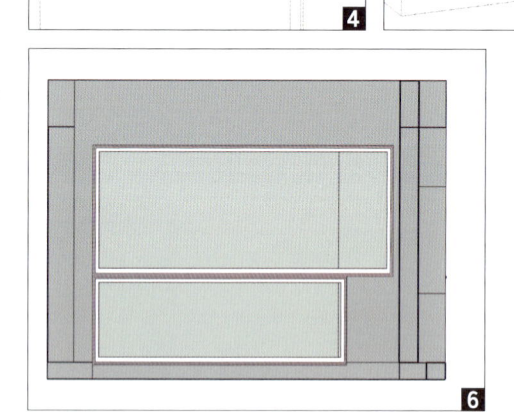

練 習

切断ボックス解除する。

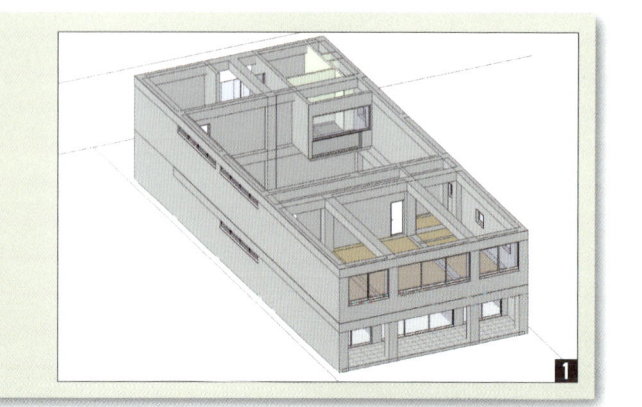

5.2.5 北立面窓の配置

学習内容：復習

練習

［和室窓 1100x1050］を 2 階和室に図のように配置する。**1 2**

配置高さは 2FL+770mm とする。

［立面図 北］ビューに切り替えて、［和室窓 610x610］を図のように配置する。**3**

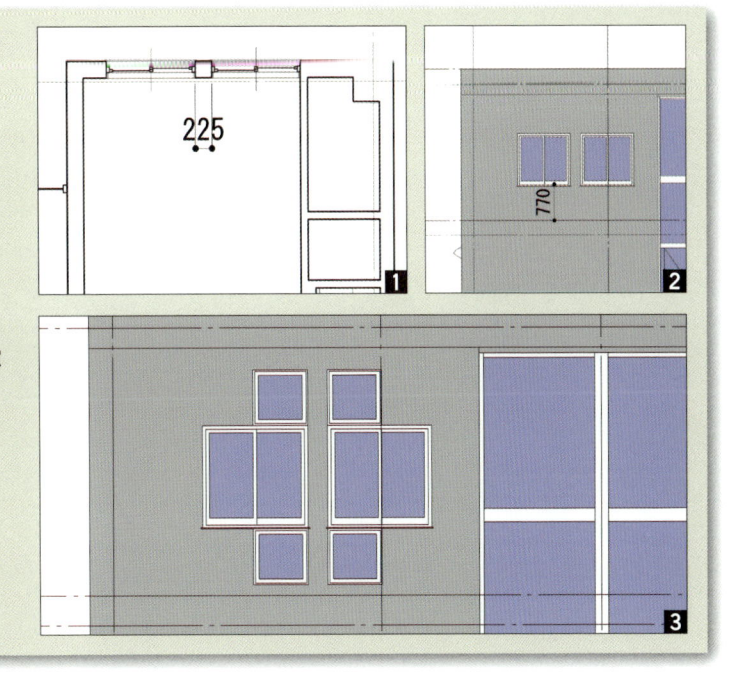

5.2.6 ガラリの配置

学習内容：復習

練習

［立面図 南］ビューに切り替える。「表示スタイル」を［ベタ塗り］に変更する。

窓コマンドを使って［ガラリ 1125x500］を図のように配置する。**1**
（位置は後で調整するのでどこでもよい。）

配置高さは 2FL+100mm とし、膳板、額縁はなしの設定とする。

［平面図 2階］ビューに切り替えて、ガラリを表示させるために、「ビュー範囲」の［断面］を［100］に設定する。

移動コマンドやコピーコマンドを用いて、図の位置にガラリを配置する。なお、壁の位置がガラリと連動して動くため、位置合わせコマンドは使用しないこと。**2**

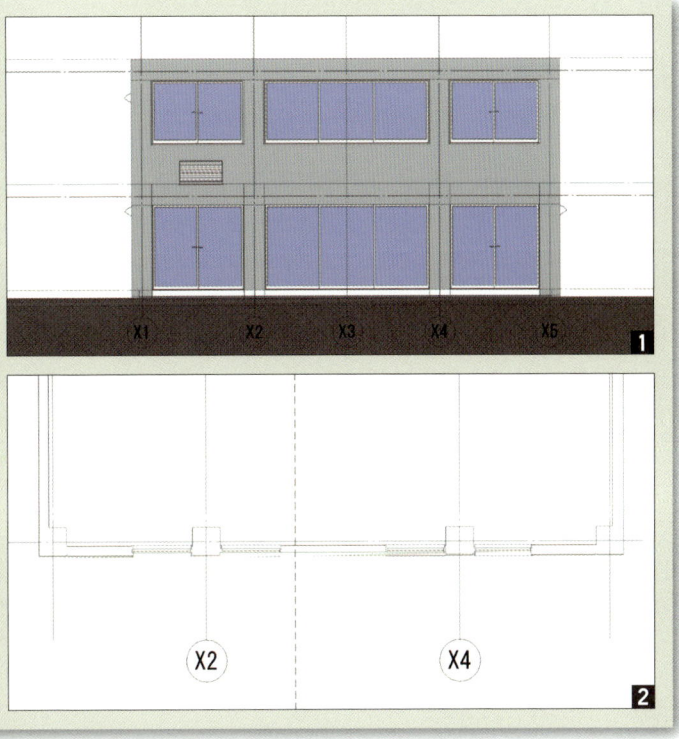

［立面図 東］ビューに切り替え。

東側外壁の出窓下に、柱に接するように［ガラリ 1125x500］を配置する。

配置高さは 2FL+100mm とする。**1** **2**

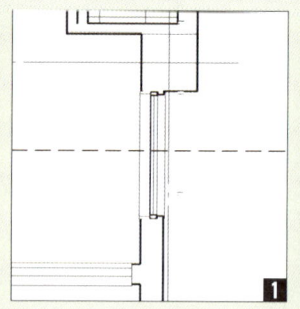 

5.2.7 ドアの追加と修正

学習内容：復習

［平面図 2階］ビューの「ビュー範囲」の「断面」を［1200］に戻す。

通芯 Y4 と通芯 Y5 のドアの開く方向をフリップで反転する。**1**

［鋼製 _ 大枠 _ 片開 _ フラッシュ、760x2000］を図の位置に配置する。**2** **3**

［鋼製 _ 大枠 _ 片開 _ フラッシュ、600x2000］のタイプを作成する。**4**

図の位置に配置する。**5**

「沓掛 / 敷居」は「あり」とする。

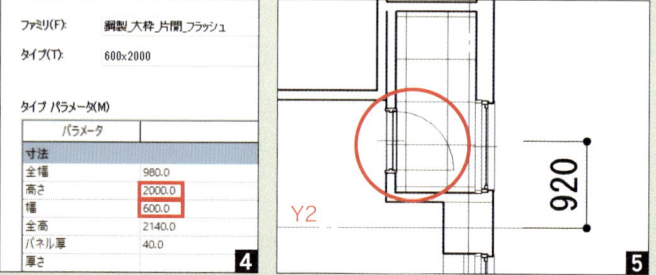

ファミリ(F):	鋼製_大枠_片開_フラッシュ	
タイプ(T):	600x2000	

タイプ パラメータ(M)

パラメータ	
寸法	
全幅	980.0
高さ	2000.0
幅	600.0
全高	2140.0
パネル厚	40.0
厚さ	

5.3 階段の入力

手すりを設定し、階段を入力する。

5.3.1 エントランス階段の入力

エントランスホールに 1FL から 2FL までの階段を作成する。階段幅 1300 mm、踏面 268 mm、16 段の階段を作成する。

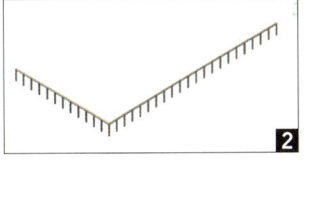

はじめに、手すりに関する準備として、別のプロジェクトで作成した手すりのタイプを読み込む。
[ファイル] タブの [開く] から [プロジェクト] をクリック。**1**
「開く」ダイアログボックスの「データ」フォルダ内の「ファミリ」フォルダから [階段手すり.rvt] を選択し、[開く] をクリック。

手すりをクリックし、タイプセレクタ [階段手すり] というタイプ名であることを確認。**2**

作成中の草葉町教会のプロジェクトの「タブ ビュー」をクリック。「タブ ビュー」はどれでもよい（ここでは [{3D}] を選択）。**3**

[管理] タブの [プロジェクト標準を転送] をクリック。**4**

「プロジェクト標準を転送」ダイアログボックスで「コピー元」が [階段手すり] に設定されていることを確認。

[チェック解除] をクリックし、[手すりタイプ] にチェック。**5**

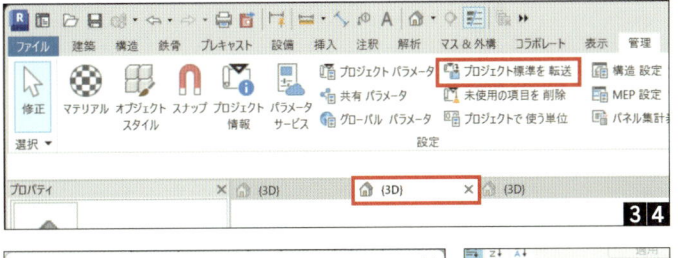

[OK] をクリックし、「重複タイプ」ダイアログボックスで [新規のみ] をクリック。**6**

プロジェクト ブラウザ [ファミリ] の [手摺] の [手摺] を展開し、[階段手すり] タイプが読み込まれていることを確認。**7**
読み込んだ「階段手すり」のプロジェクトファイルは閉じてよい。

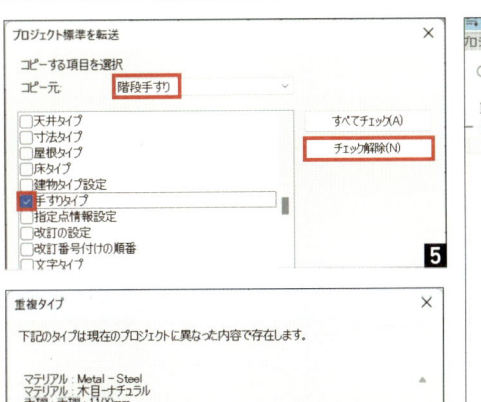

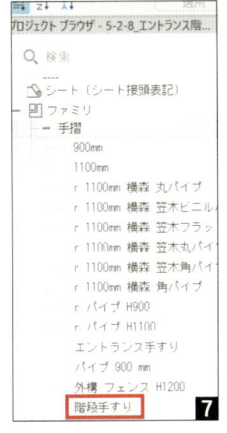

次に、階段の作成に関する準備を行う。はじめに、階段のタイプを設定する。
[平面図 1階] ビューに切り替え。

[建築] タブの [階段] をクリック。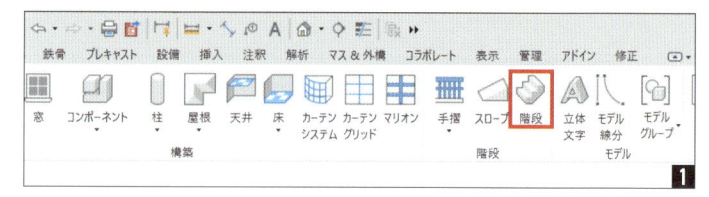

[現場打ち階段、r RC 260x180] をタイプセレクタから選択し、[タイプ編集] をクリック。

「タイプ プロパティ」ダイアログボックスで [複製]をクリック。

「名前」ダイアログボックスで [エントランス階段]と入力し [OK] をクリック。

続いて、階段経路のタイプを新たに作成する。
「階段経路のタイプ」の値をクリックし、同欄右端に表示される […] をクリックする。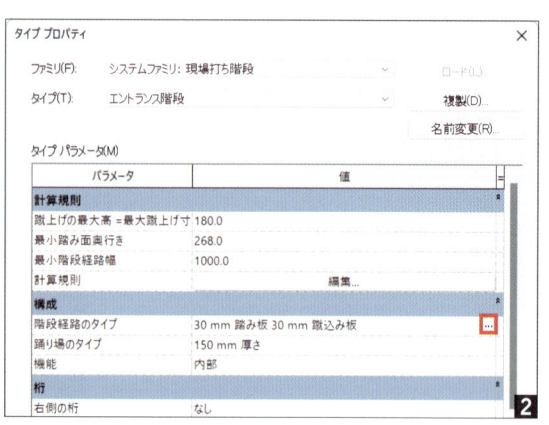

「タイプ プロパティ」ダイアログボックスで [複製]をクリック。

「名前」ダイアログボックスで [エントランス階段踏面蹴上] と入力し [OK] をクリック。

「タイプ プロパティ」ダイアログボックスで次のように設定し、[OK] をクリック。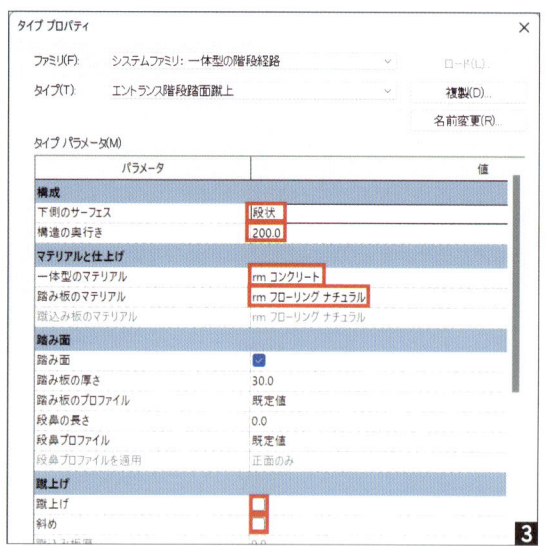

下側のサーフェス：[段状]
構造の奥行：[200]
一体型のマテリアル：[rm コンクリート]
踏み板のマテリアル：[rm フローリングナチュラル]
蹴上げ：チェックオフ
斜め：チェックオフ

「タイプ プロパティ」ダイアログボックスの「階段経路のタイプ」が [エントランス階段踏面蹴上] に設定されていることを確認。
「最小踏み面奥行き」に [268] と入力し、[OK] をクリック。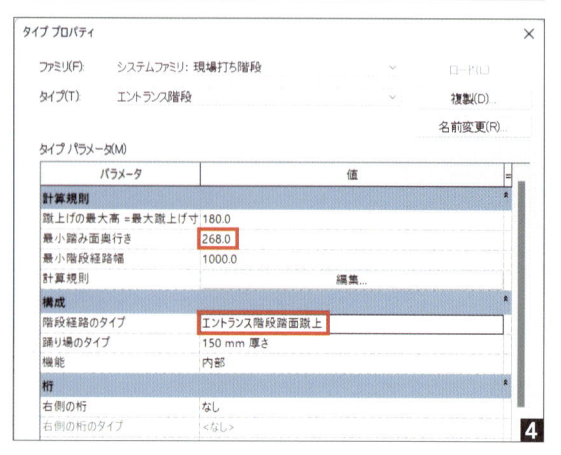

プロパティパレットの「基準レベル」が［1FL］であることを確認し、上部レベルから［2FL］を選択。**5**

「蹴上数」に［17］、「現在の踏面奥行」に［268］と入力し、［適用］をクリック。**6**

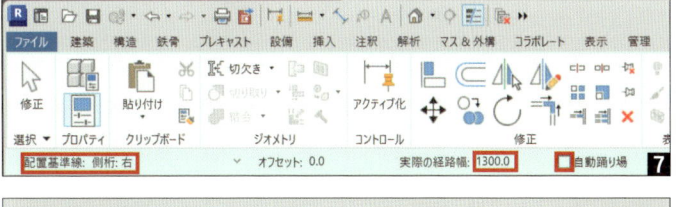

オプションバー「配置基準線」から［側桁：右］を選択、「実際の経路幅」に［1300］と入力し、「自動踊り場」のチェックをオフにする。**7**

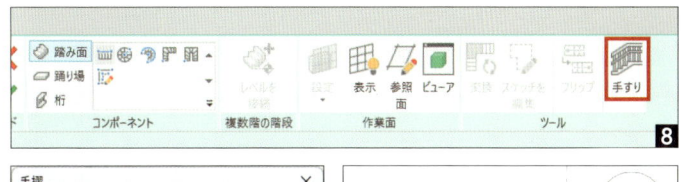

次に、読み込んだ手すりを設定する。
［修正｜作成階段］タブの［手すり］をクリック。**8**

「手摺」ダイアログボックスで［階段手すり］を選択し、［OK］をクリック。**9**

階段の直線状部分の描き始めの位置（階段の3段目）に参照面を作成する。
［修正｜作成階段］タブの［参照面］をクリック。

図のように壁面から1300mmの位置に参照面をクリックで作成する。**10**

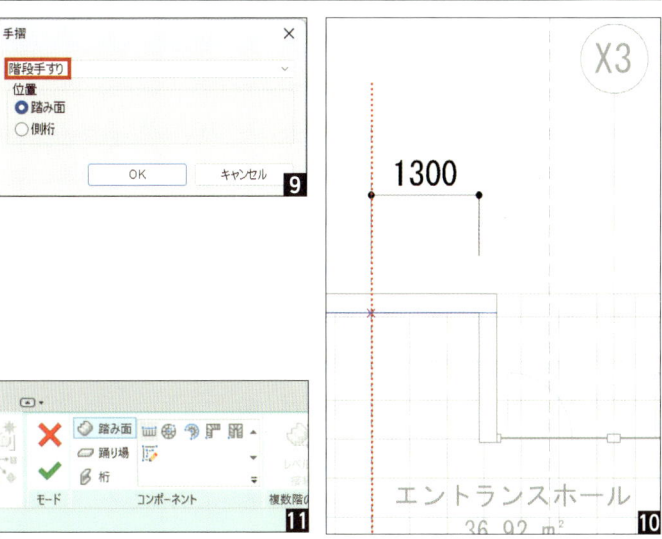

［修正｜作成階段］タブをクリックし、［踏み面］、［直線］をクリック。**11**

参照面と壁の交点をクリック。**12**
カーソルを左に移動させ、［6 蹴上が作成されました。11 継続中］と表示された箇所（1340mm）でクリックし、［修正｜作成階段］タブの［修正］をクリック。

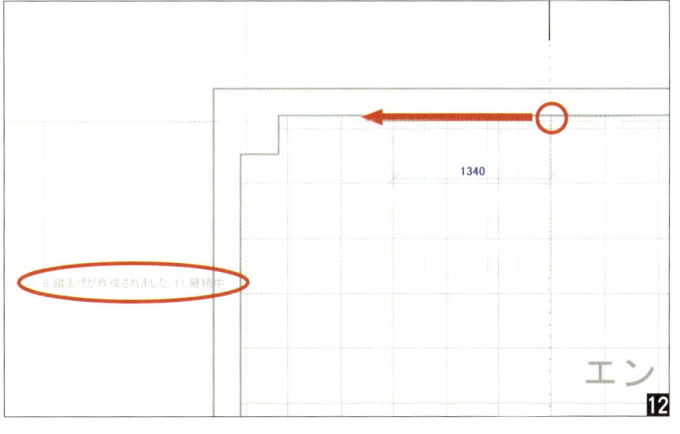

続いて、階段の 1 段目と 2 段目を追加する。
作成した階段を選択し、[修正｜作成階段] タブの [変換] をクリック。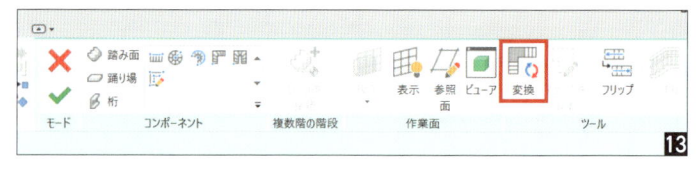

「階段 - カスタムに変換」ダイアログボックスでスケッチベースの階段の作成方法に切り替わる旨のメッセージが表示されるので [閉じる] をクリック。

[修正｜作成階段] タブの [スケッチを編集] をクリック。
作成した階段に自由に段が追加できる。

次に、階段の境界（外形）を作成する。
[修正｜階段を作成＞階段経路をスケッチ] タブの [境界]、[線] をクリック。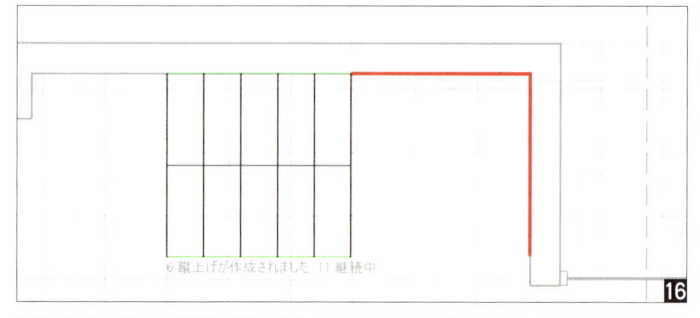

図のように階段の外形線をクリックで作成する。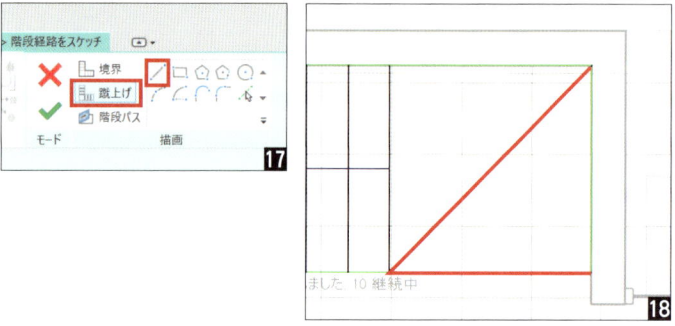

続いて、階段の蹴上（踏面）を作成する。
[修正｜階段を作成＞階段経路をスケッチ] タブの [蹴上]、[線] をクリック。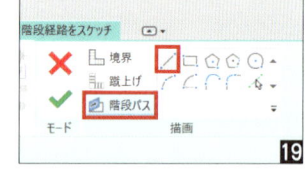

図のように階段の踏面をクリックで作成する。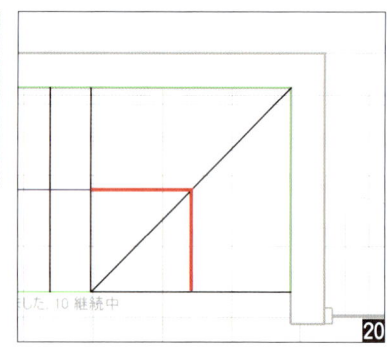

次に、階段のパス（階段中心線）を作成する。

[修正｜階段を作成＞階段経路をスケッチ] タブの [階段パス]、[線] をクリック。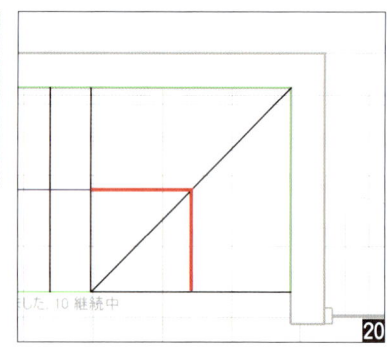

図のように階段の中心線をクリックで作成。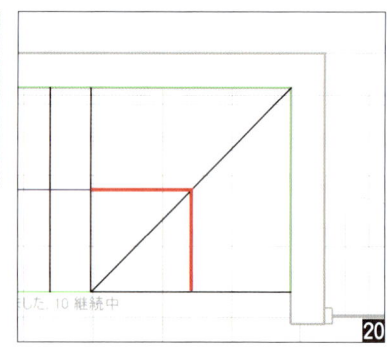

図のようにエントランス階段の 8、9 段目を作成する。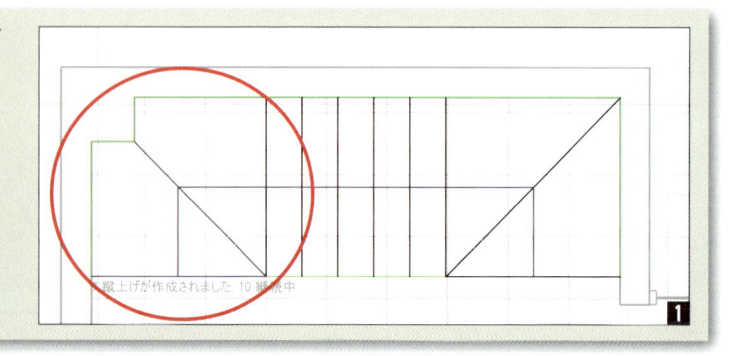

続いて、踊り場から 2FL までの階段をスケッチで作成する。

[修正｜階段を作成＞階段経路をスケッチ] タブの [蹴上]、[選択] をクリック。

オプションバー「オフセット」に [268] と入力。21

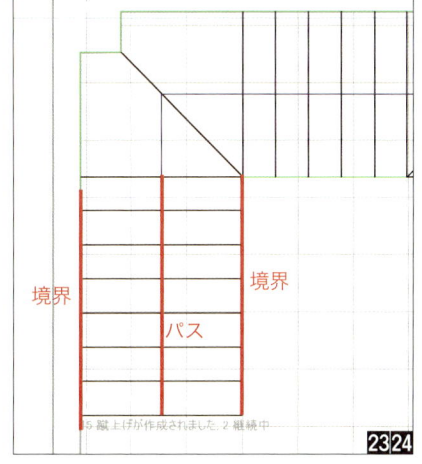

蹴上線をオフセットして 7 段分描画する（「15 蹴上が作成されました。2 継続中」と表示される）。22

次に、階段の境界（外形）を作成する。
[修正｜階段を作成＞階段経路をスケッチ] タブの [境界]、[線] をクリック。

図のように、蹴上線の端点まで外形を追加する。23

階段のパス（階段中心線）を作成する。
[修正｜階段を作成＞階段経路をスケッチ] タブの [階段パス]、[線] をクリック。

図のように、階段パスを最上段まで追加する。24

[修正｜階段を作成＞階段経路をスケッチ] タブの [編集モードを終了] をクリック。

[修正｜作成階段] タブの [編集モードを終了] をクリック。

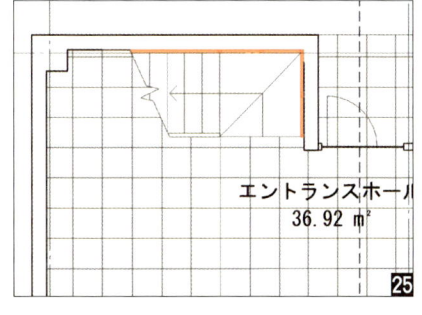

境界 境界 パス

階段が完成する。25
壁側の手すりについてエラーが表示されるが、後ほど削除するので問題ない。

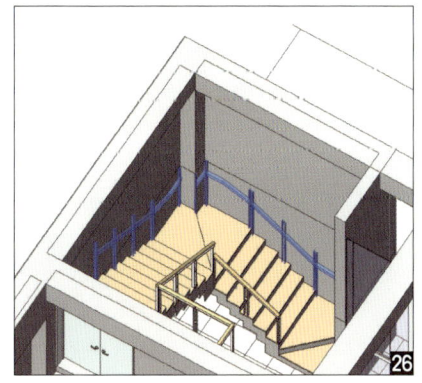

エントランスホール
36.92 ㎡

最後に、壁側の手すりを削除する。
[{3D}] ビューに切り替え、壁側の手すりを選択し、削除。26

「データ」フォルダ内の「ファミリ」フォルダから［エントランス手すり.rvt］を開き、階段手すりと同様に「プロジェクト標準を転送」で手すりのタイプを読み込む。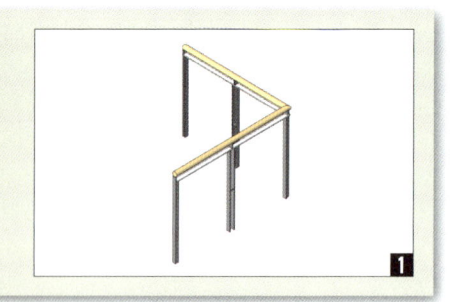

読み込んだ「エントランス手すり」のプロジェクトファイルは閉じてよい。

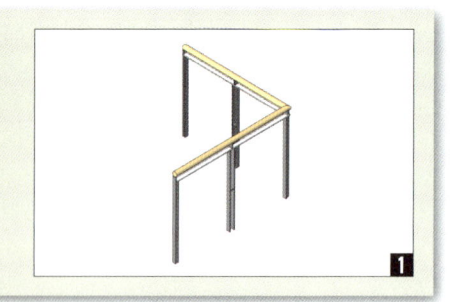

ここから、階段を上りきった床に手すりを配置する。［平面図 2階］ビューに切り替え。

［建築］タブの［手摺］をクリック。

「タイプセレクタ」から［手摺、エントランス手すり］を選択。

続いて、階段を上り切った床に手すりを配置する。［修正｜作成 手すりのパス］タブの［線］をクリック。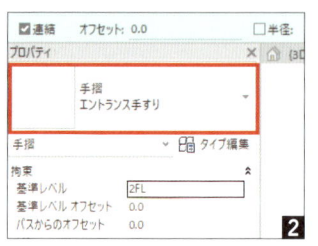

図のようにスケッチを作図。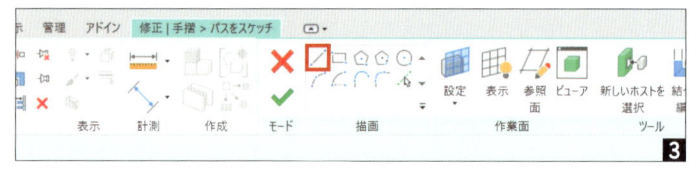
［修正｜作成 手すりのパス］タブの［編集モードを終了］をクリック。

「はみ出し長さを埋める間隔が小さすぎます。」という警告メッセージが表示されるが、そのままメッセージを閉じる。

手すりが配置された。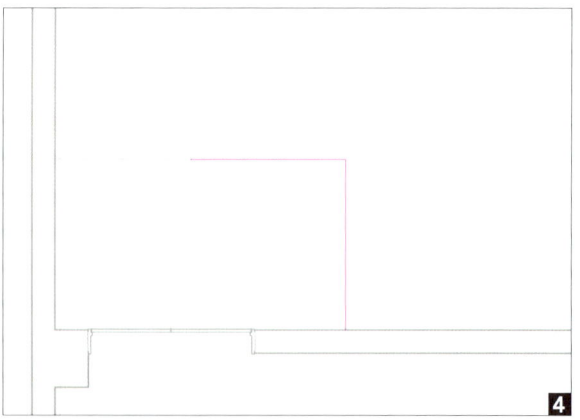

5.3.2 トップライト下階段の入力

トップライト下の階段を作成する。階段幅1210mm、踏面260mm、15段の階段を作成する。

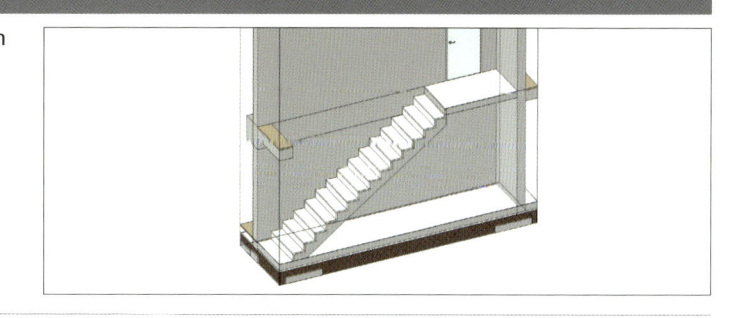

[平面図 1階] ビューに切り替え。
[建築] タブの [階段] をクリック。

練習

階段タイプ「エントランス階段」を複製し、[トップライト下階段] を作成する。
「蹴上げの最大高=最大蹴上げ寸法」を 220mm、「最小踏み面奥行き」を 260mm とする。**1**

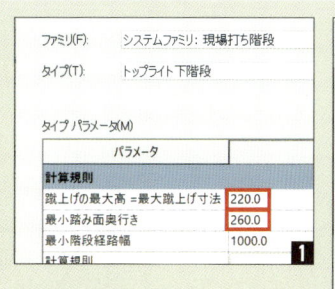

階段経路のタイプ「エントランス階段踏面蹴上」を複製し、[トップライト下階段踏面蹴上] を作成する。図のように変更し、階段経路タイプに [トップライト階段下踏面蹴上] を設定する。**2**

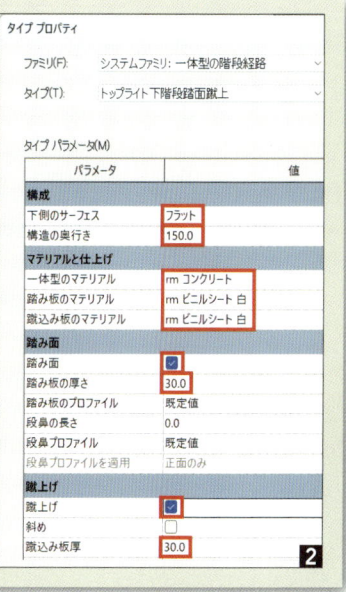

プロパティパレット「基準レベル」に [1FL]、「上部レベル」に [2FL]、「蹴上数」に [15]、「現在の踏面奥行」に [260] と入力し、[適用] をクリック。**1**

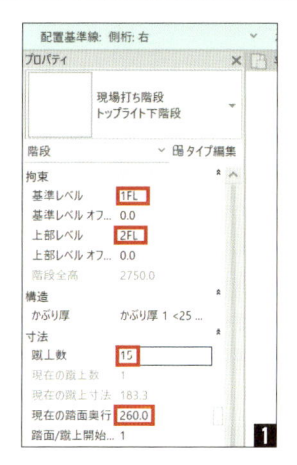

オプションバー「実際の経路幅」に [1210] と入力し、「配置基準線」が [側桁:右] になっていることを確認。**2**

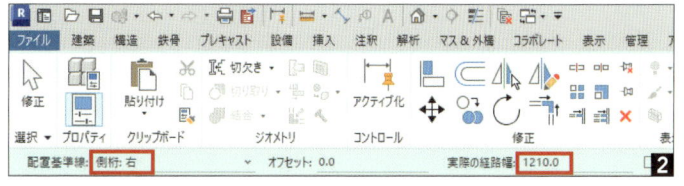

壁と通芯 X2Y5 柱の交点の位置をクリックし、15 蹴
上が作成されたところでクリックする（本来の位置で
ある柱の左上角にはスナップできない）。■3

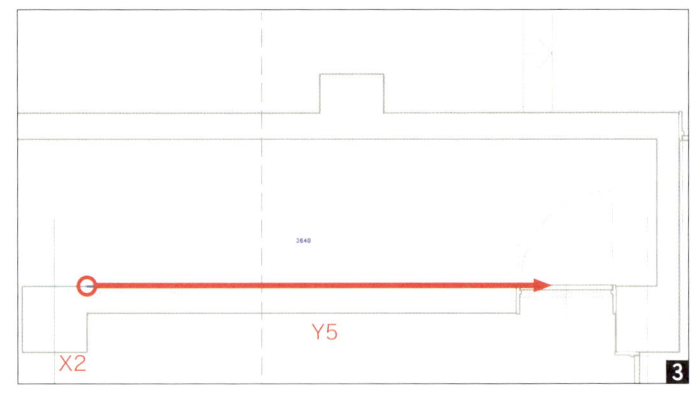

続いて、階段を正しい位置に移動する。
作成した階段をクリックで選択し、[修正｜作成階段]
タブの［移動］をクリック。

柱の位置に移動する。■4

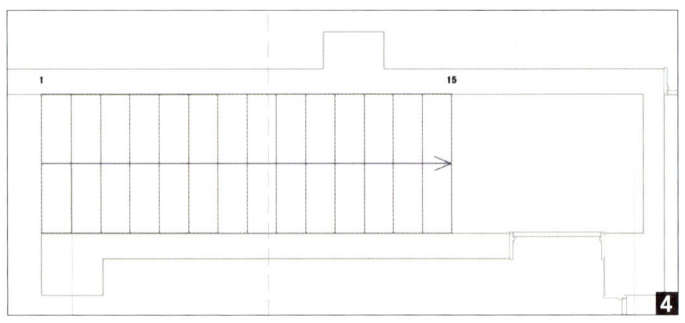

[修正｜作成階段] タブの［手すり］をクリック。
「手摺」ダイアログボックスで［なし］を選択し、[OK]
をクリック。■5

[修正｜作成階段] タブの［編集モードを終了］をク
リック。

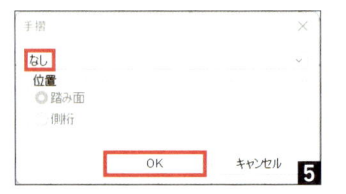

［平面図 2 階］ビューに切り替え、図の位置に床を
作成する。■1

床タイプは［ビニルシート 2］とする。
配置高さは 2FL+0mm
アタッチしない設定とする。

最後に、階段を確認する。
階段のあたりを図のように領域選択する。■6

[修正｜複数選択] タブの［選択ボックス］をクリック。

切断ボックスをクリックし、青い［▲］をドラッグして、
階段の断面が見えるように調整する。■7

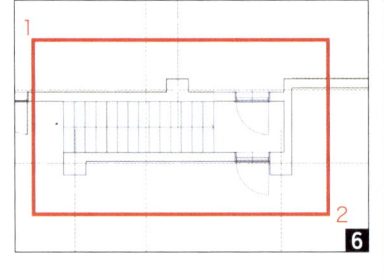

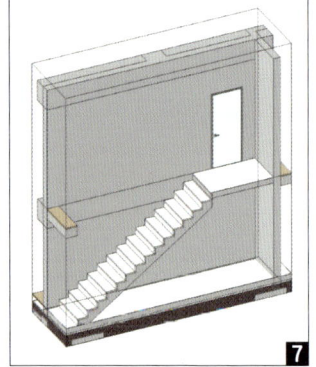

5.4 内装の入力

和室、吹抜通路、便所、2階天井、十字架などを作成する。

5.4.1 和室の入力

畳、襖、障子の順で部材を配置し、最後に母子室壁を
下に延長する。

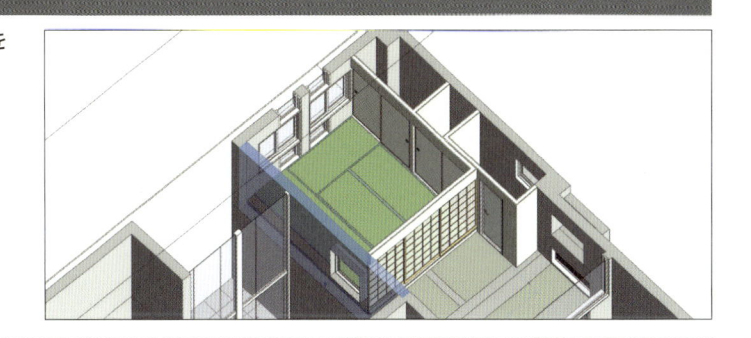

練習

畳のファミリをロードし、新たなタイプを作成した
後、和室に配置する。
[挿入]タブの[Autodesk ファミリをロード]か
ら[家具]→[和室用家具]→[畳_6畳]をロード。
1
[家具]が表示されない場合は、[すべての結果]を
クリックするとよい。

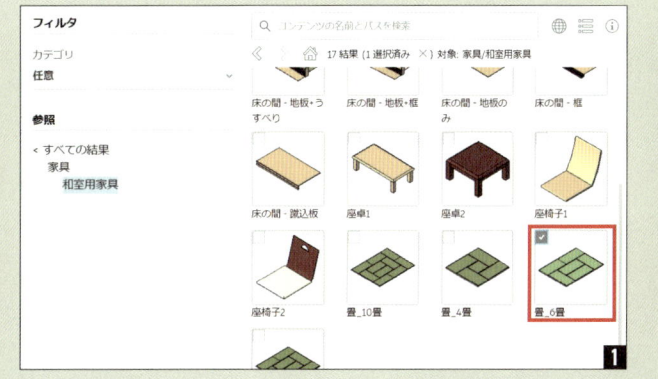

[コンポーネント]コマンドで[畳_6畳]を複製し、
[畳_6畳 草葉町]というタイプを作成する。**2**

幅 2700mm、奥行き 3600mm、配置高さ 2FL
+150mm に設定し、図のように配置する。**3 4**

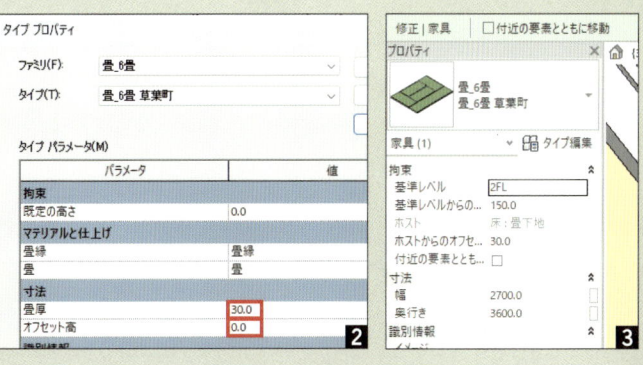

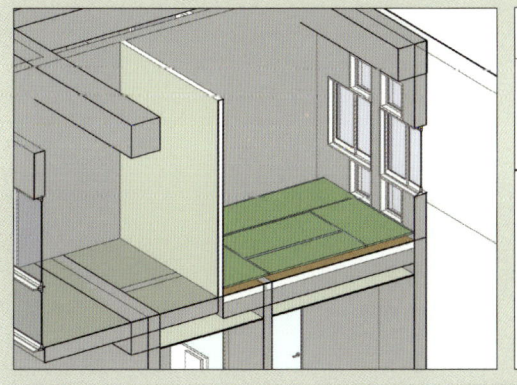

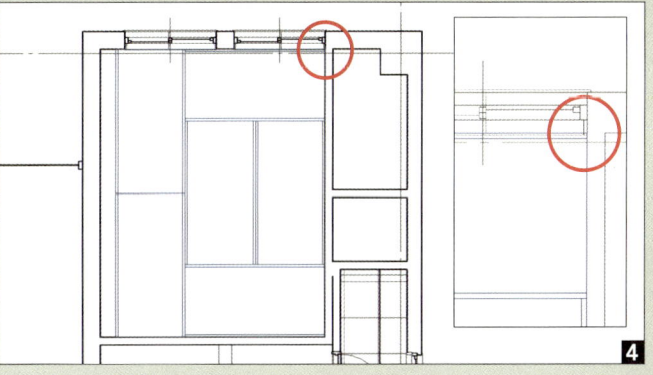

押し入れの襖を作成、配置する。
Autodesk ファミリから ［ドア］ → ［木製ドア］
→ ［引違い 2 枚 _ 襖 (枠無)］をロード。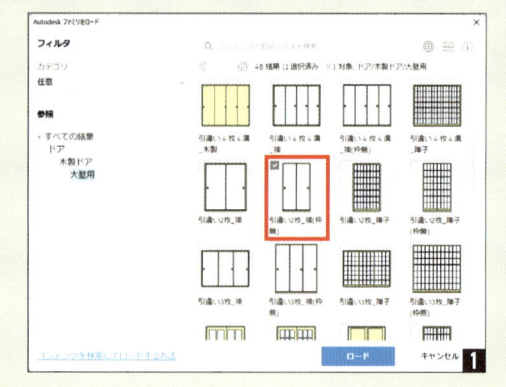
どのタイプでもよいので複製し、新しいタイプ ［和
室押入］を作成する。

高さ 1800mm、厚さ 30mm、幅 1760mm とする。

配置高さ（下枠高さ）は 2FL+150mm で、図の位
置に 2 ヶ所配置する。

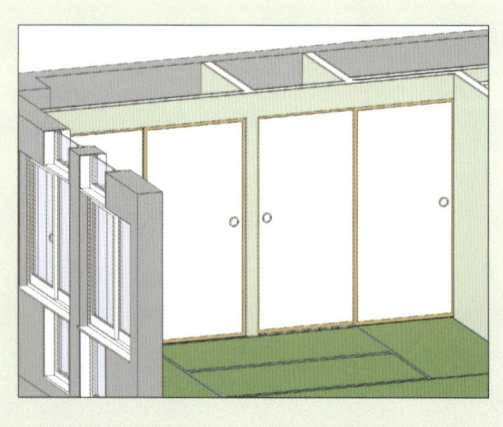

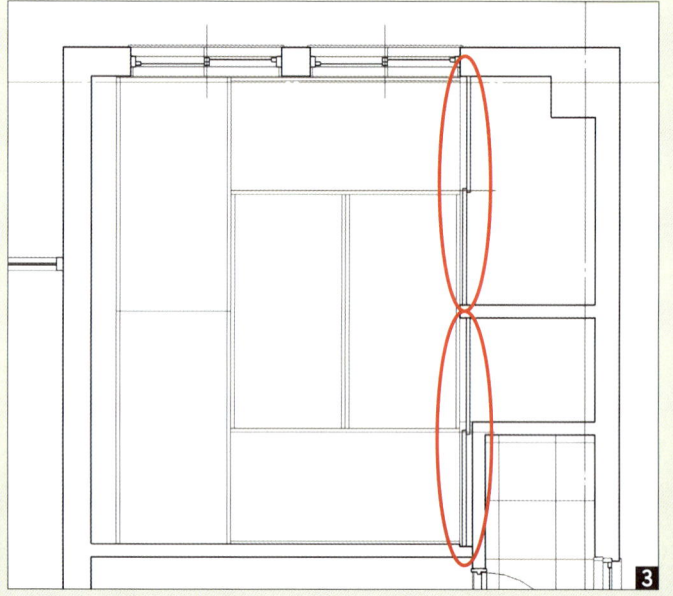

和室の障子を作成、配置する。
Autodesk ファミリから［ドア］→［木製ドア］→
［引違い3枚_障子（枠無）］をロード。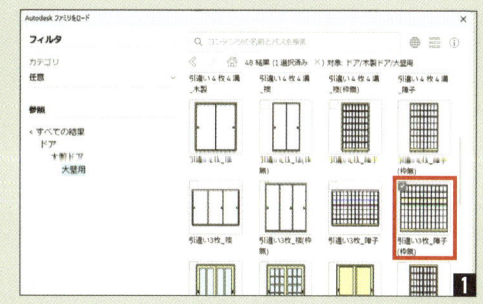
どのタイプでもよいので複製し、新しいタイプ［和室］を作成する。

高さ1800mm、厚さ30mm、幅3000mmとする。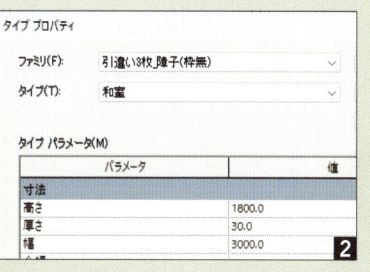

配置高さ（下枠高さ）は2FL+150mmで、図の位置に配置する。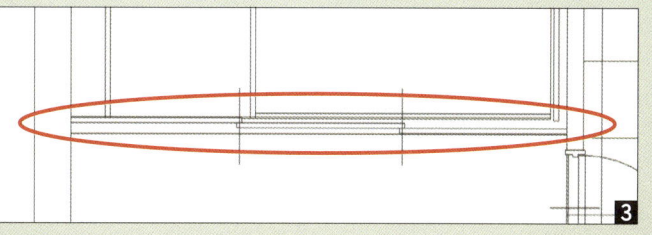

和室のはめ殺し窓を作成し配置する。
［窓］の［窓-はめ殺し-内付］の［母子室窓下3000x1025］を複製し、新しいタイプ［和室窓900x1000］を作成する。

高さ1000mm、幅900mmとする。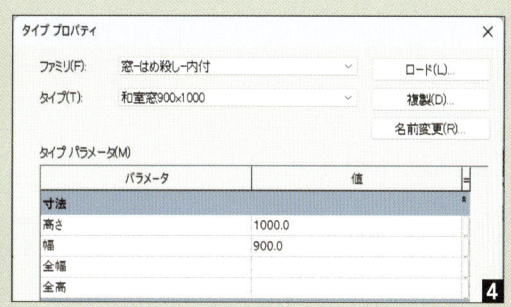
額縁はなしの設定とする。

配置高さは2FL+670mmとし、図の位置に配置する。

117

続いて、母子室の張り出している部分の壁を 2FL-540mm の位置まで延長する。また、母子室西側の壁の張り出している部分のみ延長するために、壁を分割する。

［平面図 2階］ビューに切り替え。
［修正］タブの［要素を分割］をクリック。

図の位置をクリックし、2つに分割後、コマンド終了。
■

3D ビューに切り替え、図の2つの壁を選択。

プロパティパレット「基準レベル オフセット」に[-540]と入力し、［適用］をクリック。■

壁下端が延長された。

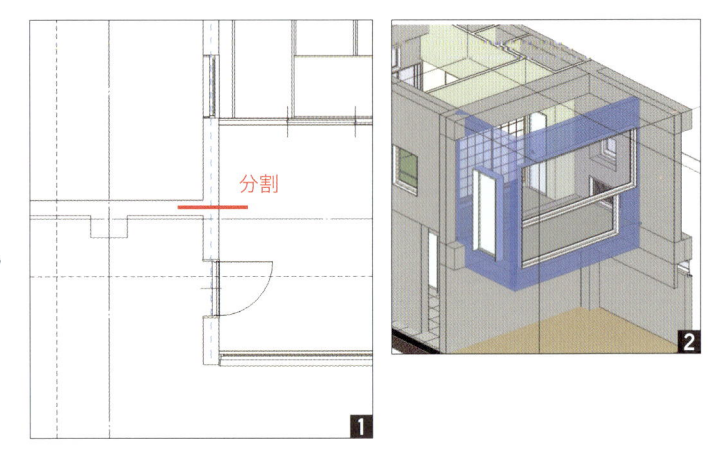

5.4.2 吹抜通路の入力

吹抜通路は RC のスラブとフローリングの二重床になっている。はじめに RC の立ち上がり壁・スラブを配置し、次にフローリングを配置する。最後に手すりを配置する。

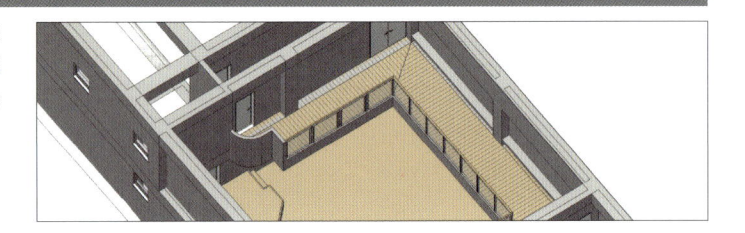

練習

通路側面の「立ち上がり壁」のタイプを作成する。■

壁タイプ名：[(R) RC120]
マテリアル：[rm コンクリート]
厚さ　　　：[120]

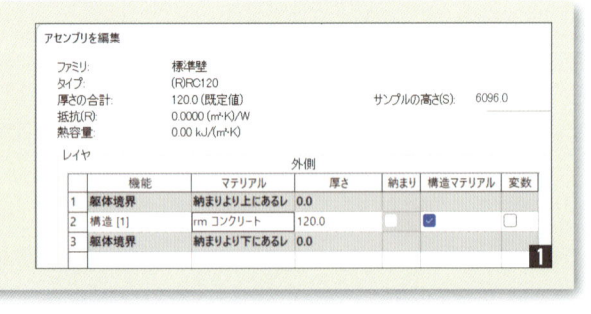

はじめに、立ち上がり壁を作成する。
［2SL］ビューに切り替え。

［建築］タブの［壁］をクリック。

プロパティパレット「基準レベル オフセット」に[-220]と入力。
「上部レベル」から［上のレベルへ：2FL］を選択。
［適用］をクリック。

図の位置に立ち上がり壁を作成。■
（すべて通芯と壁芯間の寸法）

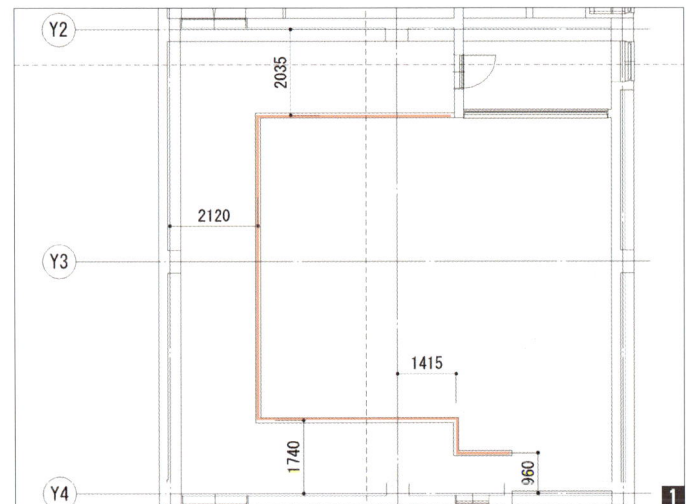

次に、円弧の壁を配置する。

[建築] タブの [壁] をクリック。
壁のタイプや高さが「立ち上がり壁」の設定になって
いることを確認。

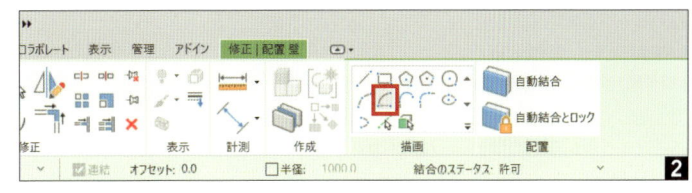

[修正 | 配置壁] タブの [中心―両端指定による円弧]
をクリック。2

図の適当な位置に中心、始点、終点の順にクリックし、
円弧を作成し、コマンド終了。3

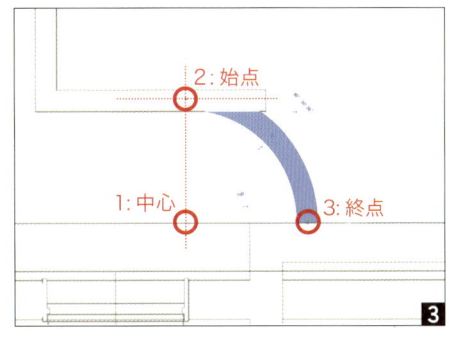

円弧の壁を選択し、[修正 | 壁] タブの [移動] をク
リック。
図の壁の位置に移動させる。4

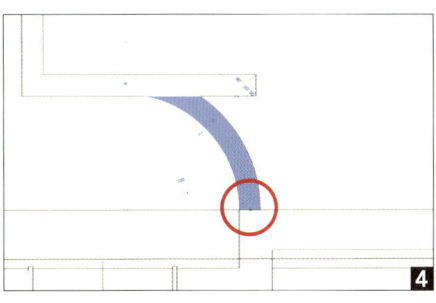

円弧の壁と直線の壁がちょうど接続するように、直線
壁の長さをドラッグで調整する。5

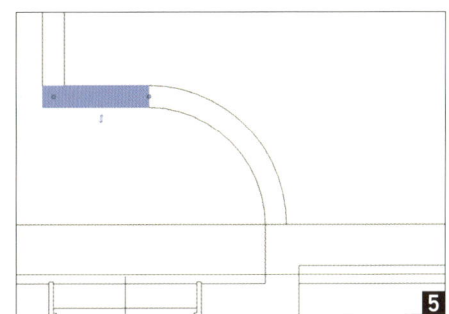

吹抜通路のスラブとして、「RC220」というタイプ
名の床を作成する。1
床タイプ名：[RC220]
マテリアル：[rm コンクリート]
厚さ　　　：[220]

図のように床を作成する。2
配置高さは 2SL+0mm

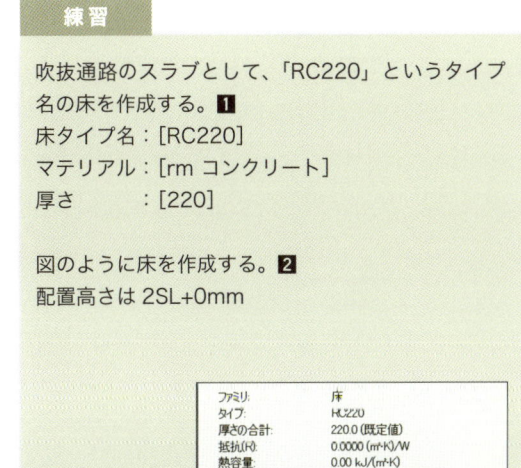

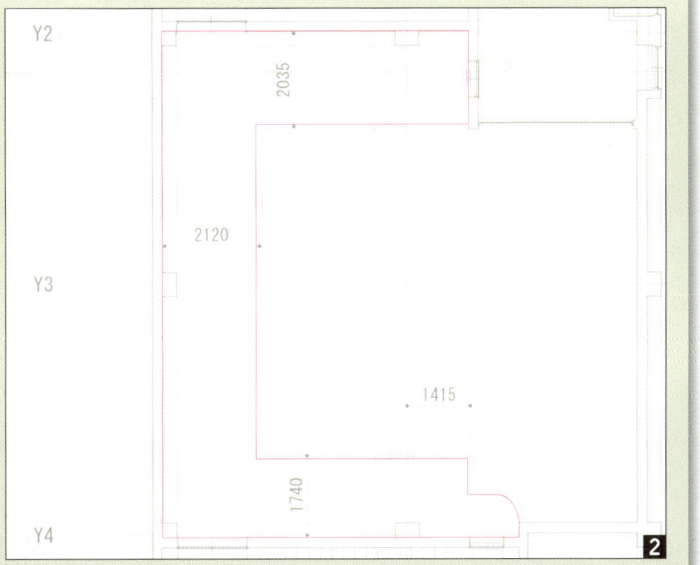

続いて、吹抜通路の仕上（フローリング）のタイプを
作成した後、配置する。
[平面図 2階] ビューに切り替え。

ここで、吹抜通路のフローリングのハッチングを向き
にあわせて作成する。
[建築] タブの [床] をクリック。

タイプセレクタから [フローリング] を選択し、[タ
イプ編集] をクリック。

「タイプ プロパティ」ダイアログボックスの [複製]
をクリックし、「名前」ダイアログボックスで [フロ
ーリングハッチ] と入力し、[OK] をクリック。

「タイプ プロパティ」ダイアログボックスの「構造」
の [編集] をクリック。

「アセンブリを編集」ダイアログボックスで「仕上げ
1 [4]」のマテリアルをクリックし […] をクリック。

「マテリアル ブラウザ」ダイアログボックスで [rm
フローリング ナチュラル] の上で右クリックし、コ
ンテキストメニューから [共有アセットを使用して複
製] をクリック。 **6**

[rm フローリング ナチュラルハッチ] と入力し、
[Enter] キーで確定。 **7**

「グラフィックス」タブの「サーフェスパターン」の「前
景」の [パターン] をクリック。

「塗り潰しパターン」ダイアログボックスの [モデル]
にチェック。任意のハッチングパターンを選択し、[塗
り潰しパターンを複製] をクリック。 **8**

「サーフェスパターンを追加」ダイアログボックスの
「名前」に [垂直 150] と入力。「平行線」にチェッ
クし、「線分の角度」に [90] と入力し、すべて [OK]
で閉じる。 **9**

図のようにスケッチを作成し、[修正 | 床の境界を作
成] タブの [編集モードを終了] をクリック（アタッ
チはしない）。 **10**

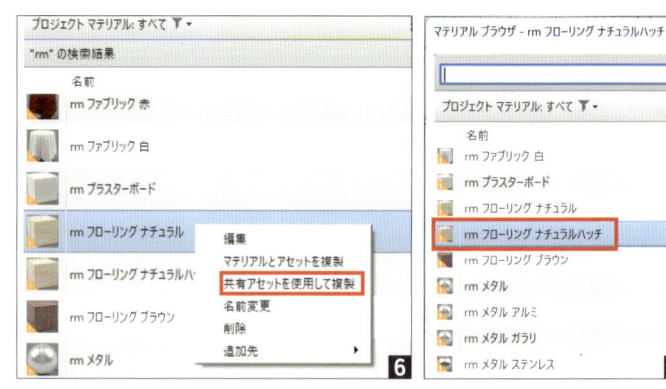

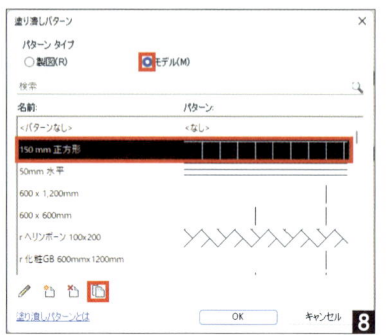

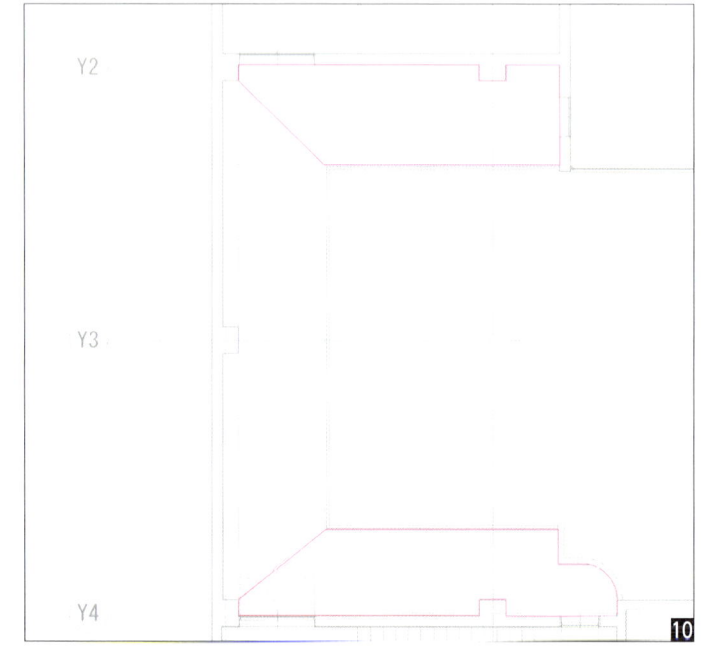

図の位置に床タイプ［床、フローリングハッチ］を
用いて、吹抜通路の床を作成する。**1 2**

配置高さは 2FL+0mm
アタッチしない設定とする。

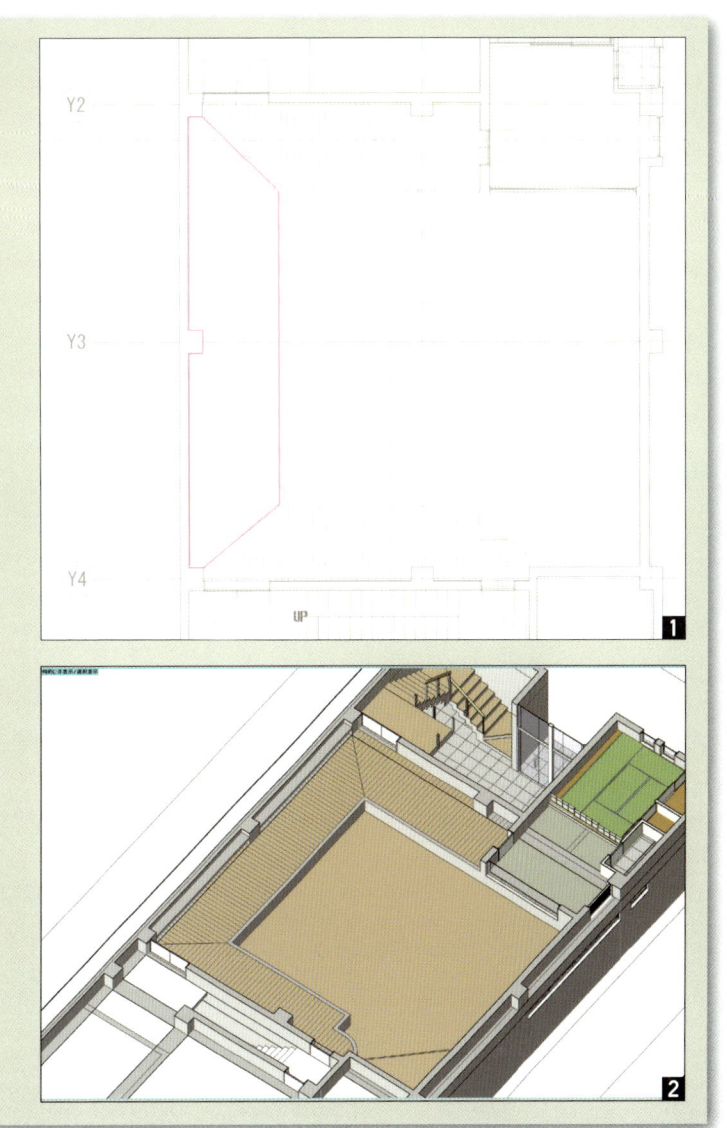

「データ」フォルダ内の「ファミリ」フォルダから［吹
抜通路手すり .rvt］を開き、階段手すりと同様に「プ
ロジェクト標準を転送」で手すりのタイプを読み込
む。**1**
読み込んだ「吹抜通路手すり」のプロジェクトファ
イルは閉じてよい。

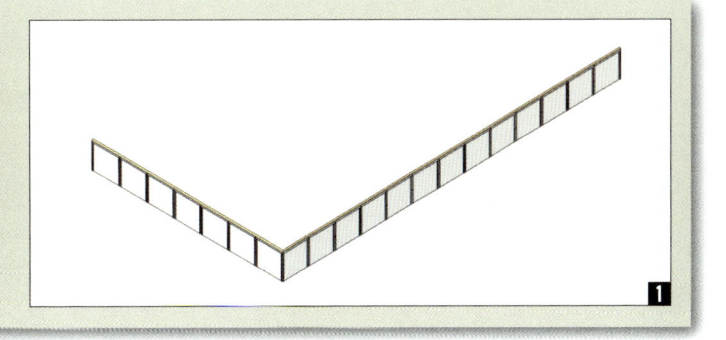

[2SL] ビューに切り替え。
[建築] タブの [手摺] をクリック。

タイプセレクタから [吹抜通路手すり] を選択。
プロパティパレット「基準レベル」から [2FL] を選択。
通路立ち上がり壁の中心に手すりのスケッチを作成。
1

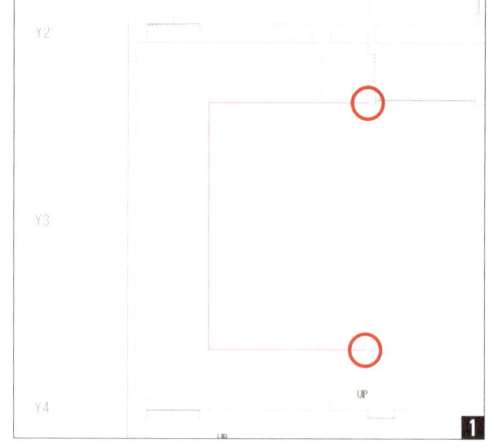

端部は図の位置でとめること。**2****3**

[修正｜作成 手すりのパス] タブの [編集モードを終了] をクリック。
「はみ出し長さを埋める間隔が小さすぎます。」という警告メッセージが表示されるが、そのままメッセージを閉じる。

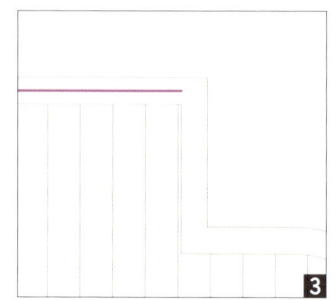

「立ち上がり壁」の高さを一部変更し、2FL+1100mmの高さの手すり壁を作成する。
通路の立ち上がり壁を [Ctrl] キーを押しながら 3 か所選択。**4**

プロパティパレット「上部レベル」から [2FL] を選択、「上部レベル オフセット」に [1100] と入力し、[適用] をクリック。

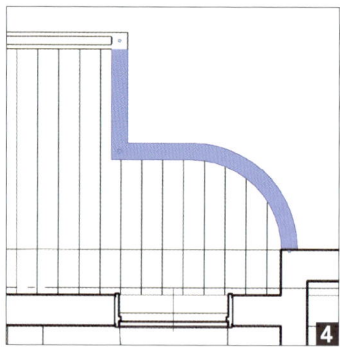

図の壁を選択し、適当な位置まで、端点の青い [●] を図面上方向にドラッグする。**5**

[修正｜壁] タブの [位置合わせ] をクリック。

手すり側の壁と位置合わせする。**6**

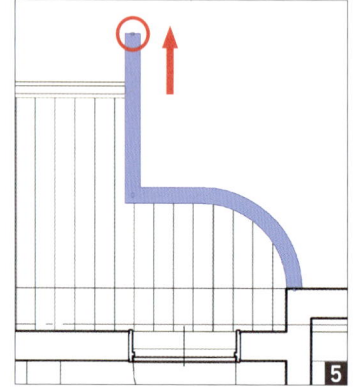
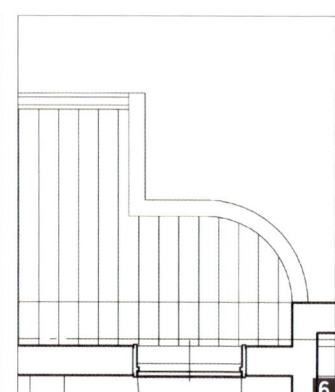

吹抜通路に「ベンチ」を配置する。
床タイプ「ベンチ」を赤枠で示した位置に配置。**1**
配置高さはプロパティを参照する。**2**

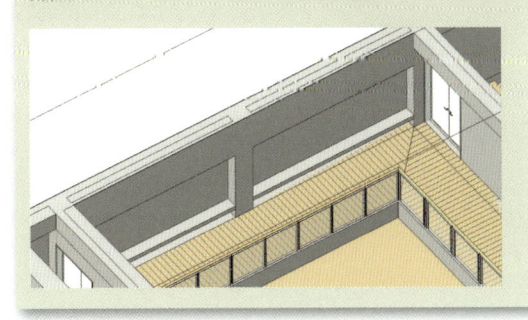

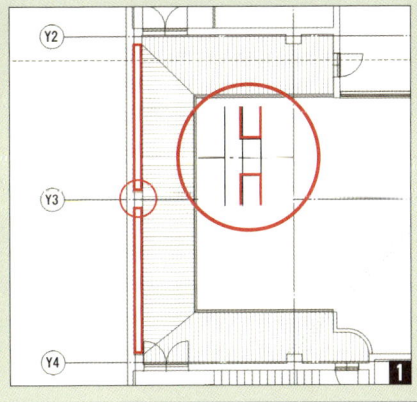

5.4.3 便所の入力

学習内容：復習

2階のトイレを作成する。

Autodesk ファミリから［トイレ - 住宅用 3D］を
ロードする。**1**
（「給排水衛生設備」→「建築」→「器具」→「便器」）

Autodesk ファミリから［洗面カウンター楕円
-3D］をロードする。**2**
（「給排水衛生設備」→「建築」→「器具」→「シンク」）

図のように［コンポーネント］コマンドで便器と洗
面カウンターを配置する。**3 4**
洗面カウンターの幅は 870mm とする。

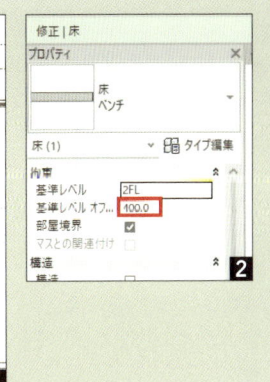

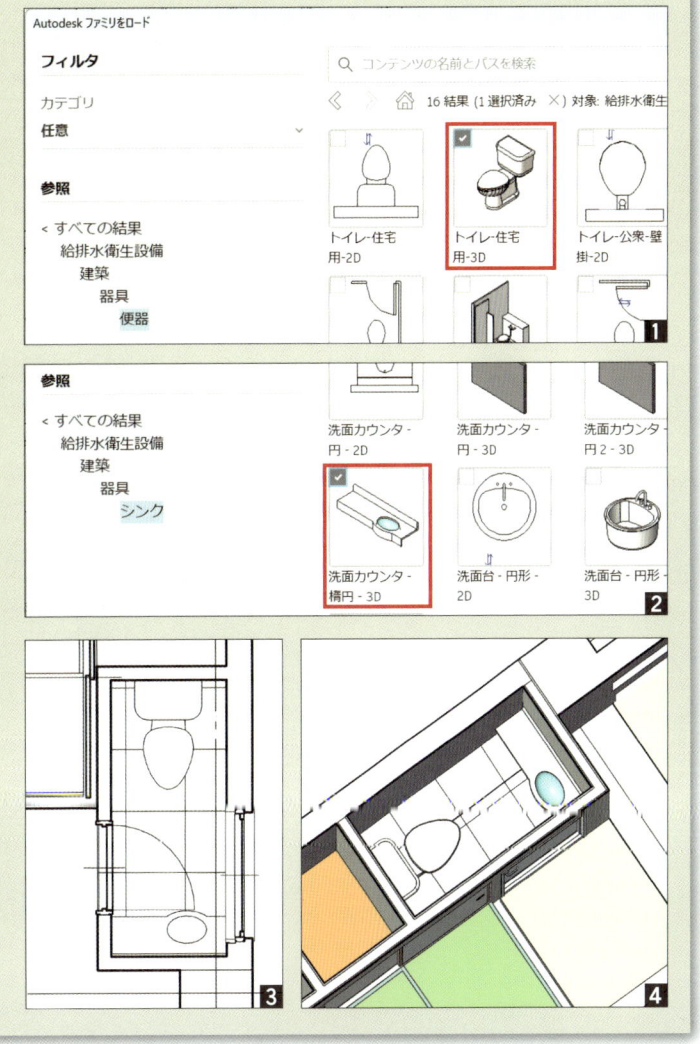

5.4.4 天井の入力

食堂、母子室、便所の天井を作成する。

練習

プロジェクト ブラウザ［天井伏図］の［2FL］ビューを開く。

食堂の天井を作成する。
天井タイプ：［木毛板］で図の位置に天井を作成する。**1**
配置高さは 2FL+3010mm

母子室の天井を作成する。
天井タイプ：［合板］で図の位置に天井を作成する。**2**
配置高さは 2FL+2500mm

便所の天井を作成する。
天井タイプ：［ケイカル板］で図の位置に天井を作成する。**3**
配置高さは 2FL+2250mm

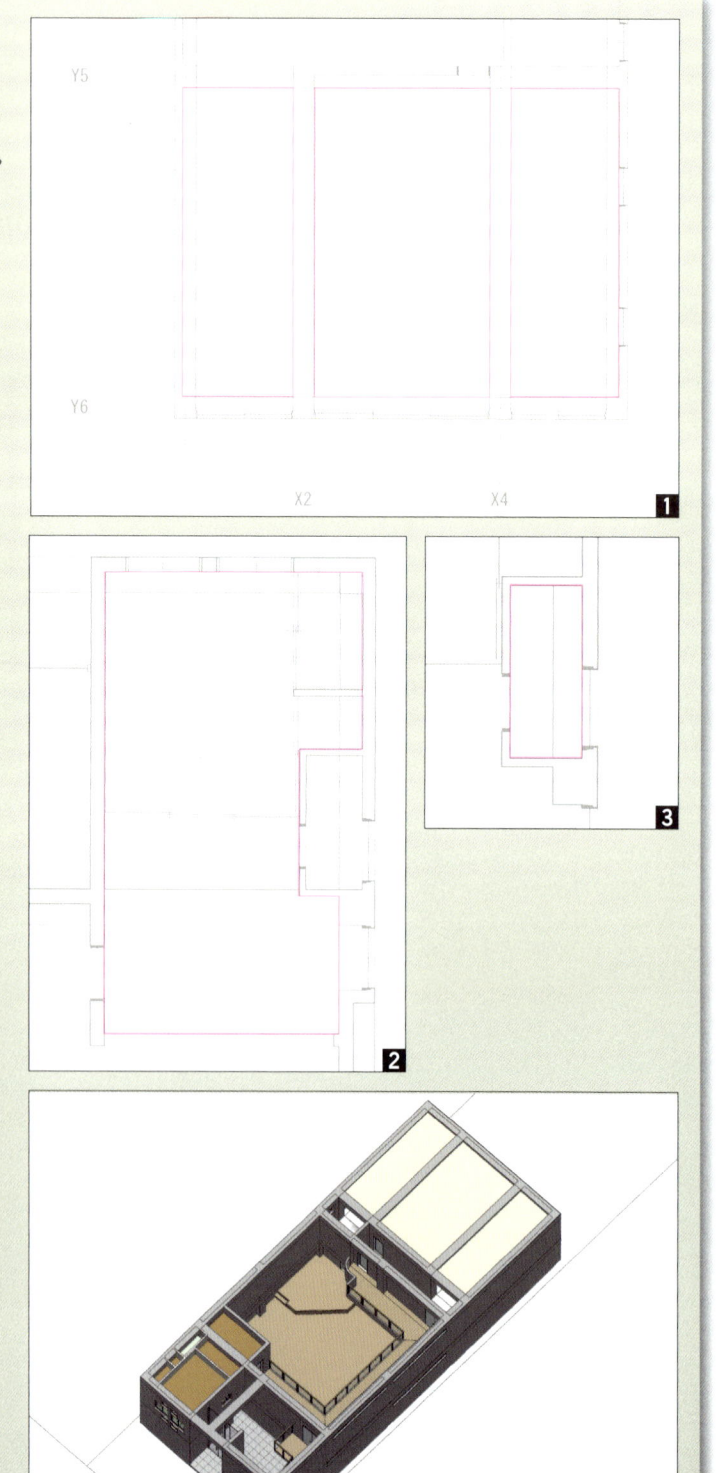

5.4.5 十字架の入力

インプレイスファミリで、柱カテゴリの十字架を作成する。

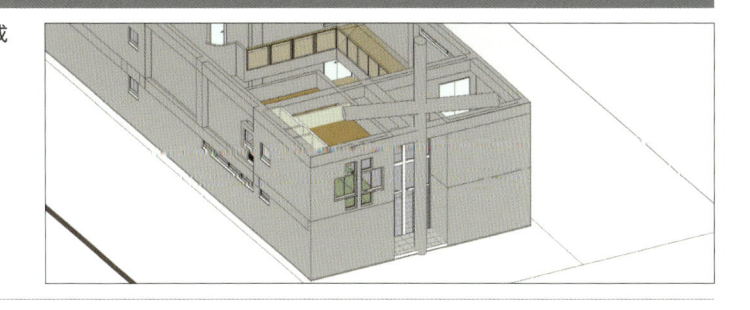

[配置図] ビューに切り替え。

[建築] タブの [コンポーネント] から [インプレイスを作成] をクリック。**1**

「ファミリ カテゴリとパラメータ」ダイアログボックスで「ファミリカテゴリ」から [柱] を選択し、[OK] をクリック（草葉町教会の十字架は柱として機能している）。**2**

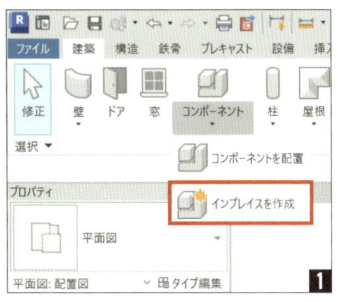
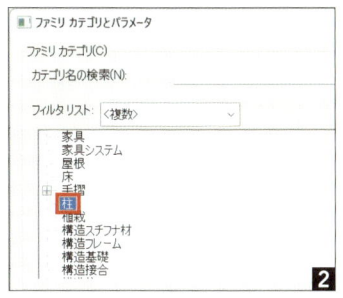

「名前」ダイアログボックスで [十字架] と入力し、[OK] をクリック。

続いて、十字架の縦部材を作成する。
[作成] タブの [押し出し] をクリック。**3**
[修正 | 作成 押し出し] タブの [楕円] をクリック。**4**

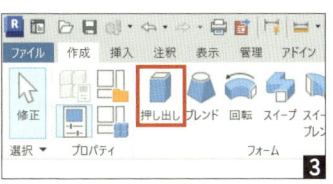
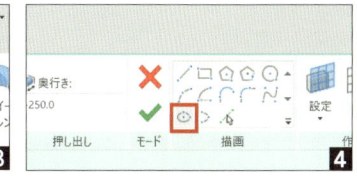

カーテンウォールのすぐ北側の適当な場所に、図の大きさの楕円を作成。**5**

プロパティパレットの「押出終端」に [10515] と入力、「マテリアル」に [rm コンクリート] を設定し、[適用] をクリック。**6**

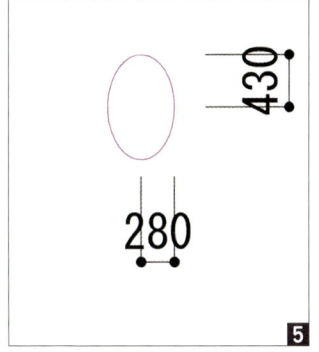
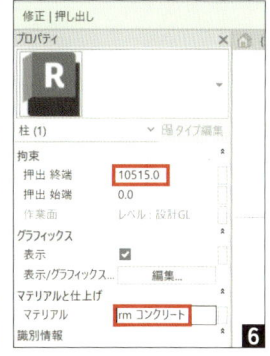

[修正 | 作成 押し出し] タブの [編集モードを終了] をクリック。
[{3D}] ビューに切り替え、作成された縦部材を確認。**7**

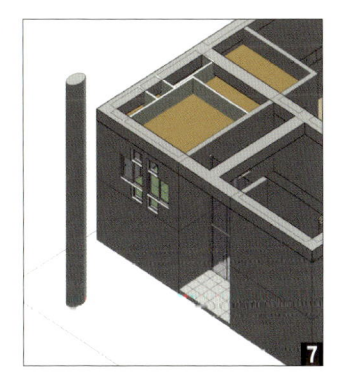

次に、十字架の横部材を作成する。
［立面図 北］ビューに切り替え。

［修正｜押し出し］タブの［コピー］をクリックし、
適当な位置にコピーする。

続いて、コピーした部材の長さを変更する。
プロパティパレット「押出終端」に［7200］と入力し、
［適用］をクリック。**8**

次に、コピーした部材を回転する。
コピーした部材（短い方）を選択し、［修正｜押し出し］
タブの［回転］をクリック。**9**

オプションバー「角度」に［90］と入力し、［Enter］
キーで確定。**10 11**

続いて、横部材の高さを調整する。
横部材を選択し、［修正｜押し出し］タブの［移動］
をクリック。

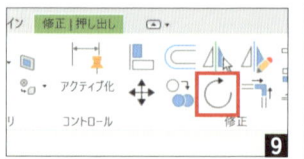
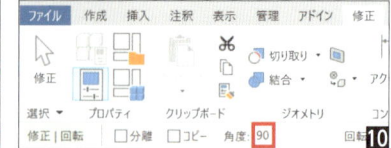

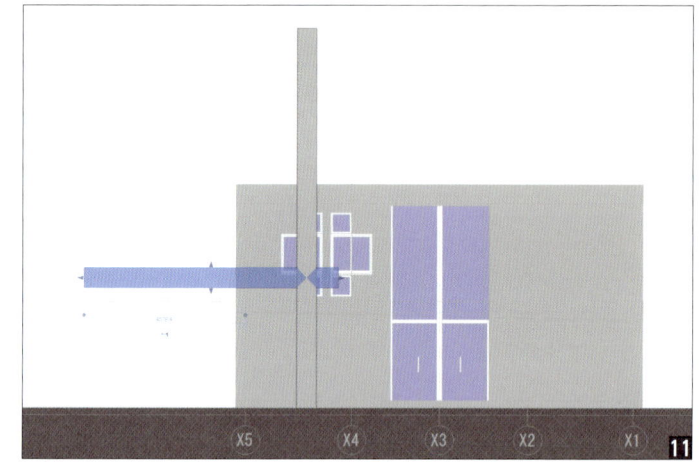

横部材の芯が 3FL+1000mm の位置になるように移
動。**12**

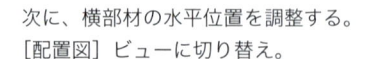
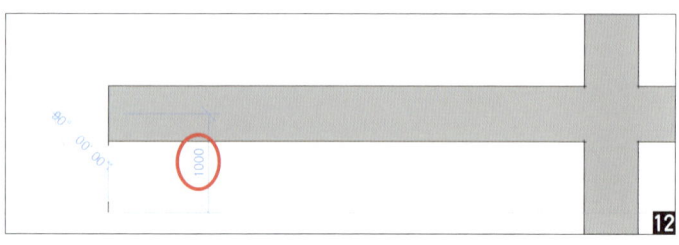

次に、横部材の水平位置を調整する。
［配置図］ビューに切り替え。

［移動］コマンドで横部材の角を縦部材の長軸端点の
位置に移動。**13 14**

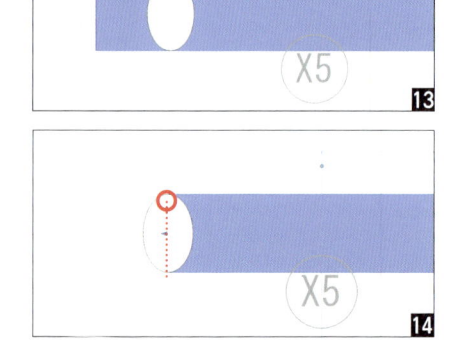

[移動] コマンドで水平に 3600mm 移動。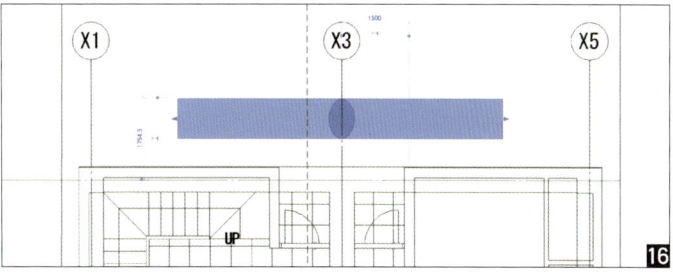
[修正] タブの [モデルを終了] をクリック。

続いて、十字架を通芯 X3 通芯 Y1 の交点に配置する。
十字架を選択し、仮寸法の寸法補助線を通芯 X3 にド
ラッグであわせる。
仮寸法の値をクリックし、[0] と入力し、確定。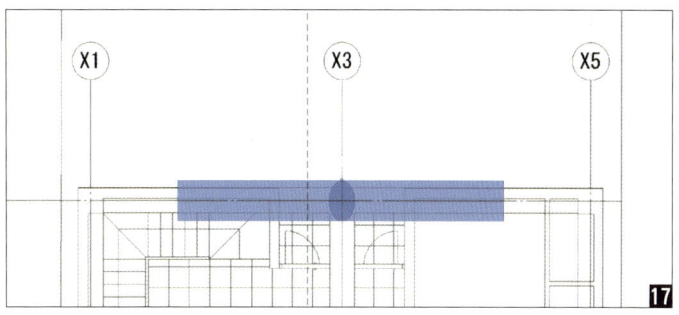

同様に、仮寸法の寸法補助線を Y1 にドラッグであわ
せる。

仮寸法の値をクリックし、[0] と入力し、確定。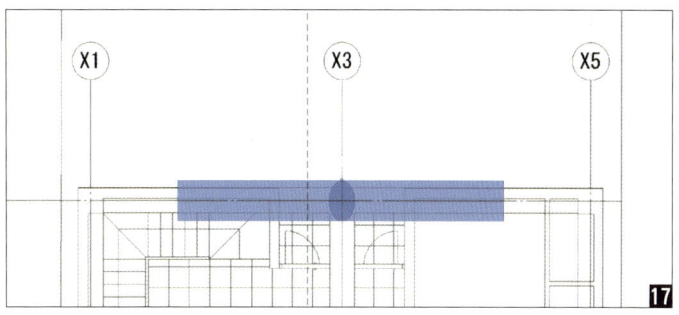

最後に、十字架を時計回りに 16.5 度回転する。
十字架を選択し、[修正 | 柱] タブの [回転] をクリ
ック。

回転の中心を十字架の中心にドラッグ。

オプションバー「角度」に [-16.5] と入力し、確定。
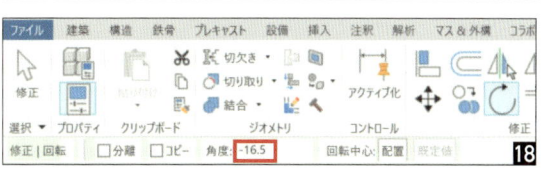

十字架が回転された。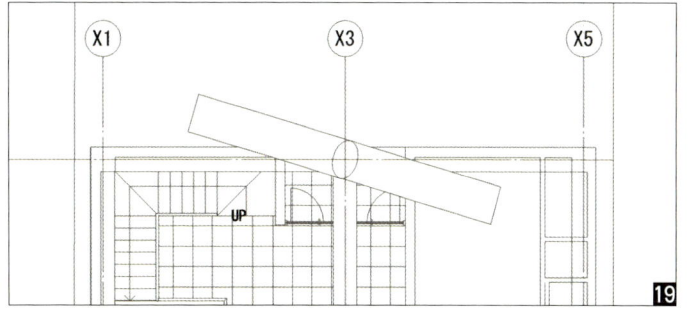

5.4.6 図面要素の入力

平面図 2 階に寸法線と部屋名を入力する。

図のように寸法線と部屋名を入力する。■
部屋を入力する際は、[部屋を自動的に配置]を用
いず、図のように個々に入力すること。

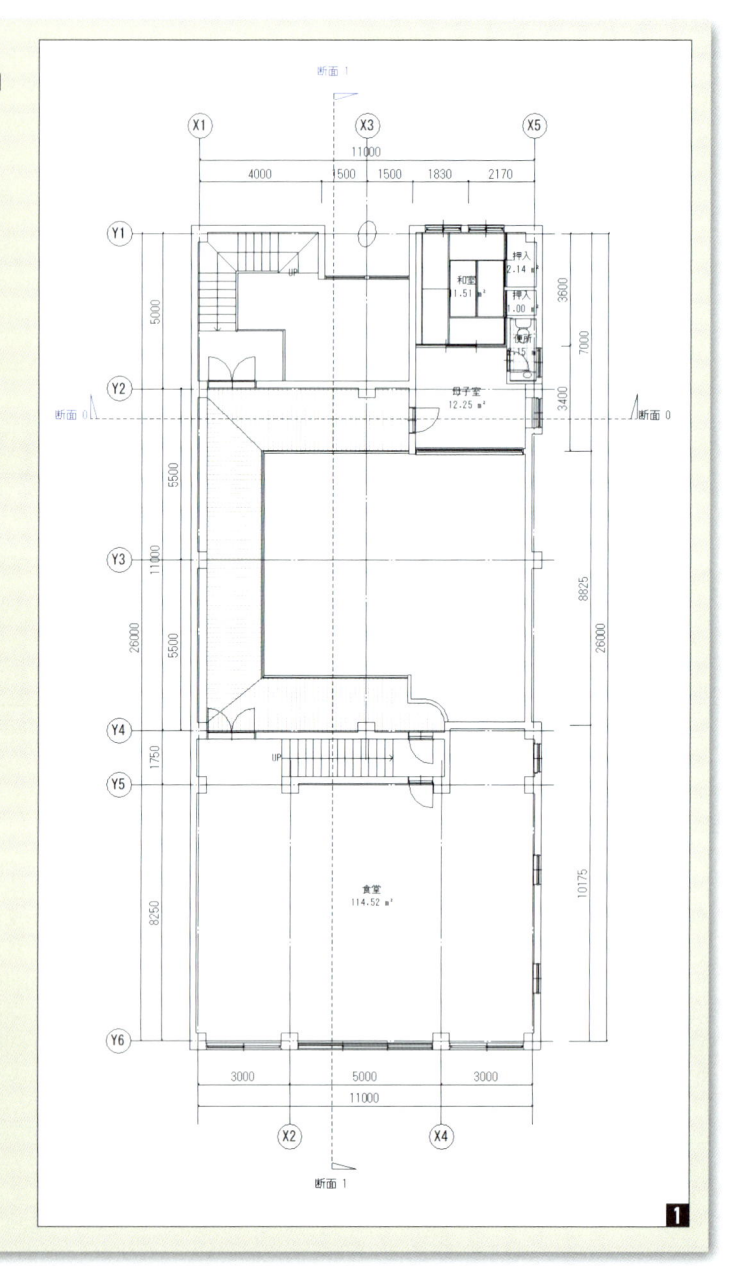

続いて、吹抜部分に文字と線を記入する。
［注釈］タブの［詳細線分］をクリック。**1**

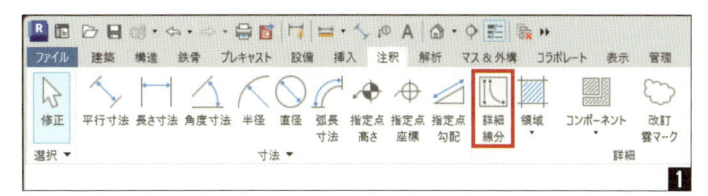

ここで、線種を一点鎖線に設定する。
［修正｜配置 詳細線分］タブの「線種」から［1Dot
黒 1TS03］を選択。**2**

オプションバーの［連結］をオフ。

吹き抜け部分 2 ヶ所に、一点鎖線で線を入力。**3**

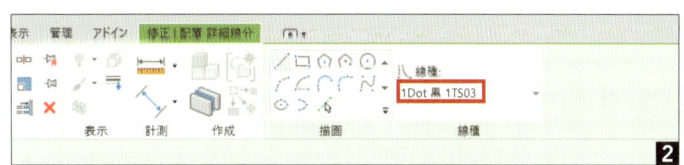

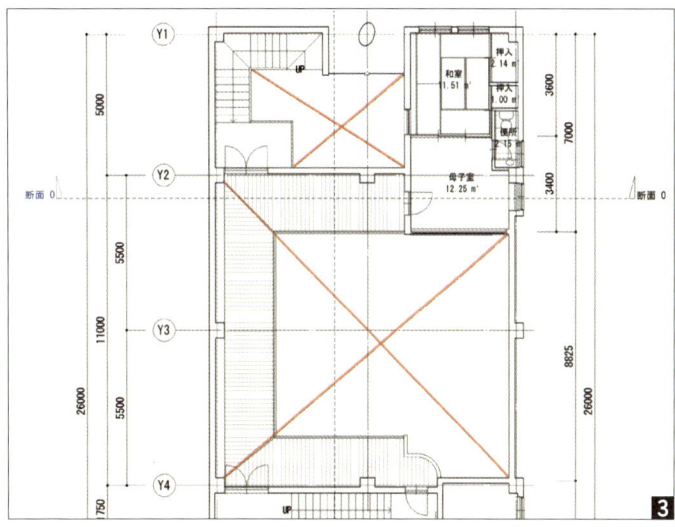

［注釈］タブの［文字］をクリック。**4**

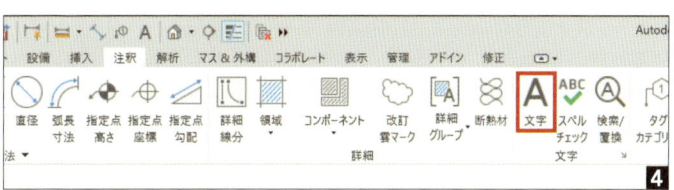

タイプセレクタから［文字、2.5 mm］を選択する。
5

文字を記入する位置をクリックし、［吹抜］と 2 ヶ所
入力し、コマンドを終了。**6**

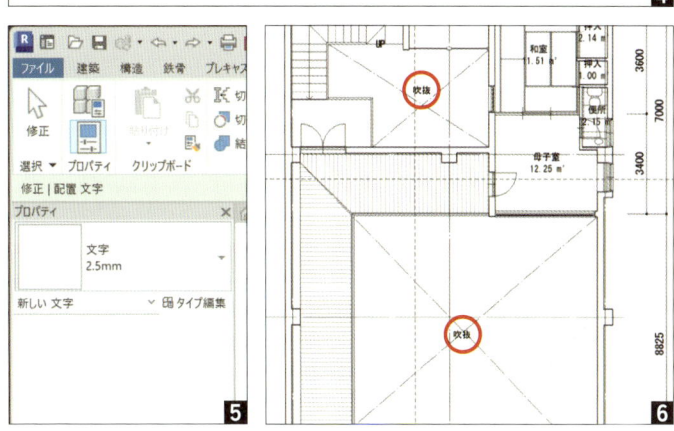

文字の配置位置を移動する場合は、図の移動マークを
ドラッグして移動する。**7**

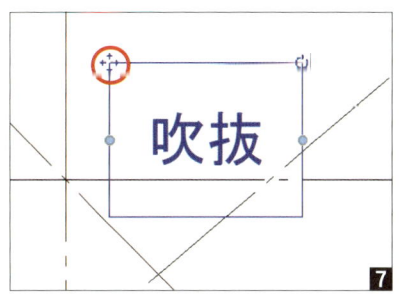

5.4.7 図面のためのオブジェクト表現の調整

柱、壁、梁、床オブジェクト同士を結合することで、包絡した図面表現にする。

［断面 1］ビューに切り替え。

クイックアクセスツールバーの［細線］を［オフ］にする。**1**
現状の印刷時の線の太さで図面が表示される。

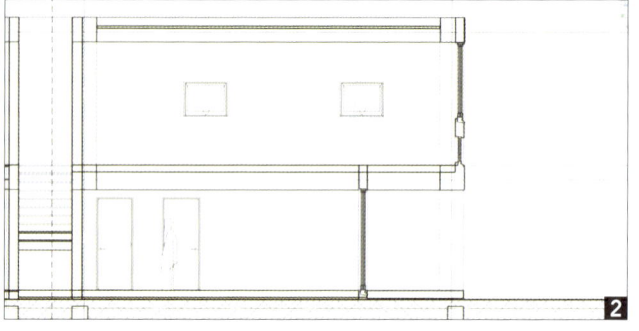

通芯 Y5 から通芯 Y6 間を拡大する。**2**

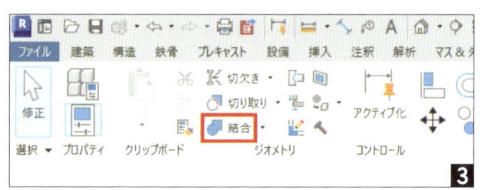

次に、壁や床、梁など包絡表現したい箇所のオブジェクトを結合する。
［修正］タブの［ジオメトリの結合］をクリック。**3**

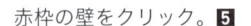

赤枠の梁をクリック。**4**
（うまく選択できない時は［Tab］キーを使って選択する）

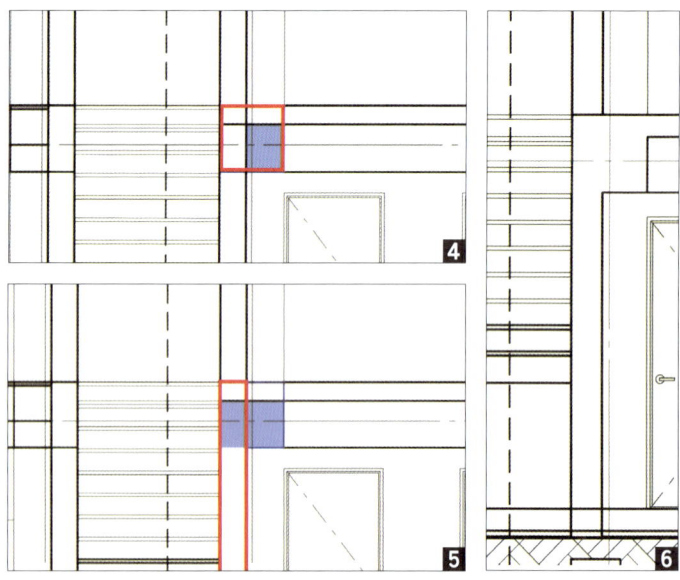

赤枠の壁をクリック。**5**
選択した壁と梁が結合し、境界に線が入らない包絡した表現になる。**6**

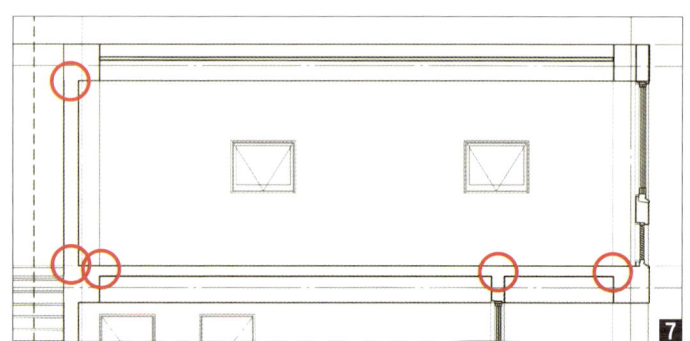

同様に、包絡したい壁や梁、床を選択するとオブジェクトが結合される。**7**

以降、オブジェクトを新しく作成、配置した際は、適宜結合させること。

6

3階の入力

1階、2階を作成した同様の方法で3階を作成する。まず、3階レベルを追加し、2階で作成した要素を3階にコピーする。コピーした柱、壁、梁のレベルを変更した後、礼拝堂上部に小梁を配置する。不要な要素を削除し、壁、床、窓・ドア、天井を配置する。

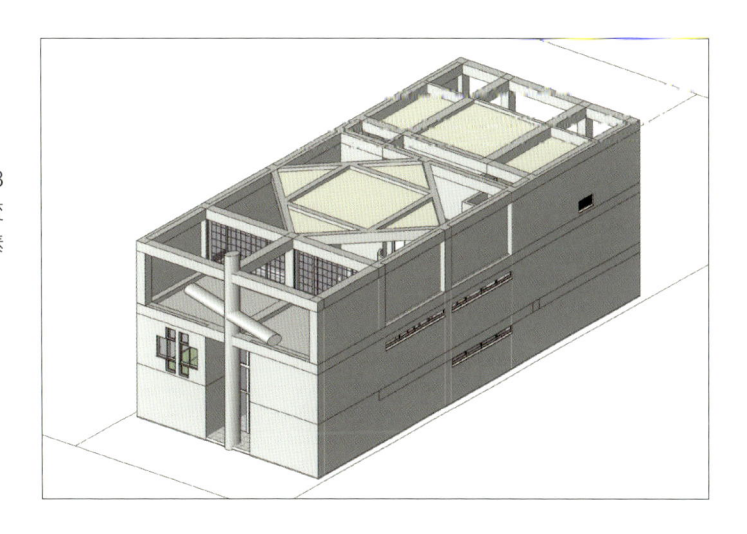

6.1 主要要素の入力

3階のレベルを追加し、2階の要素を3階にコピーする。柱・壁・梁のレベルを調整し、礼拝堂上部に小梁を配置する。2階と間取りが異なる部分を壁の削除や追加で変更した後、3階の床を作成する。

6.1.1 レベルの追加

学習内容：復習

練習

3階を入力する準備として、RSL 、RFL レベルを追加する。**1**
RFL（屋上床梁の天端）と RSL（屋上床梁の下端）を追加する。

RSL は設計 GL + 9050mm、
RFL は設計 GL + 9590mm とする。
ビュー名は ［RSL］［RFL］とする。

［表示］タブの［平面図］コマンドで、［RFL］と［RSL］ビューを追加する。

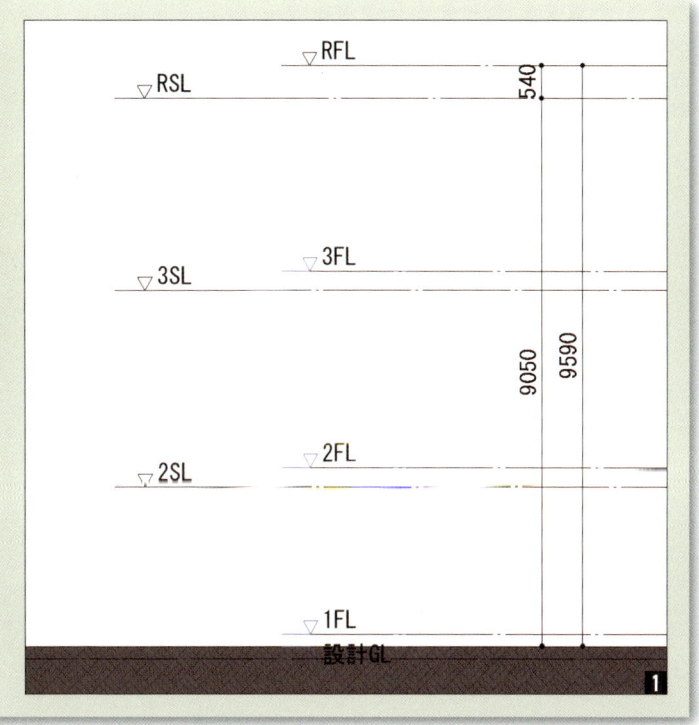

6.1.2 2 階要素のコピー

2 階のドア、壁、構造フレーム、窓を 3 階へコピーする。

練習

[立面図 南] ビューに切替えて、3FL から 2SL の
間にある要素をすべて領域選択する。**1**
（2 階床梁を選択しないように注意する）。

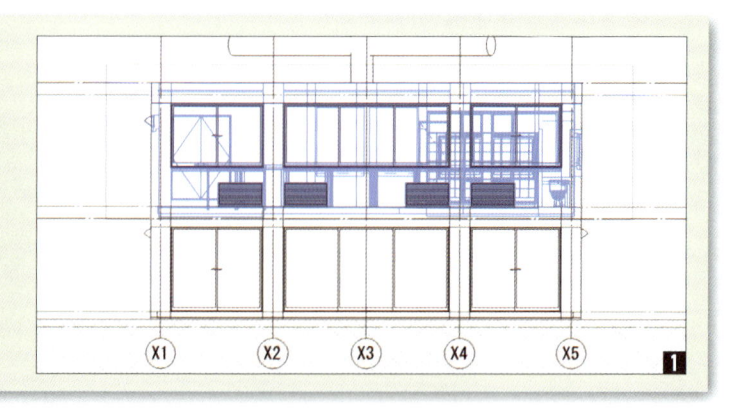

[修正｜複数選択] タブの [フィルタ] で下記の要素
を選択する。**1**
ドア、壁、構造フレーム（その他）、窓

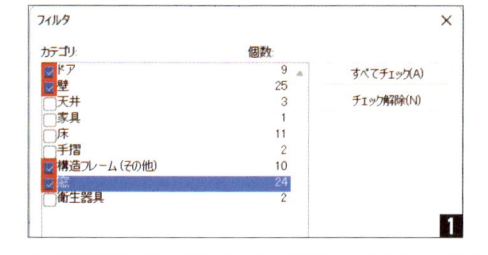

[修正｜複数選択] タブの [コピー] をクリック。**2**
オプションバー [拘束] のチェックをオフにする。**3**

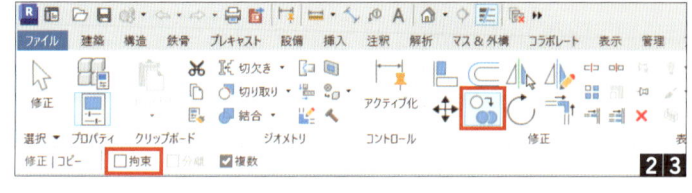

2FL のレベル上をクリックし基点、3FL のレベル上
をクリックし目的点としてコピー後、コマンド終了。
4
警告メッセージが表示されるが、問題ないので閉じる。

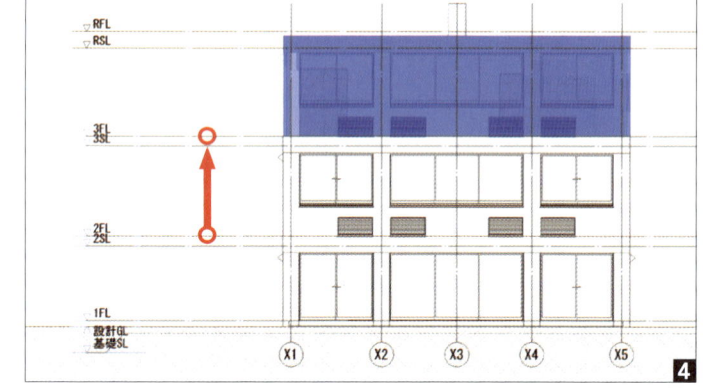

ここで、2 階の柱はコピーされていないので、3 階に
コピーする。
[平面図 2 階] ビューに切り替え。

いずれかの柱上で右クリックし、コンテキストメニュ
ーから [すべてのインスタンスを選択] の [ビューに
表示] をクリック。**5**

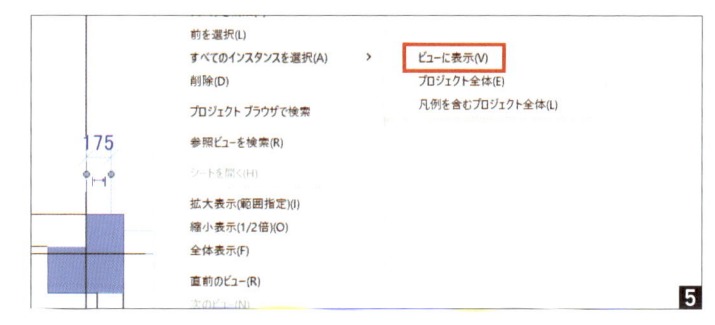

2 階の柱が選択された。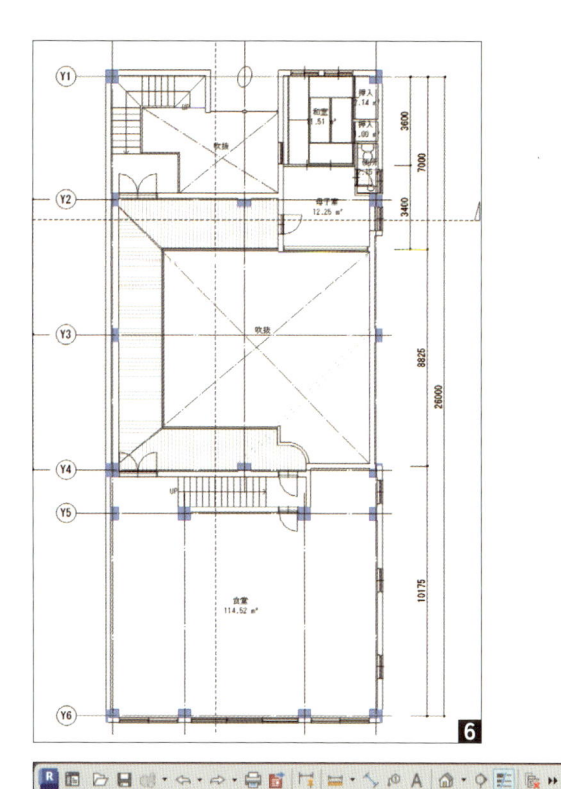

[修正｜柱] タブの［クリップボードにコピー］をクリック。

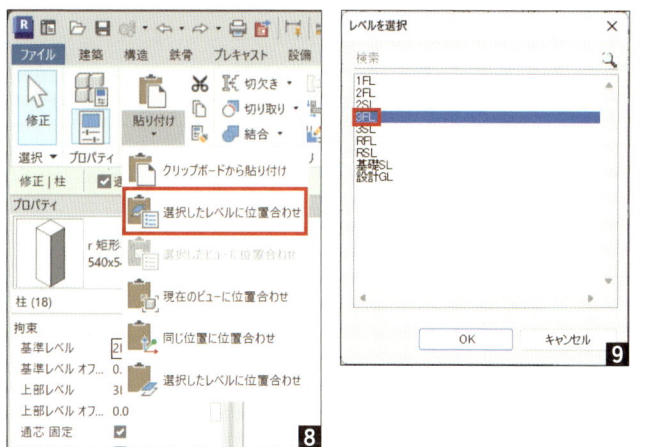

[修正｜柱] タブの［貼り付け］から［選択したレベルに位置合わせ］をクリック。

「レベルを選択ダイアログボックス」の［3FL］をクリックし、［OK］をクリック。

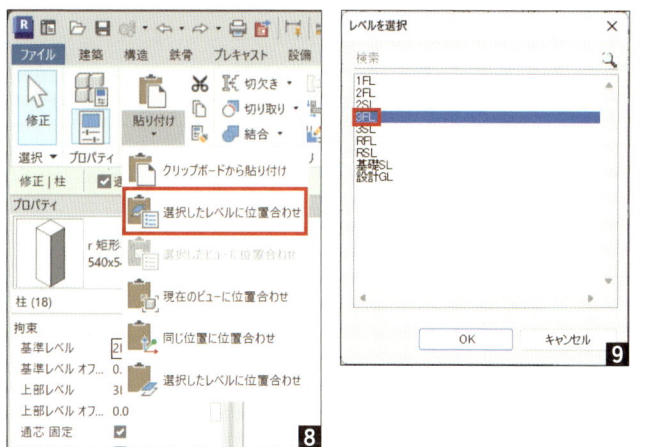

[｛3D｝] ビューで 3 階に柱がコピーされたことを確認。

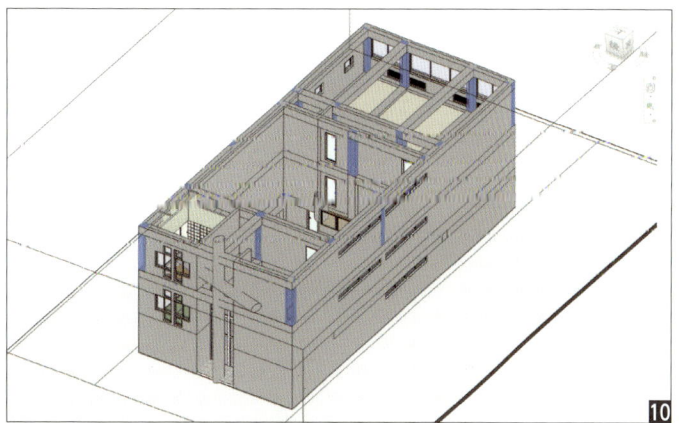

6.1.3 柱、壁、梁のレベル調整

練習

［立面図 南］ビューに切り替え。

柱カテゴリのみを選択表示する。
十字架を非表示にし、3 階の柱のみを選択する。
基準レベル：［3FL］、基準レベル オフセット：［0］、
上部レベル：［RFL］、上部レベル オフセット：［0］
に設定する。**1**

壁カテゴリのみを選択表示する。
3 階の壁を選択。
基準レベル：［3FL］、基準レベル オフセット：［0］、
上部レベル：［RFL］、上部レベル オフセット：［0］
に設定する。**2**

梁カテゴリのみを選択表示し、3 階の梁を選択する。
［作業面を編集］コマンドで、新しい作業面として［レ
ベル：RFL］を選択する。**3**

最後に「一時的な非表示」をリセットする。

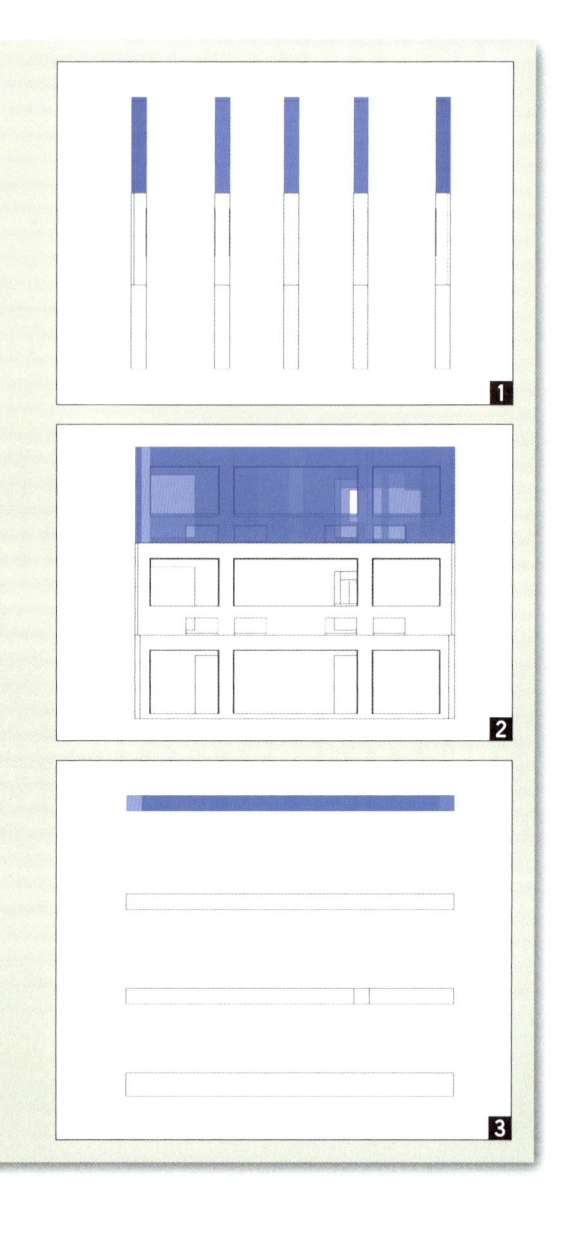

6.1.4 小梁の入力

学習内容：アンダーレイ、通芯の表示

新しい小梁タイプを作成し、礼拝堂上部に配置する。

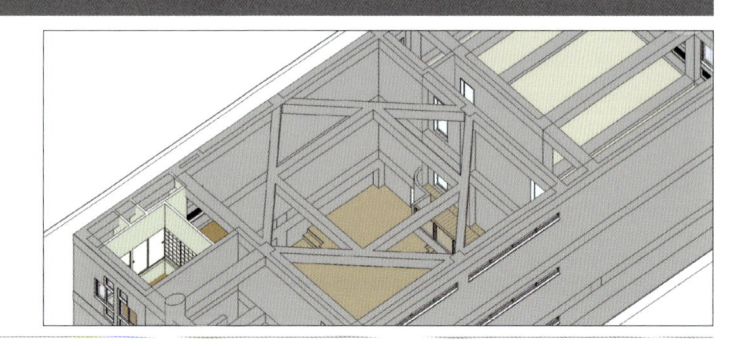

[RFL] ビューに切り替え。

ここで、下の階を下書きとして表示する。
プロパティパレットの「アンダーレイ」の「範囲：下部レベル」を [RSL] に設定。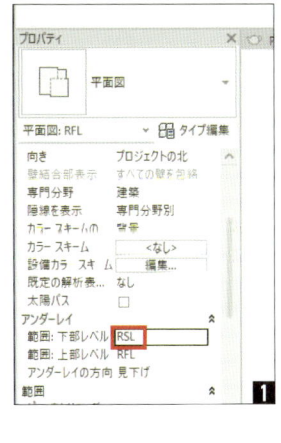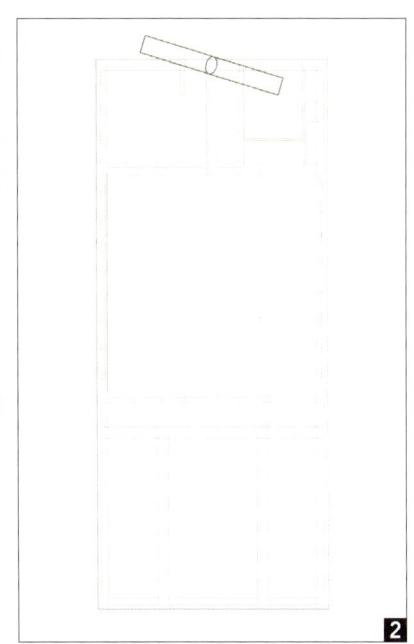

次に、通芯が表示されていないので、表示されるように調整する。
[立面図 南] ビューに切り替え。

いずれかの X 通芯を選択。
ピンの解除を行った後、通芯端部の ［○］ をドラッグし、X 通芯を図面上方向に RFL のレベルを超えるまで延長する。延長後、再度ピンを固定。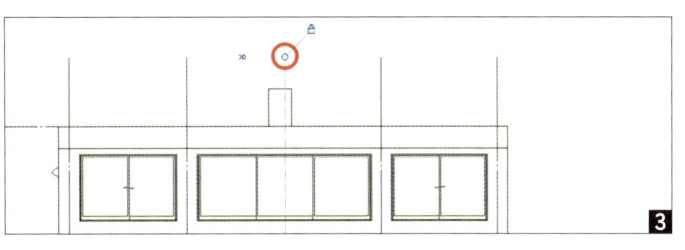

[RFL] ビューに切り替え、X 通芯が表示されていることを確認。

[立面図 東] ビューに切り替え。
同様に、いずれかの Y 通芯をドラッグし延長する。
延長後、再度ピンを固定。

[RFL] ビューに切り替え、Y 通芯が表示されていることを確認。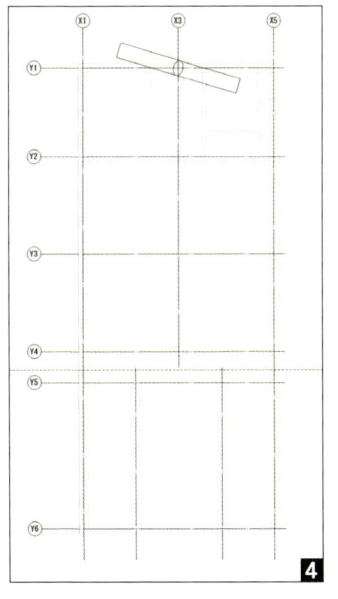

続いて、新しい小梁タイプを作成する。
[構造] タブの [梁] をクリック。
「RC 梁 - 角、540x540」を複製し、「RC 梁 - 角、340x540」のタイプを作成。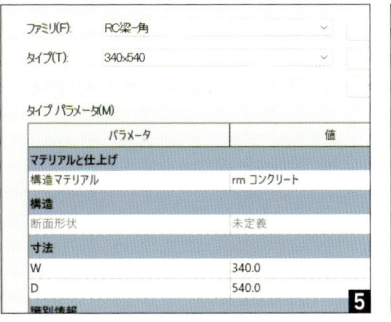

プロパティパレット「参照レベル」から [RFL] を選択。

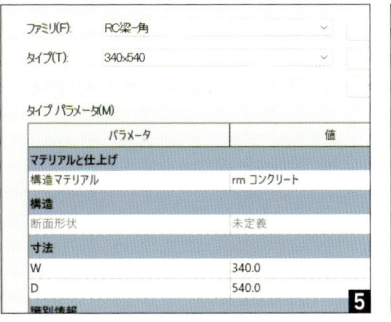

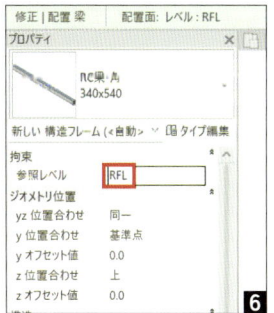

オプションバーの［連結］をオンにし、図のように通芯の交点を結び、45 度の小梁を 4 本作成。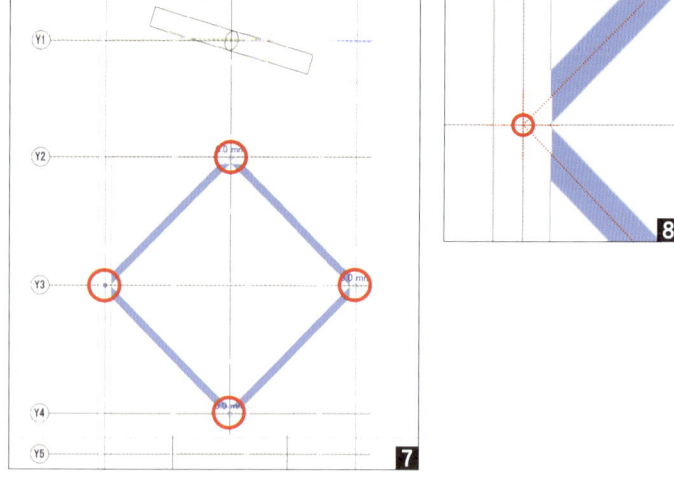

［Esc］キーを押す。

続けて、各小梁の中点をクリックし、小梁を作成後、コマンド終了（マーカーが△の表示になると中点にスナップする）。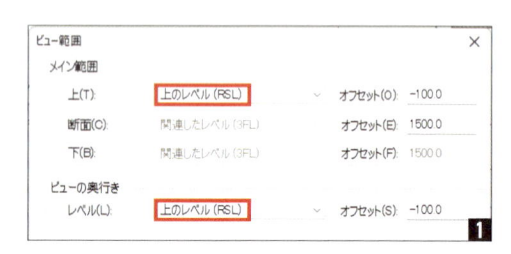

小梁が完成する。

6.1.5 壁の編集

はじめに、不要な壁を削除する。
［天井伏図］の［3FL］ビューに切替え。

ビュー範囲を図のように設定。■

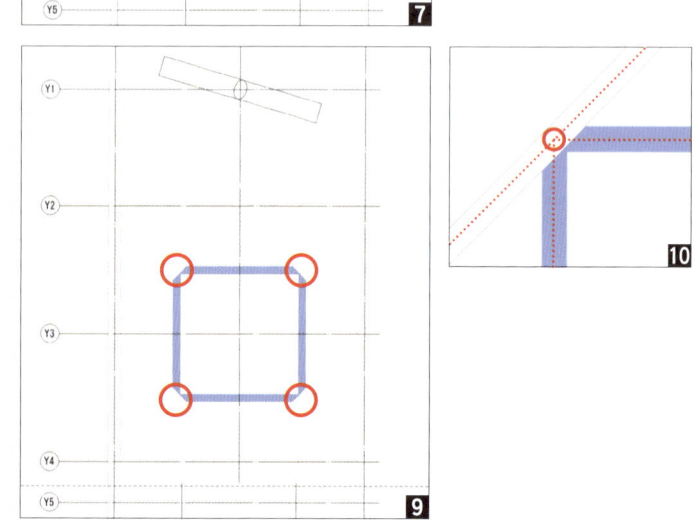

図に示す赤色の不要な壁を削除。■
壁を削除すると、その壁に付属する開口部も消える。

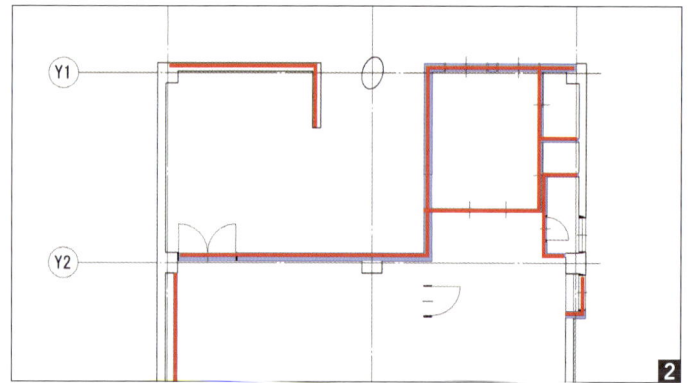

次に、壁を編集・追加する。なお、面積計算のため壁の端部は壁芯と接続すること。
［平面図 3階］ビューに切り替え。

「ビュー範囲」の「メイン範囲」の「下」と「ビューの奥行」を 3FL+0 mmに設定。

礼拝堂西側外壁の両端部を図のようにドラッグ。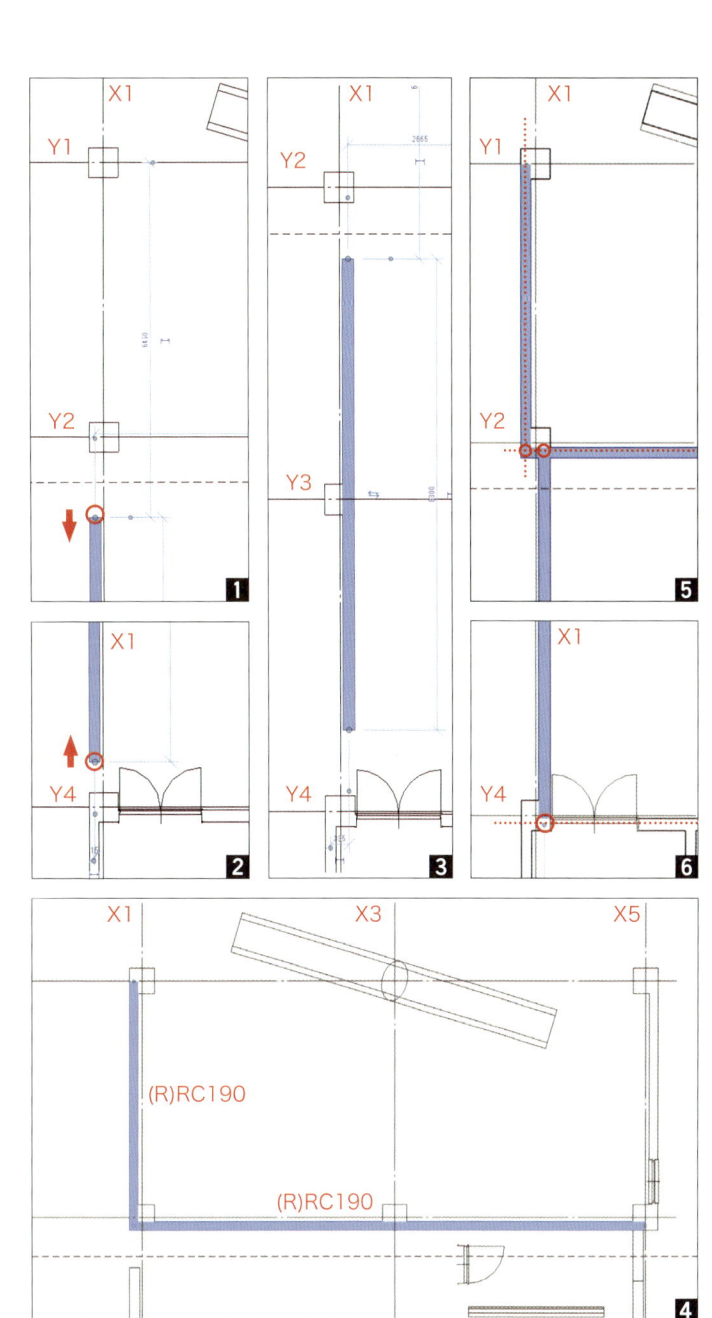

先ほど編集した壁の壁面を、通芯 X1Y3 柱の右面に図のように位置合わせする。

［建築］タブの［壁］をクリック。

タイプセレクタから［標準壁、(R)RC190］を選択。

プロパティパレットの基準レベル：［3FL］、基準レベル オフセット：［0］、上部レベル：［RFL］とし、［適用］をクリック。

(R)RC190 の壁を図のように柱面と壁面を揃えて配置し、コマンド終了。
配置の際は、柱芯で配置した後位置合わせする。

通芯 X1Y2 柱内で、3 つの壁の端部を図のようにドラッグ。
これにより 3 つの壁が結合される。

先ほど位置合わせした壁の下端部を図のようにドラッグ。
これにより別の壁と結合される。

［建築］タブの［壁］をクリック。

タイプセレクタから［標準壁、(R)RC190］であることを確認。

プロパティパレットの基準レベル：［3FL］、基準レベル オフセット：［-540］、上部レベル：［RSL］とし、［適用］をクリック。

(R)RC190 の壁を図のように配置。

プロパティパレットの基準レベル：［3FL］、基準レベル オフセット：［0］、上部レベル：［RFL］とし、［適用］をクリック。

(R)RC190 の壁を図の位置に配置。

(R)RC220 の壁の左端部を図のようにドラッグし、先ほど配置した壁に結合する。

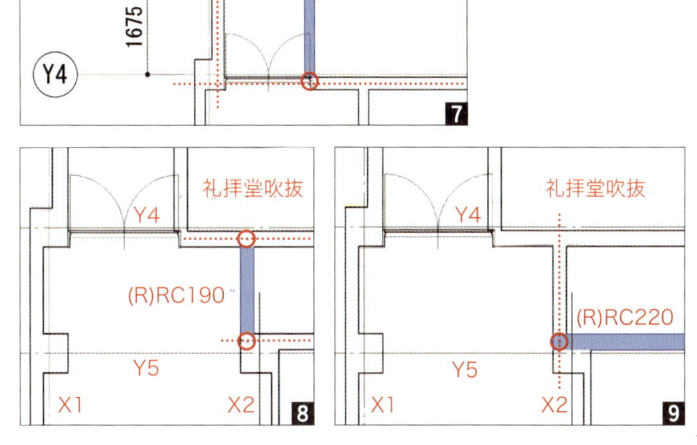

[建築] タブの [壁] をクリック。

タイプセレクタから [軽鉄間仕切り] を選択。

プロパティパレットの基準レベル：[3FL]、基準レベル オフセット：[0]、上部レベル：[RSL] とし、[適用] をクリック。

軽鉄間仕切りの壁を図のように柱面と壁面を揃えて配置し、コマンド終了。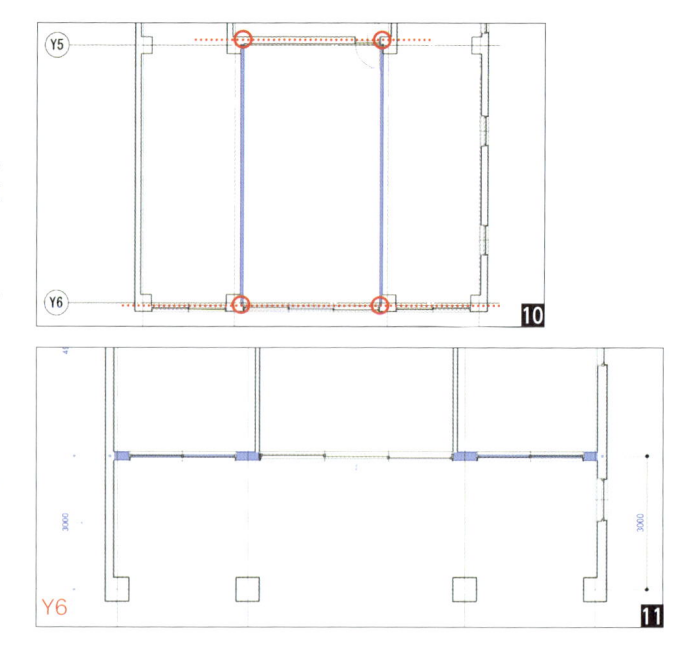

配置の際は、壁芯に合わせて配置した後位置合わせする。

通芯 Y6 の壁を、通芯 Y6 から壁芯まで 3000mm の位置に移動。

6.1.6 床の作成と配置

練習

床タイプ [ビニルシート 2] で図の位置に床を作成する。**1**
配置高さ 3FL+0mm
アタッチなし

床タイプ [コンクリート 195] を作成する。
床タイプ名：[コンクリート 195]
マテリアル：[rm コンクリート]

図の位置に床を作成する。**2**
配置高さ 3FL+0mm
アタッチなし

アンダーレイの「下部レベル」を [2FL] に設定する。
床タイプ [コンクリート 195] で母子室上部に床を作成する。**3**
配置高さ 3FL-350mm
アタッチなし

作成後、アンダーレイの「下部レベル」を [なし] に設定する。

6.2 窓・ドアの修正と追加

3階の窓とドアを修正・追加する。

6.2.1 窓の修正

学習内容：プロファイルをリセット

クラスルームの窓を変更する。

練習

図の窓のタイプを複製し、新しい窓タイプ［クラスルーム A2400x2370］を作成する。**1**
高さ 2370mm、幅 2400mm

図の窓を新しいタイプに変更する。**2**
下枠高さ 3FL+390mm

図の窓のタイプを複製し、新しい窓タイプ［クラスルーム B4400x2370］を作成する。**3**
高さ 2370mm、幅 4400mm

図の窓を新しいタイプに変更する。**4**
下枠高さ 3FL+390mm

［立面図 東］ビューに切り替える。
図の窓とガラリを削除する。**5**

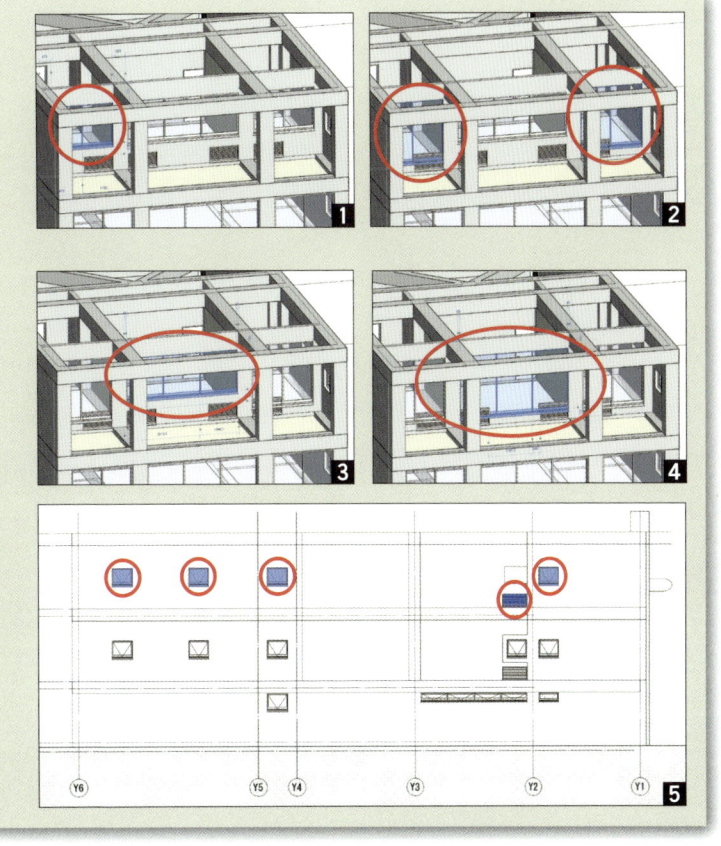

続いて、壁の欠き込みを修正する。
壁を選択し、［修正 | 壁］タブの［プロファイルをリセット］をクリック。**1 2**

壁の欠き込みが削除された。**3**

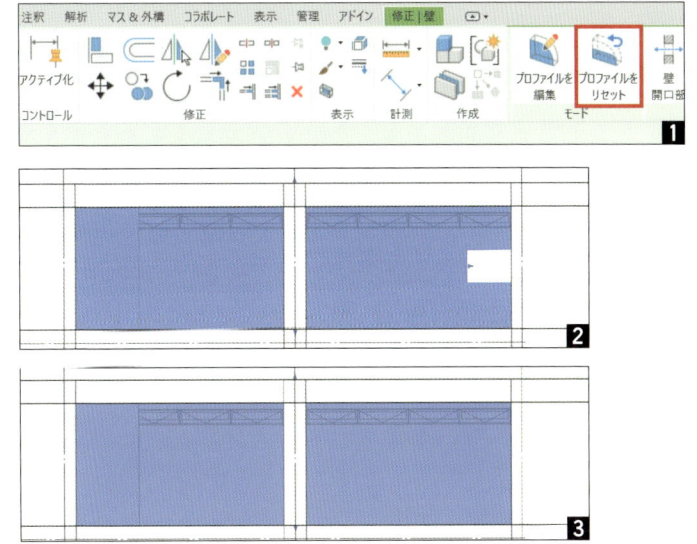

139

［立面図 西］ビューに切り替える。
「表示スタイル」を［隠線処理］に変更する。
図の窓を削除する。■

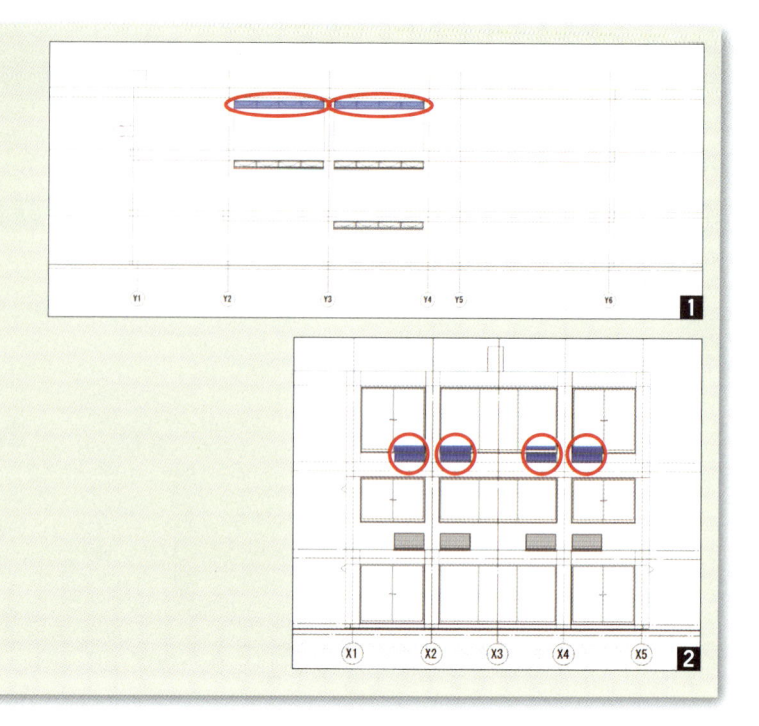

［立面図 南］ビューに切り替える。
図のガラリを削除する。■

6.2.2 窓の追加

学習内容：カーテンウォールの結合状態、マリオンの結合を切り替え

ガラリとステンドグラスの窓を追加する。

ガラリを追加する。
［平面図 3階］ビューに切り替え。
［鋼製 _ 一般枠 _ ガラリ］のガラリタイプ［ガラリ
1125x500］を図の位置に追加する。■

「下枠高さ」は「300mm」とする。
「額縁」、「膳板」は「なし」とする。

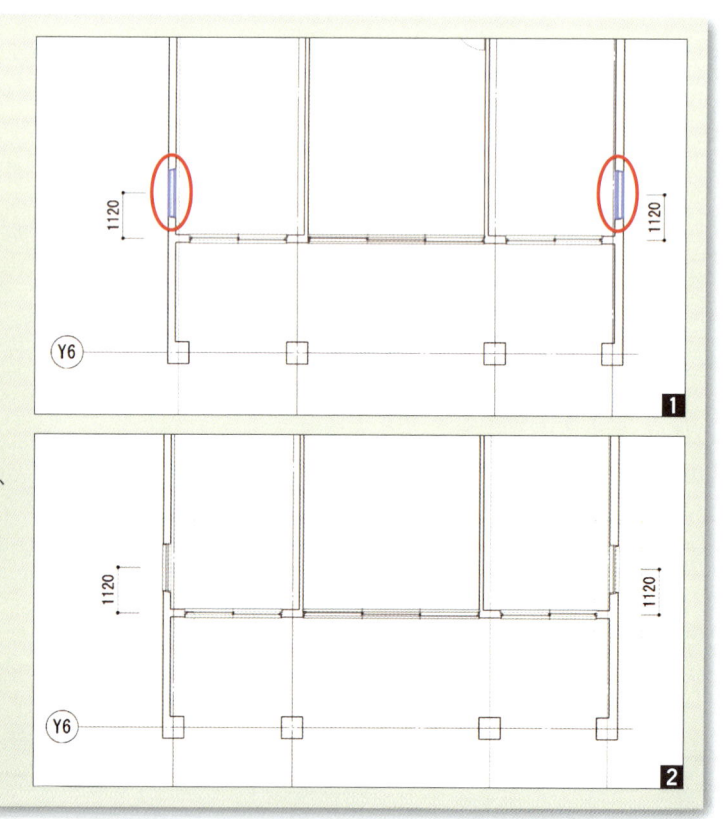

ガラリの高さがビュー範囲外にあり表示されない。
そのため、ガラリの範囲に「部分切断領域」を設定し、
平面図に表示させる。
「部分切断領域」の「ビュー範囲」の「断面」の「オ
フセット」を［300］に設定する。■

部分切断領域範囲は非表示にしておくこと。

続いて、カーテンウォールを使って礼拝堂３階のステンドグラス窓を入力する。
［平面図３階］ビューであることを確認。

［建築］タブの［壁］をクリック。

タイプセレクタから［カーテンウォール］の［自由分割］を選択。

プロパティパレットの基準レベル：[3FL]、基準レベル オフセット：[0]、上部レベル：[指定]、指定高さ：[2850] とし、［適用］をクリック。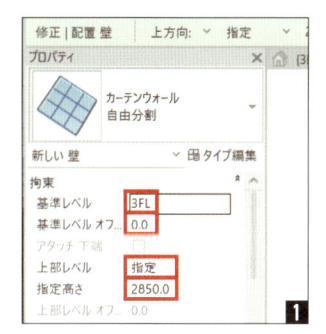

図のように、適当な位置に柱面から柱面までの長さでカーテンウォールを作成。■

［立面図北］ビューに切り替え、十字架を選択。
ビューコントロールバーの［一時的に非表示 / 選択表示］から［要素を非表示］をクリックし、十字架を非表示にする。

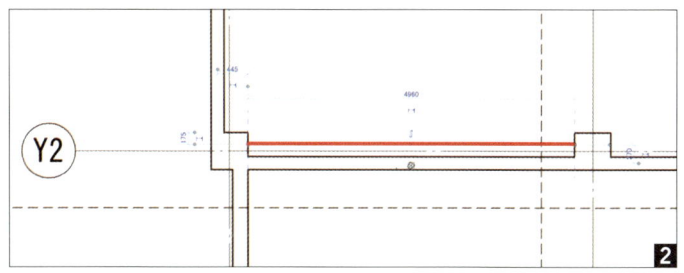

練習

図のようにカーテングリッドを配置する。■

長方形のマリオンのタイプ「70x50」を複製により作成する。
幅１：[35]、幅２：[35]、厚さ：[50]

［長方形のマリオン、70x50］を図のグリッド線上に配置する。■

長方形のマリオンのタイプ「30x50」を複製により作成する。
幅１：[15]、幅２：[15]、厚さ：[50]

［長方形のマリオン、30x50］をカーテンウォールの外形のグリッド線上に配置。■■

最後にコマンドを終了すること。

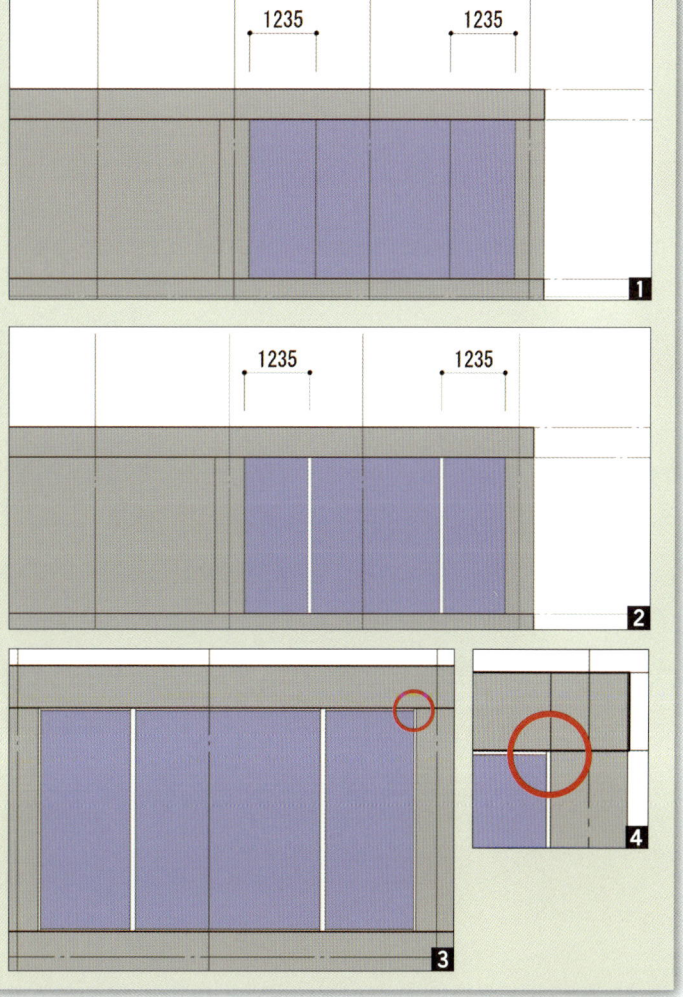

続いて、マリオンの縦勝ち、横勝ちを調整する。
カーテンウォールを選択する。
プロパティパレット「タイプ編集」をクリック。

「タイプ プロパティ」ダイアログボックスの「結合状
態」から［境界と水平グリッド実線］を選択し、[OK]
をクリック。**3**

マリオンが横勝ちに変更された。

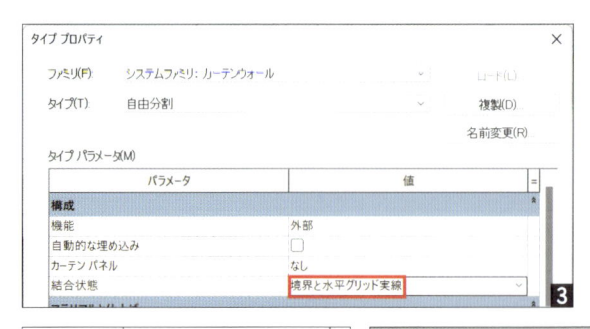

次に、外枠のみ縦勝ちに変更する。
［Tab］キーで左端のマリオンを選択。

上部の［マリオンの結合を切り替え］をクリック。**4**
縦勝ちに変更された。**5**

同様に、下部の［マリオンの結合を切り替え］をクリ
ックし、縦勝ちに変更。**6** **7**

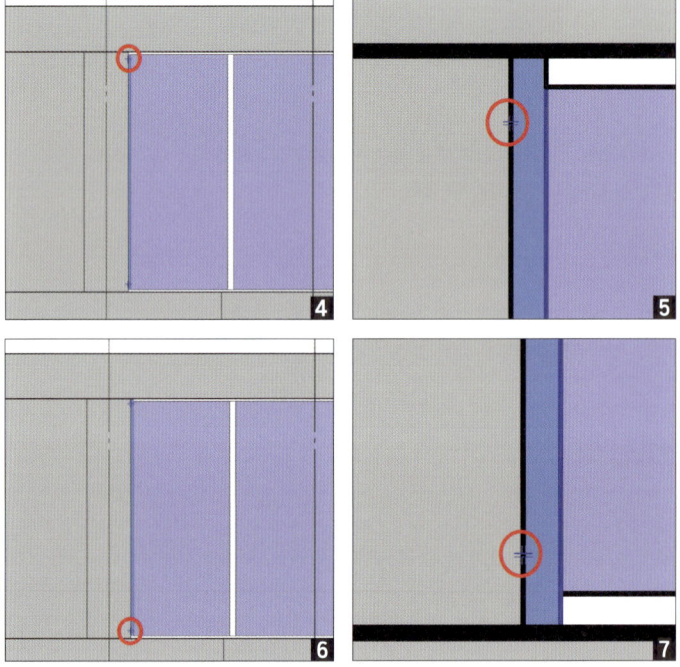

練習

右端のマリオンの［マリオンの結合を切り替え］
をクリックし、縦勝ちに変更する。**1**

右端のカーテンパネルを［片開 - ヒンジなし、ガラ
ス パネル］に変更する。**2**

[平面図 3階］ビューに切り替え。
［Tab］キーでドアを選択し、ドアの方向を図のよ
うに調整する。**3**

カーテンウォールの位置を図の位置に移動する。**4**

カーテンウォールを通芯 X3 を軸に鏡像コピーする。
5

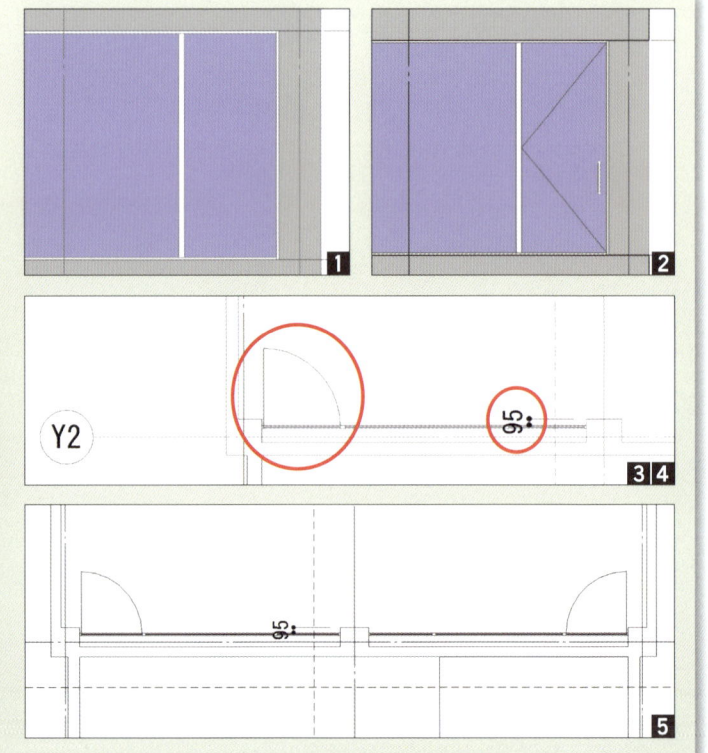

カーテンウォールの室内側の壁に障子を配置する。Autodesk ファミリから[引違い4枚2溝_障子(枠無)]をロードする。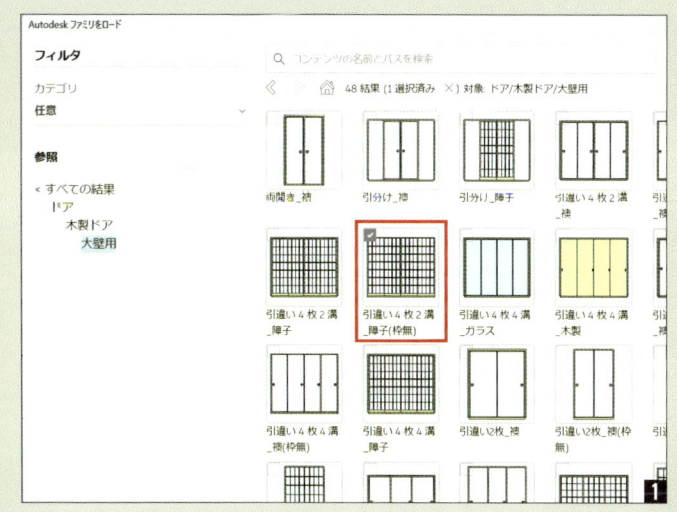

ロードした障子タイプを複製し、新たに[ステンドグラス障子 4960x2850]を作成する。
幅 4960mm、高さ 2850mm

プロパティパレットを以下の通り設定する。
下枠高さ:[0]
和室戸枠:[rm メタルアルミ]、障子紙:[rm ガラスすりガラス]、障子組子:[rm メタルアルミ]

図のように[ステンドグラス障子 4960x2850]を配置する。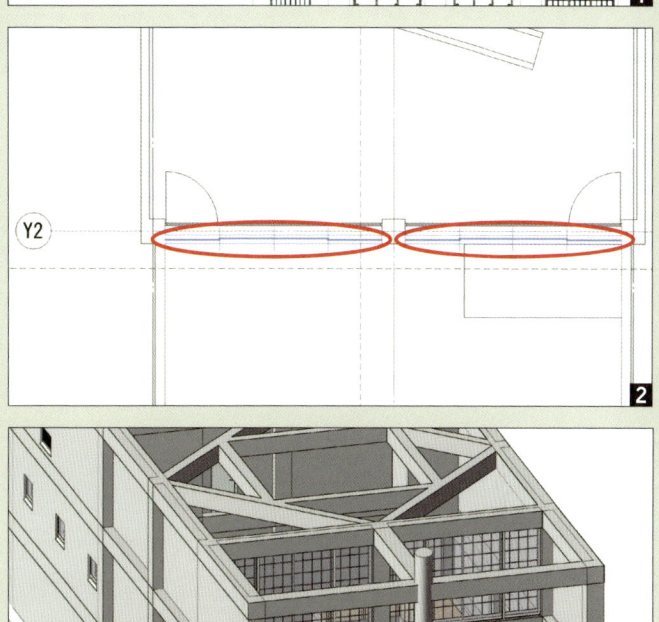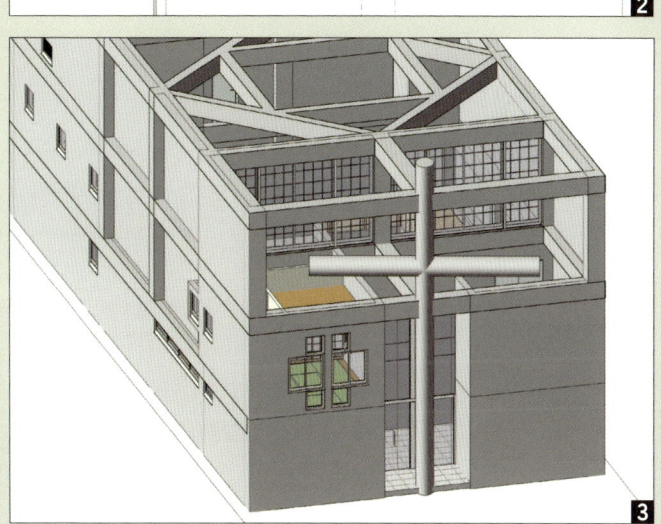

6.2.3 ドアの修正と追加

練習

３階平面図にて以下の修正を行う。

図の両開きドアを削除する。**1**

図の片開きドアと窓を削除する。**2**

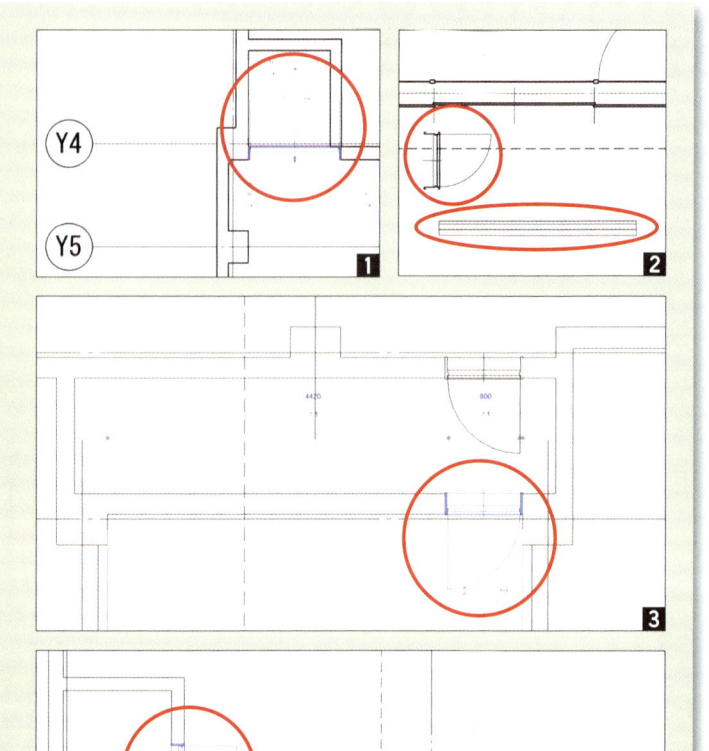

図の片開きドアの吊元を変更する。**3**

ドアタイプ［鋼製 _ 大枠 _ 片開 _ フラッシュ、760x2000］を図の３箇所に配置する。**4**
下枠高さ：[0]、沓掛 / 敷居：[あり]

ドアタイプ鋼製 _ 大枠 _ 片開 _ フラッシュ、620x2000］を作成し、図の位置に配置する。**5**
6

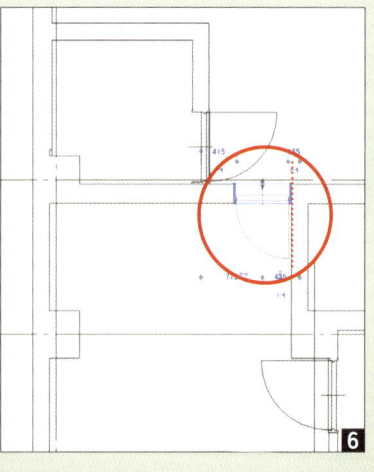

ファミリ(F)	鋼製 _ 大枠 _ 片開 _ フラッシュ
タイプ(T)	620x2000

タイプ パラメータ(M)

パラメータ	
寸法	
全幅	980.0
高さ	2000.0
幅	620.0
全高	2140.0
パネル厚	40.0
厚さ	

6.3 階段の入力

トップライト下の階段を入力する。

6.3.1 階段の入力

練習

トップライト下の階段を入力する。
[平面図 2階] ビューに切り替える。

階段タイプ [トップライト下階段] を用いて作成する。
設定は図の通りとする。**1**

手すりは [なし] とする。

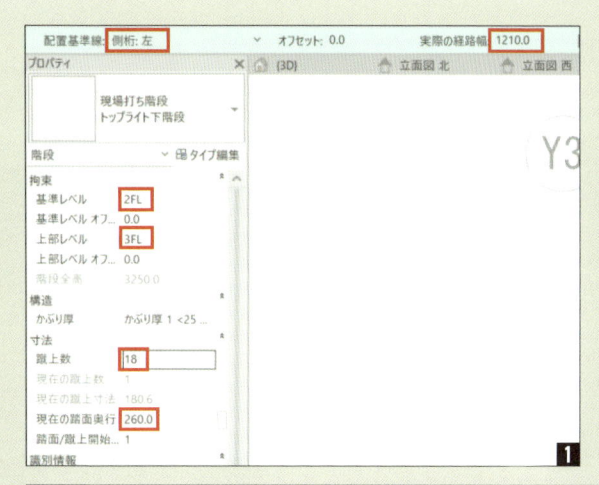

18 段（4420mm）階段を作成し、図の位置に移動
させる。**2**

階段を登り切ったところの踊り場を作成する。
[平面図 3階] ビューに切り替える。

床タイプ [ビニルシート 2] で図の位置に床を作成
する。**3 4**
配置高さ 3FL+0mm
アタッチなし

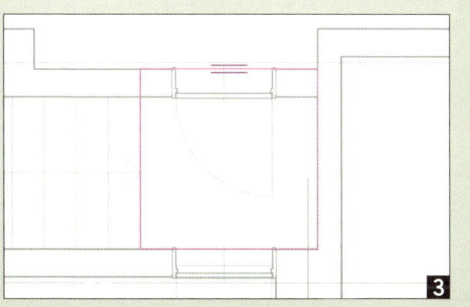

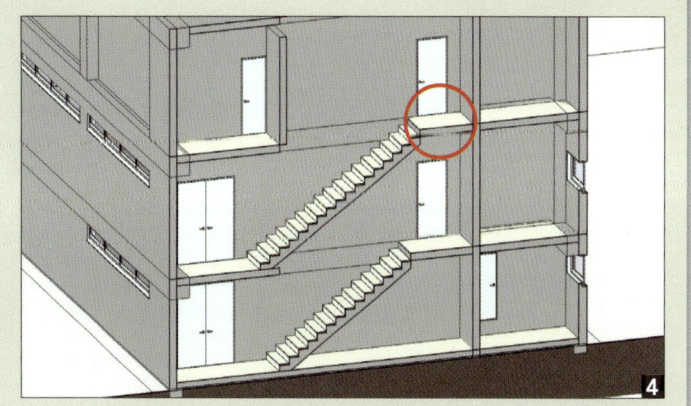

6.4 内装の入力

3 階の吹抜通路、天井、テラスを作成し、平面図 3 階の図面を完成する。

6.4.1 吹抜通路の入力

学習内容：復習

練習

3 階の吹抜通路を作成し、通路の立ち上がり壁を作成する。

[3SL] ビューに切り替え。

壁タイプ：[標準壁：(R) RC120] で図の位置に適当な長さで立ち上がり壁を作成する。**1**

基準レベル：[3SL]、基準レベル オフセット：[-220]
上部レベル：[3FL]、上部レベル オフセット：[1100]

円弧の壁を作成する。
立ち上がり壁と同じ設定で、おおよそ図のような位置に円弧壁を作成する。**2**

円弧壁を図の位置に移動し、立ち上がり壁の長さを調整する。**3**

通路スラブを配置する。
床タイプ：[RC220] で図の位置に床を作成する。**4**

配置高さ 3SL+0mm

通路仕上を配置する。
[平面図 3階] ビューに切り替え。
床タイプ：[フローリングハッチ] で図の位置に床を作成する。**5 6**

配置高さ 3FL+0mm
アタッチなし

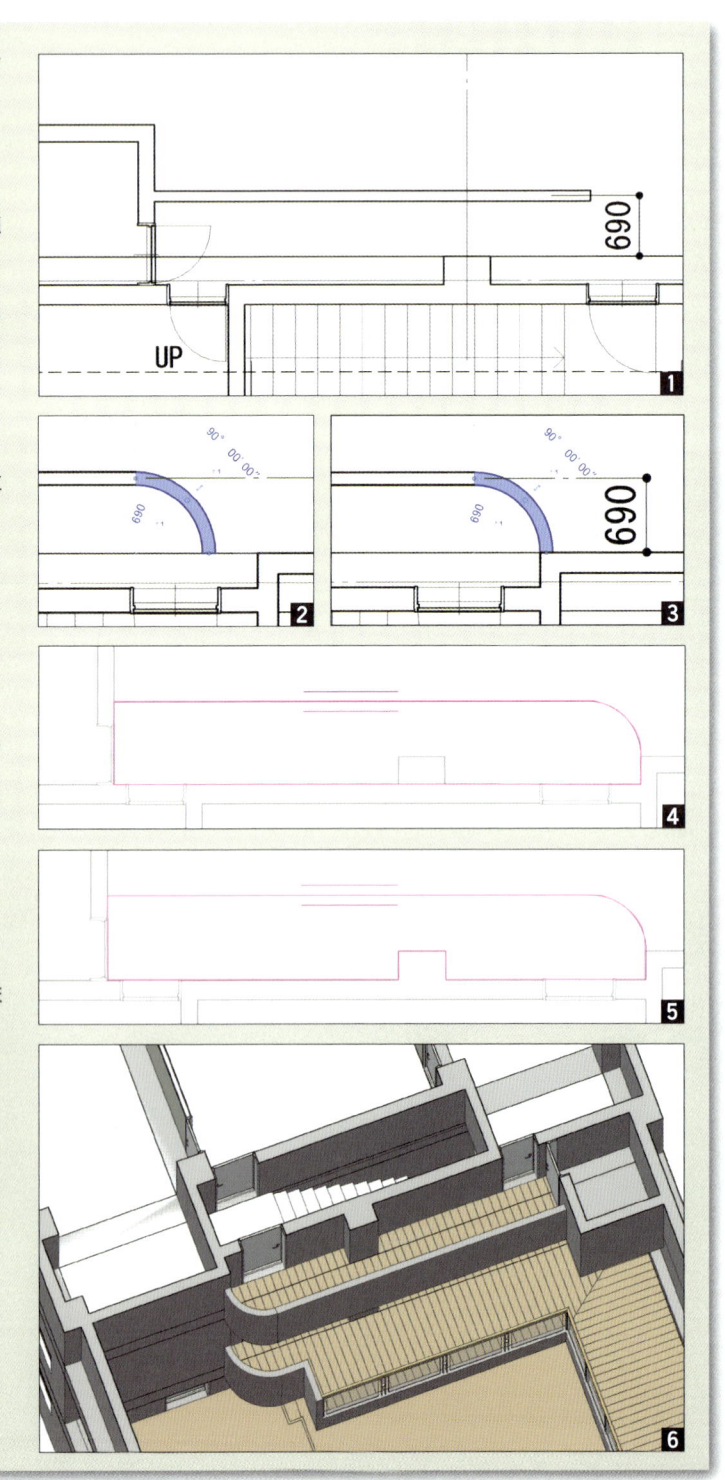

6.4.2 天井の入力

練習

プロジェクト ブラウザ［天井伏図］の［3FL］ビューを開く。**1**
ビュー範囲の「メイン範囲」の「上」と「ビューの奥行」の「レベル」を［RFL］に変更すること。

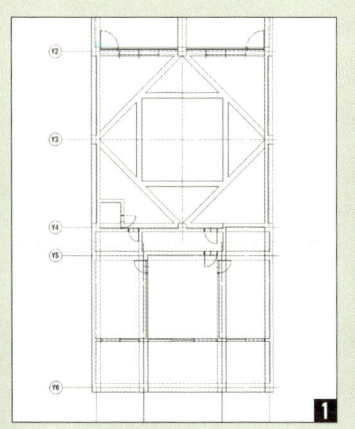

クラスルーム 1、クラスルーム 3 の天井を作成する。
天井タイプ：［木毛板］で図の位置に天井を作成する。**2**

配置高さ 3FL+2800mm

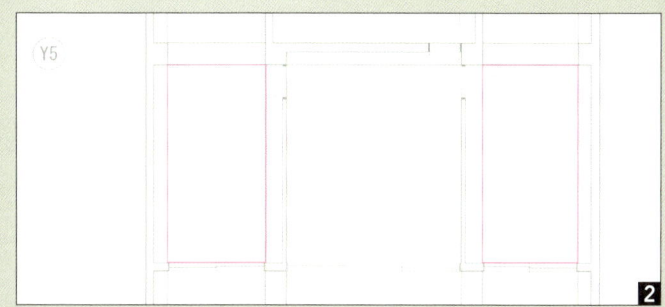

クラスルーム 2 と礼拝堂に天井を作成する。
天井タイプ：［木毛板］で図の位置に天井を作成する。**3****4**

配置高さ 3FL+3150mm

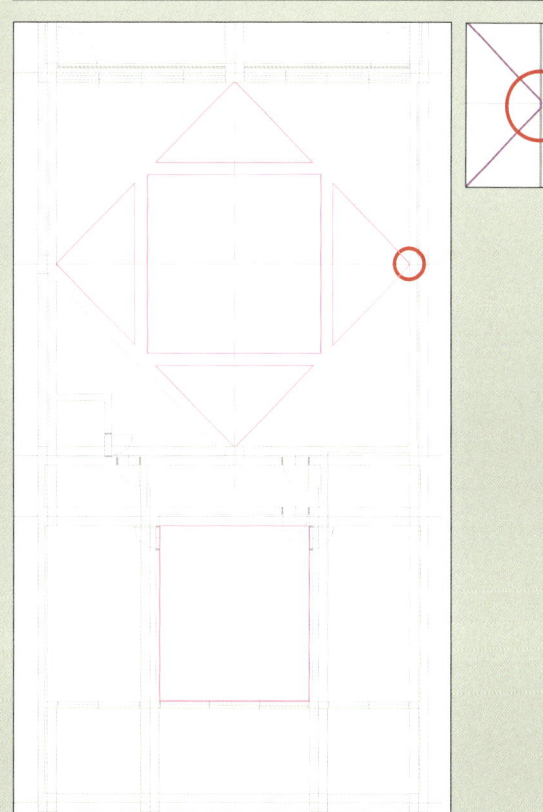

6.4.3 テラス（屋根）の作成と配置

学習内容：屋根、勾配矢印

練習

テラスの手すり壁を作成する。
[平面図 3階] ビューに切り替える。

壁タイプ [(R) RC190] で図の位置に壁を作成する。
1

基準レベル：[3FL]、基準レベル オフセット：[0]
上部レベル [指定]、指定高さ：[1100]

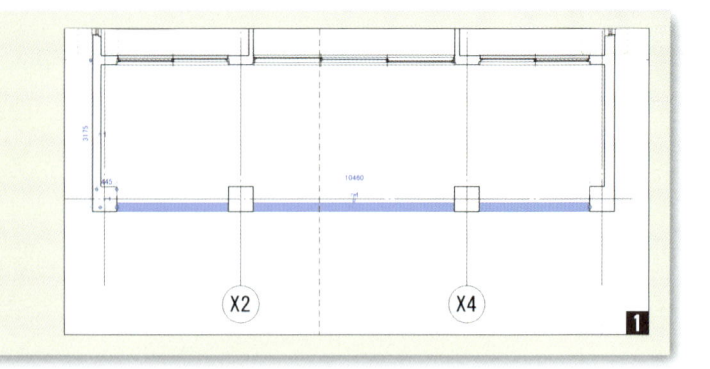

はじめに、テラスの床を作成する。
[建築] タブの [屋根（フットプリント）] をクリック。
1

ここで、テラスのタイプを作成する。
タイプセレクタが [標準屋根、250] になっていることを確認。
プロパティパレット [タイプ編集] をクリック。

「タイプ プロパティ」ダイアログボックスの [複製] をクリック。

「名前」ダイアログボックスに [2 階屋根] と入力し、[OK] をクリック。

「構造」の [編集] をクリック。
図のように「レイヤ」を設定。**2**

プロパティパレットの「基準レベル」が [3FL] であることを確認、「基準レベル オフセット」に [-190] と入力。**3**

[修正｜屋根のフットプリントを作成]タブの[長方形] をクリック。
オプションバー [勾配を設定] のチェックをオフにする。**4**

図のようにテラスの床を作成。**5**

[修正｜屋根のフットプリントを作成] タブの [編集モードを終了] をクリック。
テラスの床が作成された。**6**

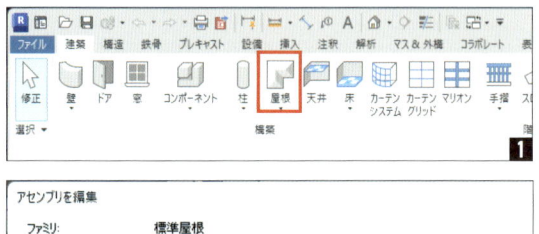

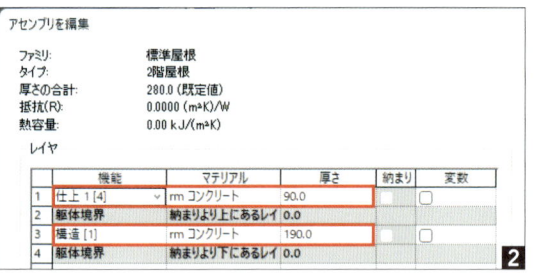

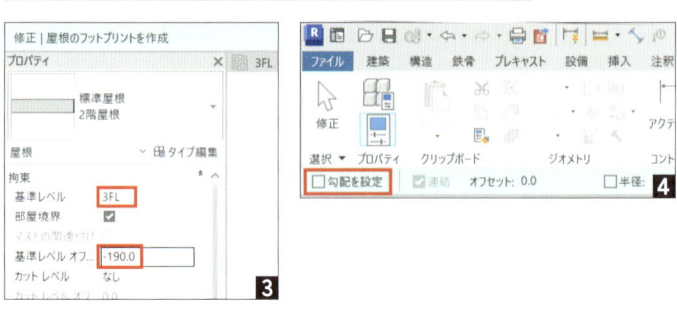

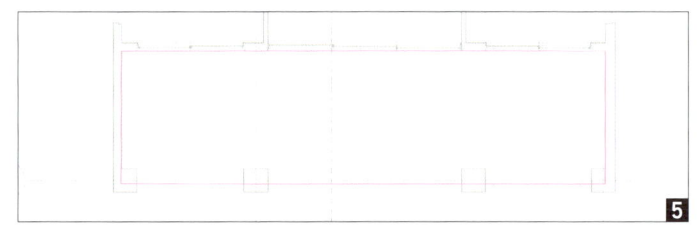

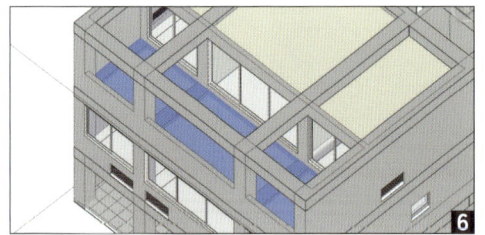

次に、北側の屋根を作成する。
[平面図 3階] ビューに切り替え。

アンダーレイの下部レベルを [RSL] に設定。

プロパティパレットの基準レベル：[3FL]、基準レベル オフセット：[-540] とし、[適用] をクリック。

屋根タイプ [2 階屋根] で図の位置に屋根を作成。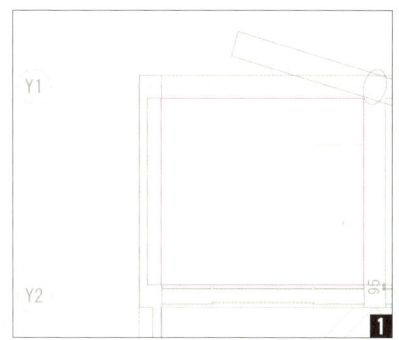

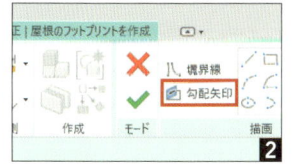

続いて、1/100 の水勾配を設定する。
[修正｜屋根のフットプリントを作成] タブの [勾配矢印] をクリック。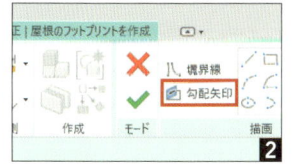

図のように勾配矢印をクリックで作成。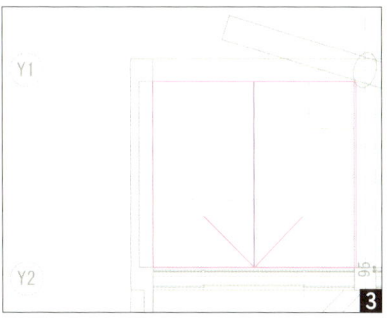
プロパティパレットの「指定」を [勾配] に設定、「勾配」に [10/1000] と入力し、[適用] をクリック。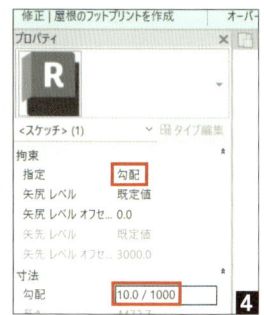

[平面図 3階] ビューのビュー範囲を図のように設定し、屋根を選択できるようにする。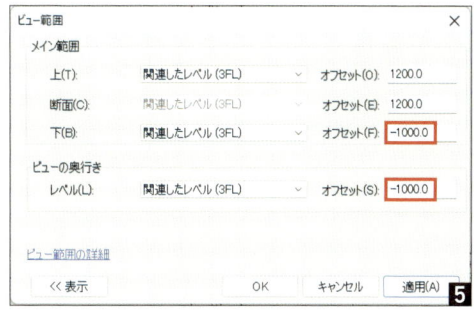

作成した屋根を右側にコピー。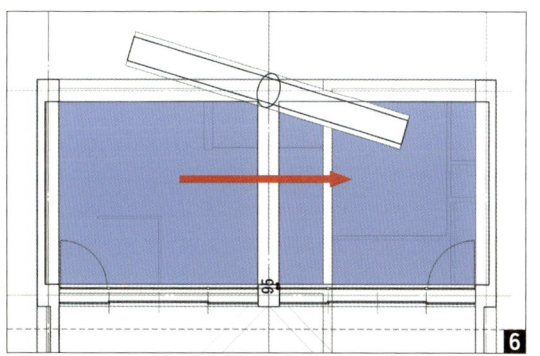

[{3D}] ビューに切り替え。

屋根から出ている壁を選択。
上部レベル：[3FL]、上部レベル オフセット：[-540] に変更。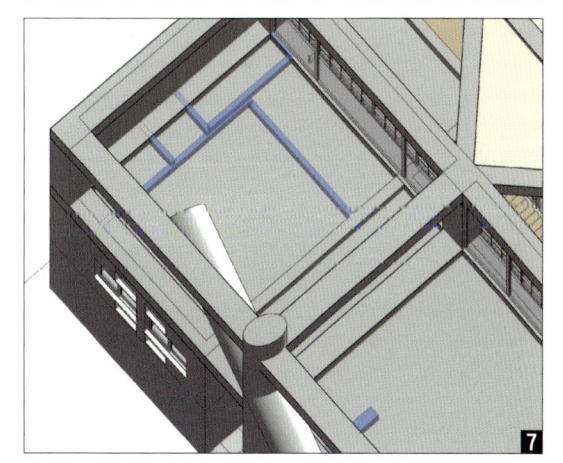

「屋根」コマンドでスラブを作成した場合、スラブの下端を基準として配置される。一方、「床」コマンドでスラブを作成した場合、スラブの上端を基準として配置される。配置の基準高さが異なるだけで、どちらで作成してもよい。

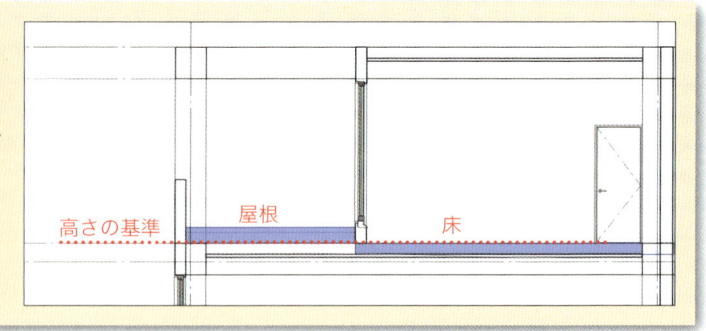

高さの基準　　屋根　　　　　床

6.4.4 図面要素の入力

学習内容：復習

練習

寸法線と部屋名を入力し、3階平面図を作成する。

[平面図3階] ビューに切り替える。
アンダーレイはなしに設定する。
「ビュー範囲」を下階の吹抜通路等が見えるよに設定する（「ビューの奥行」を3FL-4000にする）。

寸法線、部屋名などを入力し、図のように図面を作成する。**1**

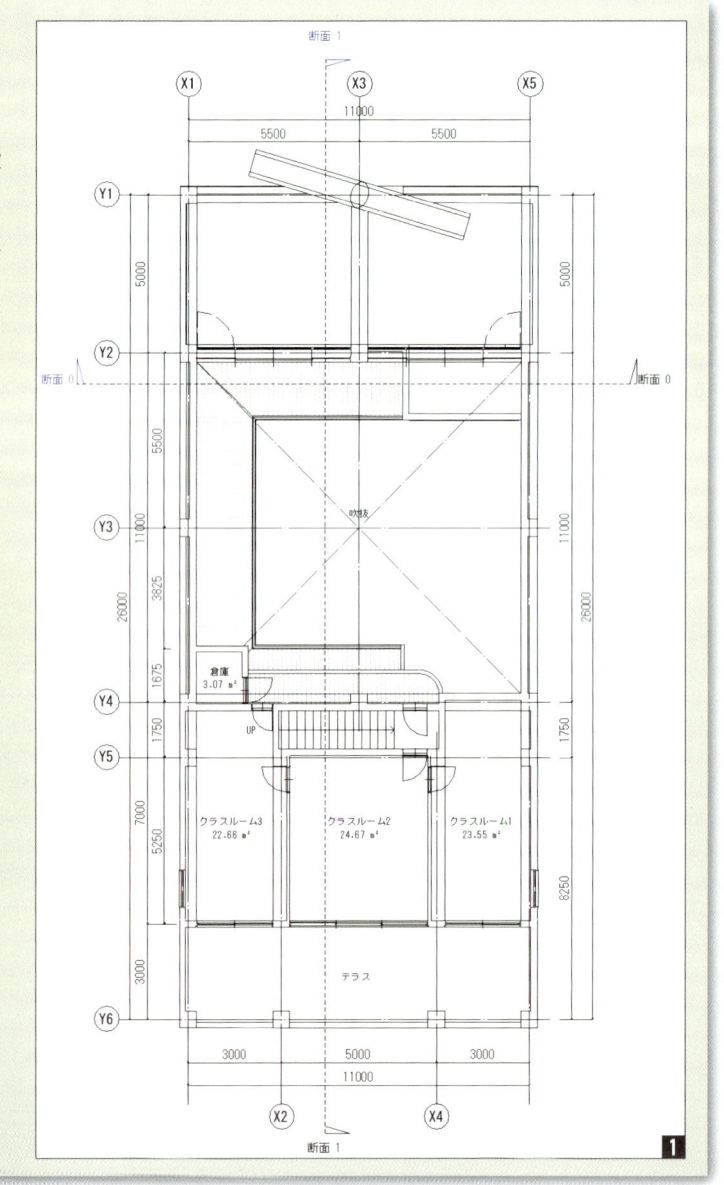

7

屋上、外構の入力

屋根、トップライトを作成し、屋上階の図面を完成させる。外構を作成し、モデリングが完成となる。

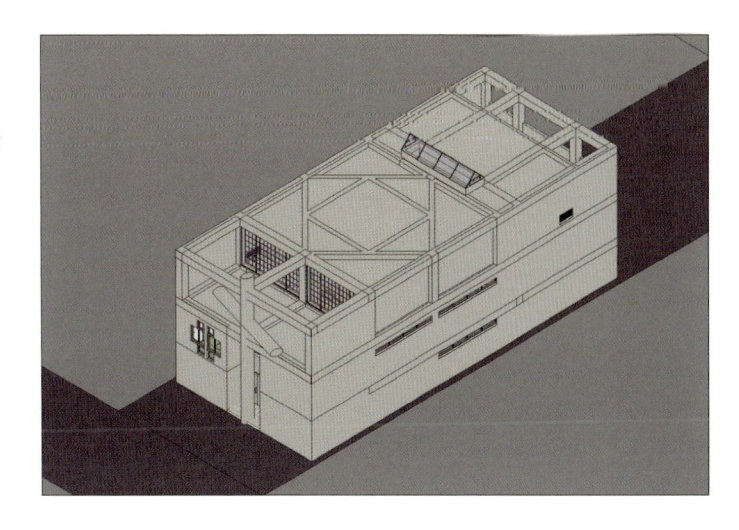

7.1 屋上の入力
屋根とトップライトを作成する。

7.1.1 屋根の入力

学習内容：復習

練習

3階屋根を作成し、配置する。
[RSL] ビューに切り替える。

屋根タイプ［3階屋根］を図の通り作成する。**1**

屋根タイプ［3階屋根］で図の位置に屋根を作成する。**2**

基準レベル：［RSL］、基準レベル オフセット：[0]

複数の屋根を一度に描くと作成できないため、一ヶ所ずつ作成すること。コピーや鏡像化を使用してもよい。

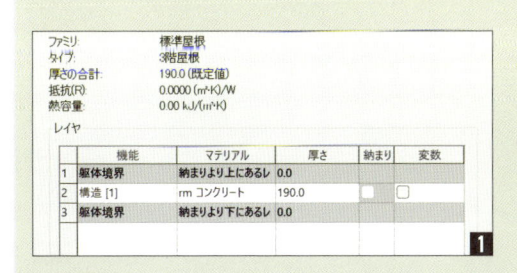

ファミリ：　　標準屋根
タイプ：　　　3階屋根
厚さの合計：　190.0（既定値）
抵抗(R)：　　0.0000 (㎡·K)/W
熱容量：　　　0.00 kJ/(㎡·K)

レイヤ

	機能	マテリアル	厚さ	納まり	変数
1	躯体境界	納まりより上にあるレ	0.0		
2	構造 [1]	rm コンクリート	190.0	☐	☐
3	躯体境界	納まりより下にあるレ	0.0		

1

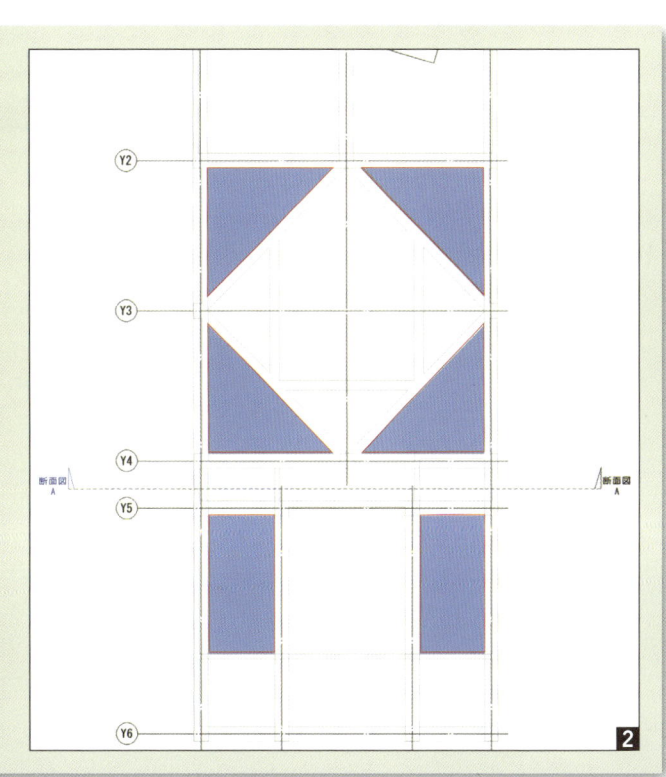

2

[RFL] ビューに切り替え。
アンダーレイの「範囲：下部レベル」を [RSL] に
設定。

屋根タイプ [3 階屋根] で図の位置に屋根を作成。
1

プロパティパレットの基準レベル：[RFL]、基準レ
ベル オフセット：[-190] とし、[適用] をクリック。

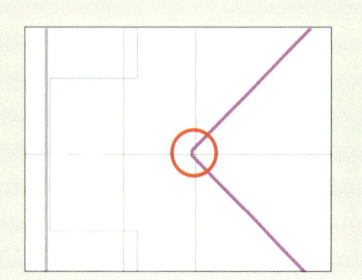

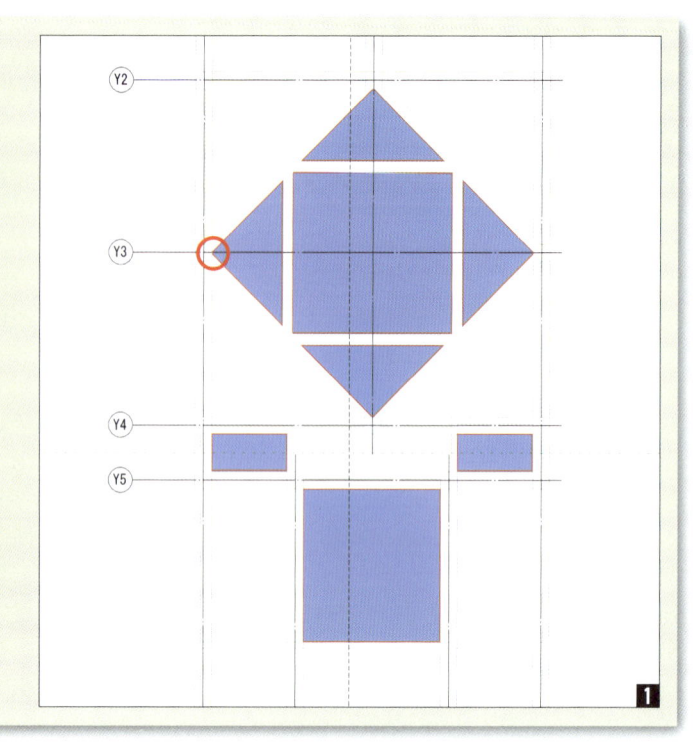

7.1.2 トップライトの入力

学習内容：インプレイス マス

インプレイス マスを利用して、トップライトを作成
する。

トップライトの土台壁を屋上に配置する。
[RFL] ビューに切り替える。

壁タイプ [(R) RC190] でトップライト下階段上
部に図のような壁を作成する。**1 2**

基準レベル：[RFL]
上部レベル：[指定]、指定高さ：[500]

壁の面をそれぞれ梁の面にあわせること。

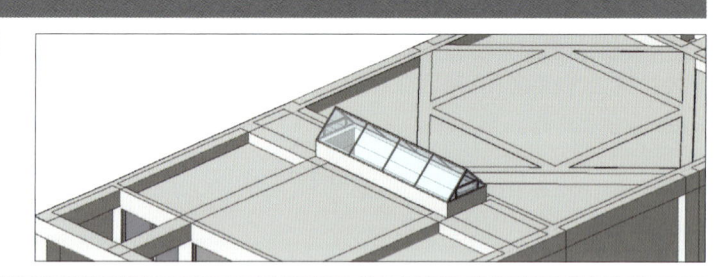

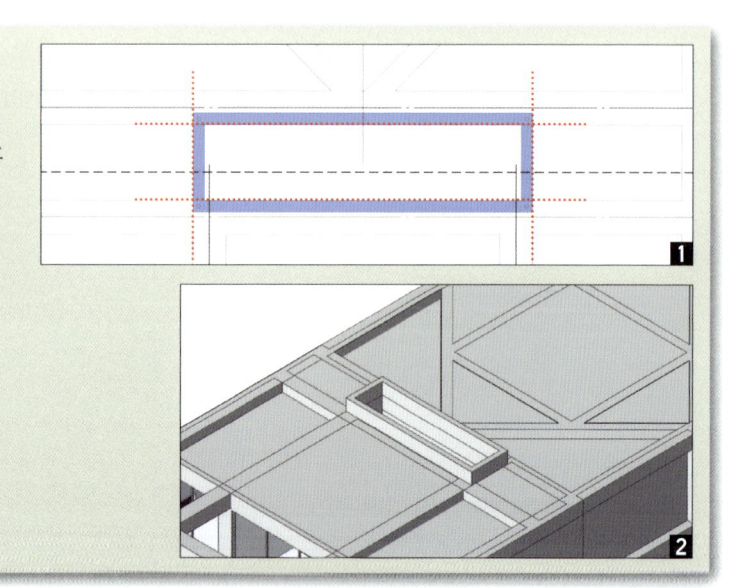

続いて、三角柱のマスを作成する。
[立面図 西] ビューに切り替え。

ここで、通芯 Y4、通芯 Y5 の中心に参照面を作成する。
[建築] タブの [参照面] をクリック。

通芯 Y4、通芯 Y5 間の適当な位置に参照面をクリックで作成し、仮寸法で通芯から 875 mmの位置に変更。**1****2**

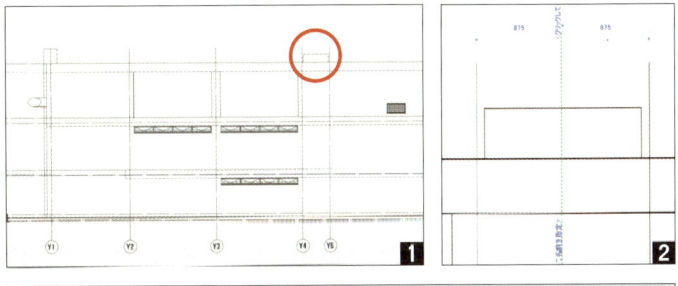

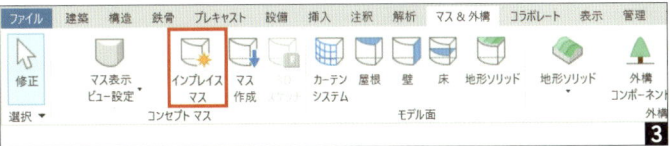

[マス＆外構] タブの [インプレイスマス] をクリック。**3**

「マス - [マスを表示] が有効になっています」というダイアログボックスが表示された場合、[閉じる] をクリック。

「名前」ダイアログボックスに [トップライト] と入力し、[OK] をクリック。

次に、三角柱の押し出し底面を描く面を設定する。
[作成] タブの [作業面を設定] をクリック。**4**

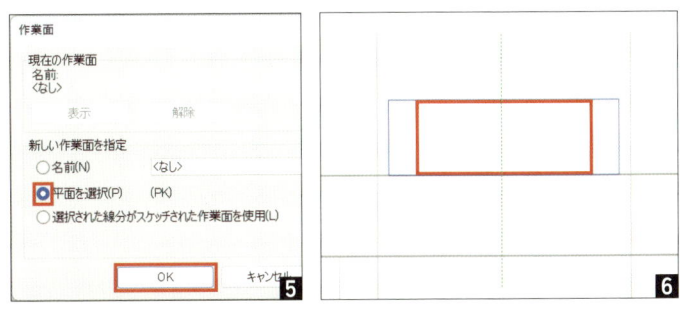

「作業面」ダイアログボックスで [平面を選択] にチェックし、[OK] をクリック。**5**

立ち上がり壁面をクリック。**6**

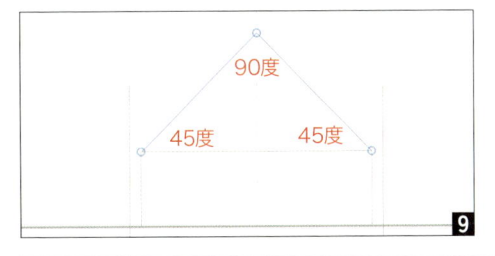

続いて、三角柱のスケッチを作成する。
[修正] タブの [線] をクリック。**7**

[修正｜配置線分] タブの [作業面で描画] をクリック。**8**

図のように直角二等辺三角形を描く。**9**

直角二等辺三角形を選択し、[修正｜線分] タブの [フォームを作成] から [ソリッド作成] をクリック。**10**

[修正｜フォーム] タブの [マスを終了] をクリック。

{3D} ビューに切り替え、マスが作成されたことを確認。**11**

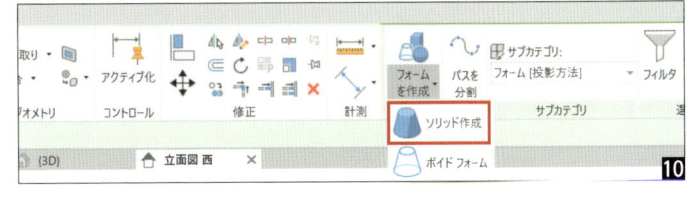

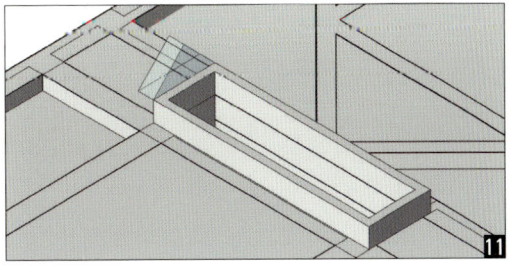

TIPS

インプレイス マス
粘土のように自分で自由に形を作ることができる。構想段階のボリューム検討などに使用する。マスで立体を作成すると、立体の表面に沿ってオブジェクト（壁、カーテンウォール、床、屋根）を配置することができる。

作成したマスを選択。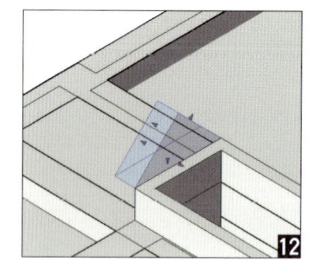

青い［▲］をドラッグし、立ち上がり壁を覆うように
マスの長さを調整。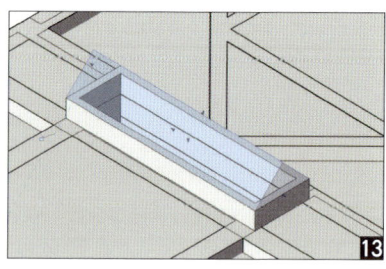

次に、作成したマスの傾斜した2面にガラスの屋根
を配置する。
［マス＆外構］タブの［屋根］をクリック。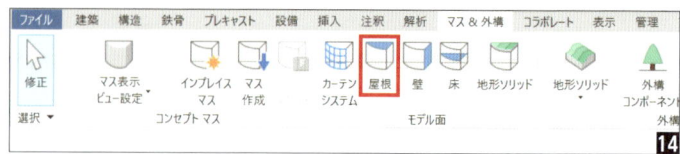

タイプセレクタから［傾斜ガラス］を選択。

プロパティパレット［タイプ編集］をクリック。
［タイプ プロパティ］ダイアログボックスの［複製］
をクリック。

［名前］ダイアログボックスで「名前」に［トップラ
イト斜面］と入力し、［OK］をクリック。

タイプ プロパティダイアログボックスの「グリッド
2」で「レイアウト」を［固定間隔］に設定。
「間隔」に［1385］と入力し、［OK］をクリック。
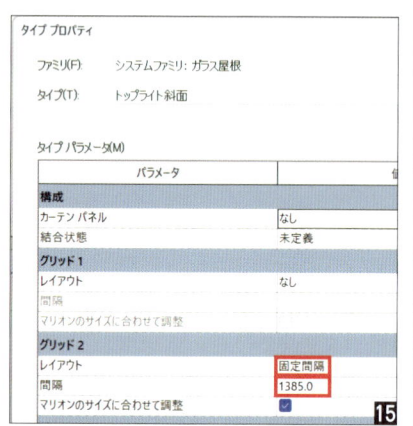

プロパティパレットの「基準面」から［屋根面下部］
を選択し、［適用］をクリック。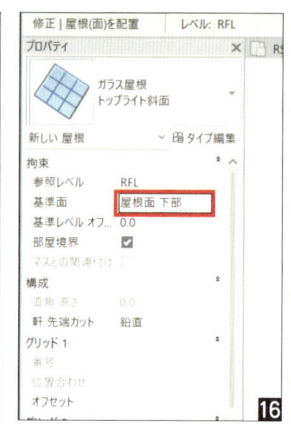

三角柱のマスの2つの斜面をクリックで選択し、［修
正｜屋根（面）を配置］タブの［屋根を作成］をクリ
ック。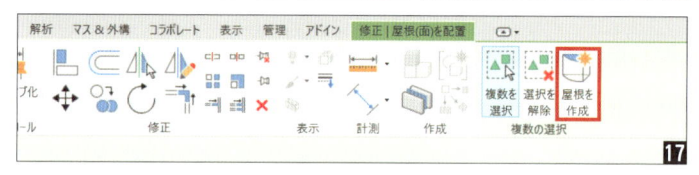

2つの斜面にガラスの屋根が配置された。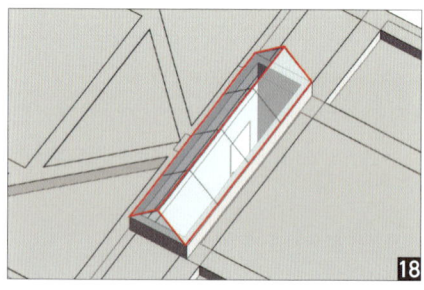

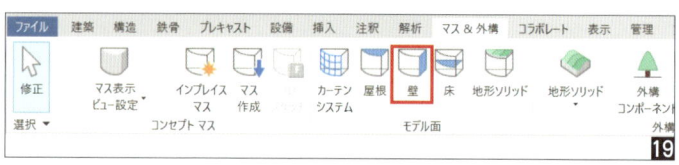

次に、作成した三角柱のマスの西側の妻面に壁（カー
テンウォール）を配置する。
［マス＆外構］タブの［壁］をクリック。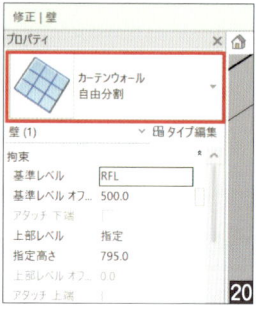

タイプセレクタから［カーテンウォール 自由分割］
を選択。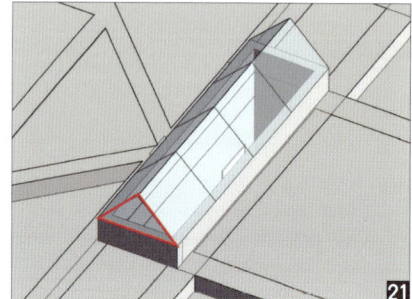

トップライトの西側の妻面をクリック。
三角柱マスの西側の妻面にガラス面が作成された。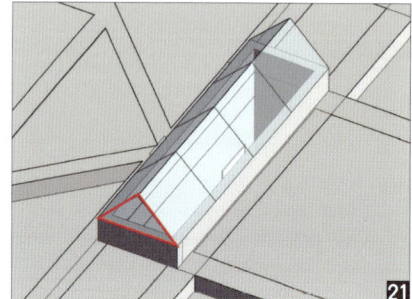

三角柱マスを［Tab］キーを用いて選択し、削除。

続いて、トップライトの妻面に開口部を作成するためのカーテングリッドを作成する。
［立面図 西］ビューに切り替え。

［建築］タブの［カーテングリッド］をクリック。

図のようにグリッド線を作成。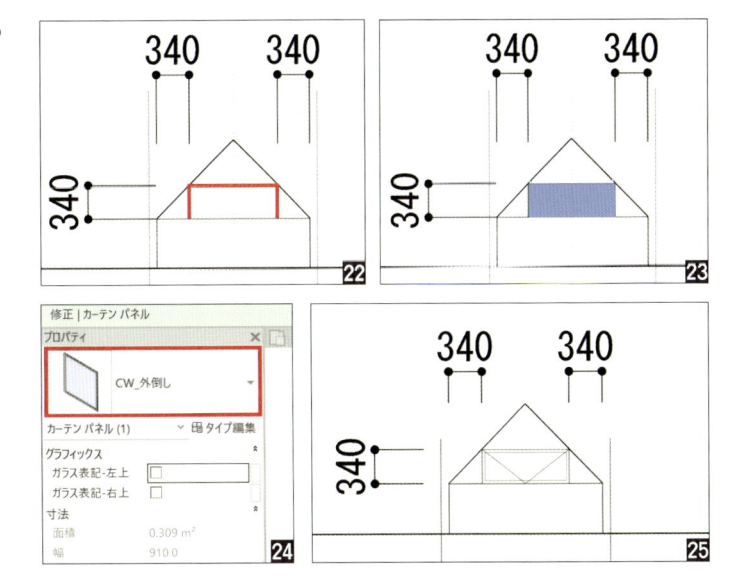

図の位置のパネルを［Tab］キーで選択。

タイプセレクタから［CW_外倒し］を選択。
妻面に窓が配置された。

練習

RFL ビューに切り替え、西側妻面のカーテンウォールを東側の妻面に鏡像化コピーする。

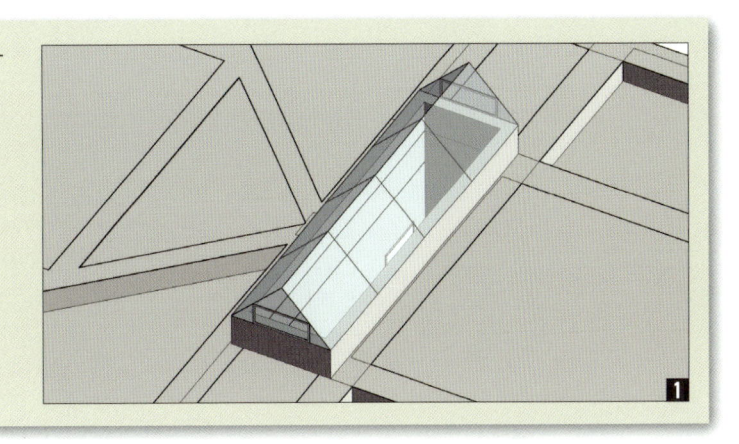

最後に、作成したトップライトにマリオンを作成する。
［{3D}］ビューに切り替え。

［建築］タブの［マリオン］をクリック。

［修正｜配置マリオン］タブの［全グリッド］をクリック。

タイプセレクタから［長方形のマリオン、30x30］を選択。

トップライトの2つの斜面と2つの妻面をクリックし、マリオンを配置。

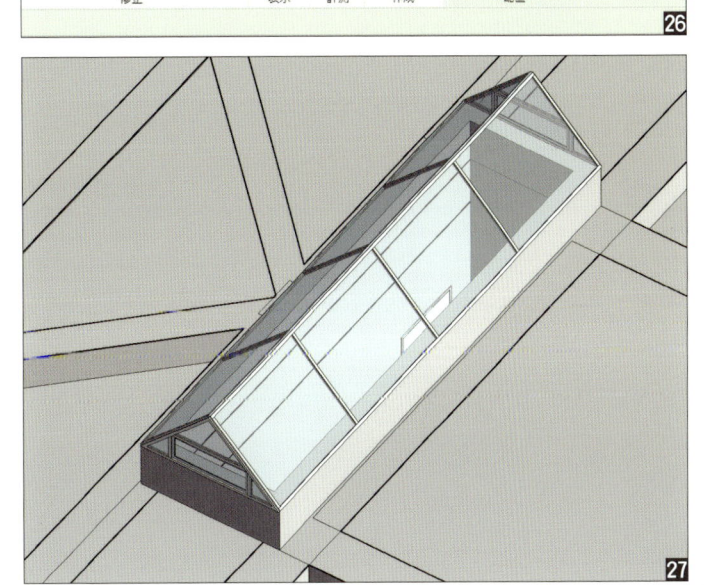

7.1.3 図面要素の入力

練習

[RFL] ビューに切り替える。

「ビュー範囲」の「ビューの奥行」を RFL-100 にする。

アンダーレイはなしに設定する。

図を参考に [RFL] に寸法線を入力する。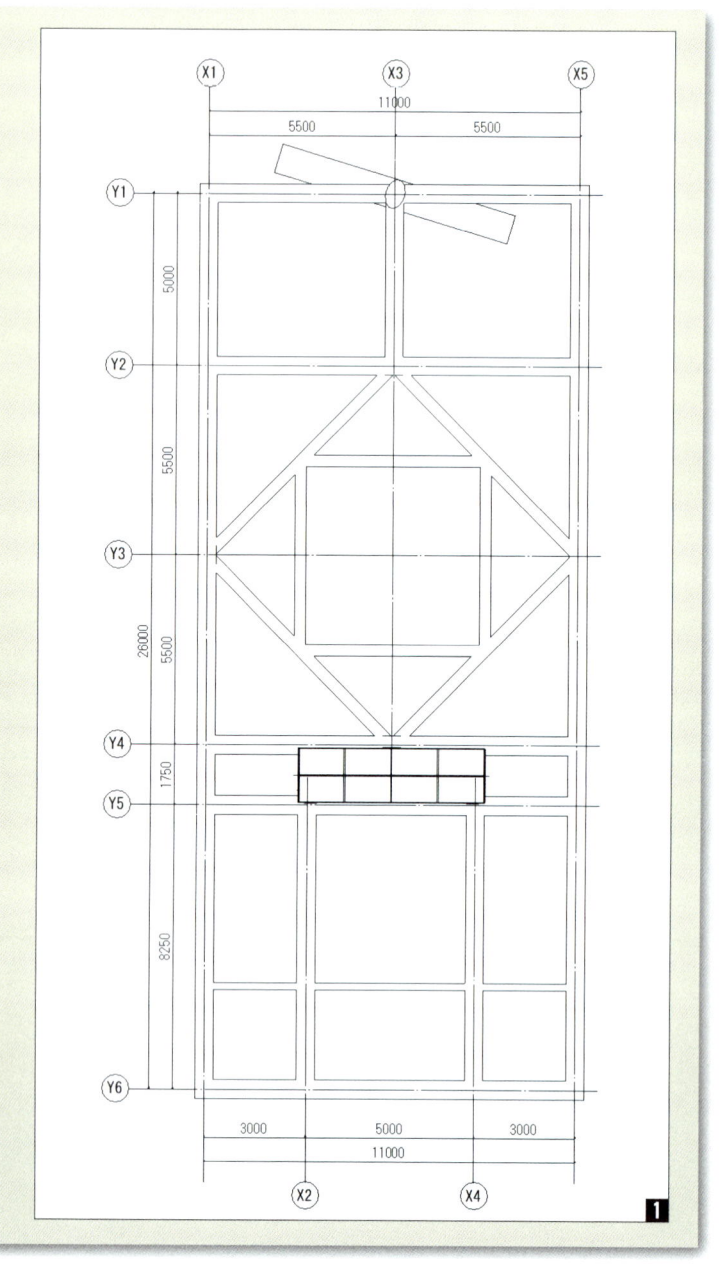

7.2 外構の入力

道路と敷地を作成する。

7.2.1 道路と敷地の入力

地形ソリッドを分割し道路と敷地を作成する。

はじめに、地形ソリッドを道路部分、敷地部分、その他部分の３つに分割する。
［配置図］ビューに切り替え。

［修正］タブの［要素分割］をクリック。■

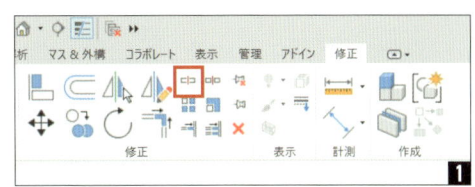

地形ソリッドを選択し、［修正｜スケッチを分割］タブから［長方形］をクリック。■

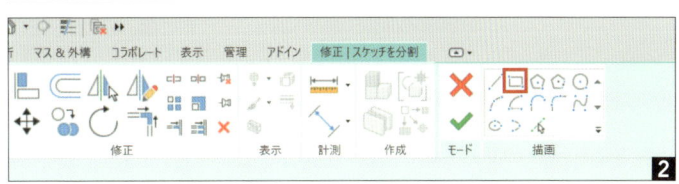

道路部分に長方形を作成。■

［修正｜スケッチを分割］タブの［編集モードを終了］をクリックし、コマンドを終了。
地形ソリッドが分割され、道路の地形ソリッドが作成される。

次に、地形ソリッドの新しいタイプを作成する。
道路の地形ソリッドを選択。

プロパティパレット［タイプ編集］をクリック。

「タイプ プロパティ」ダイアログボックスの［複製］をクリック。

「名前」ダイアログボックスに［道路］と入力し、［OK］をクリック。

「タイプ プロパティ」ダイアログボックスの「構造」の［編集］をクリック。

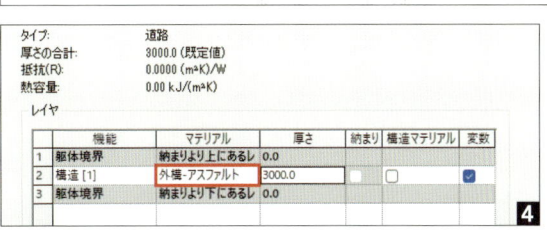

「アセンブリを編集」ダイアログボックスの「レイヤ[2]」の「マテリアル」をクリックし、「マテリアルブラウザ」ダイアログボックスから［外構 - アスファルト］を選択。■

すべてのダイアログボックスを［OK］をクリックし、閉じる。

地形ソリッドのタイプ（道路）が道路部分に割り当てられた。■

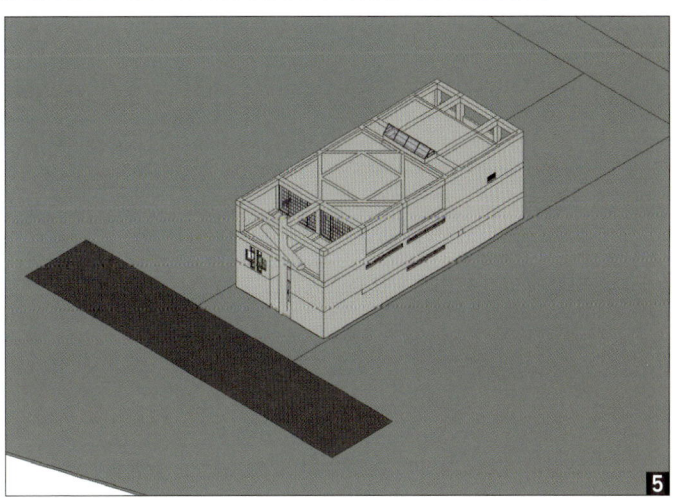

敷地部分の地形ソリッドを分割し、タイプ［敷地］を割り当てる。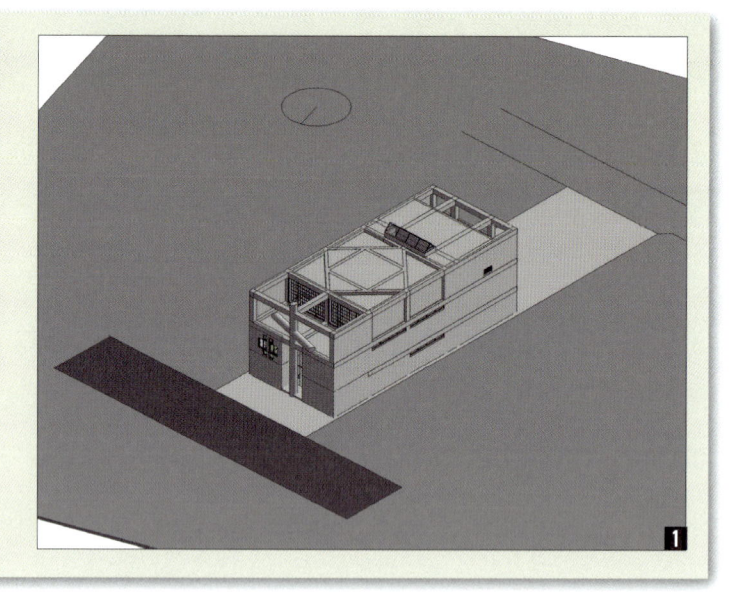

タイプ［敷地］は、マテリアル：［モルタル］、厚さ：［3000］とする。

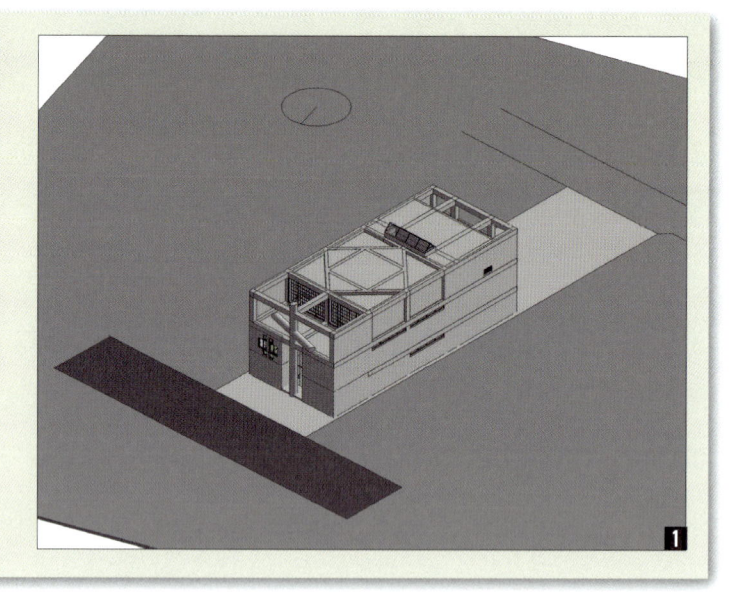

Revit2024 より地盤面のデータ構造が変更され、「地形」コマンドが「地形ソリッド」コマンドとなった。Revit2023 以前で作成された地形をRevit2024 以降で編集する際は、下記の手順に従い地形ソリッドに変換する必要がある。

地形を選択し、［修正｜地盤面］タブの［地形ソリッドを生成］をクリック。

「地形ソリッドを生成」ダイアログボックスから、「基準レベル」を［設計 GL］に設定し、［OK］をクリック。

最後に、変換前の地形を削除する。

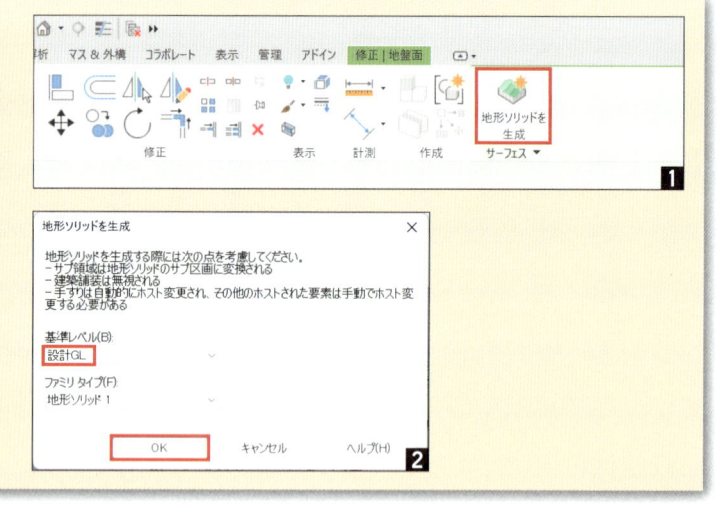

8

プレゼンテーション

作成したモデルから外観パースや内観パース、断面パースを作成する。
また図面やパースをシートにレイアウトし、図面表現の設定を行う。最後に、印刷の設定や画像の書き出しを行う。

8.1 外観パースの作成
外観パースを作成するためにカメラを配置し、レンダリングをする。

8.1.1 カメラの配置

学習内容：カメラ

外観パースを作成するために、カメラを配置する。カメラは視点（カメラを持って立つ位置、目の高さ）と注視点（どこを見るか）の 2 点をクリックで指定する。

［配置図］ビューに切り替え。
［表示］タブの［3D ビュー］から［カメラ］をクリック。**1**

視点として、前面道路付近をクリック。
注視点として、建物中心付近でクリック。**2**

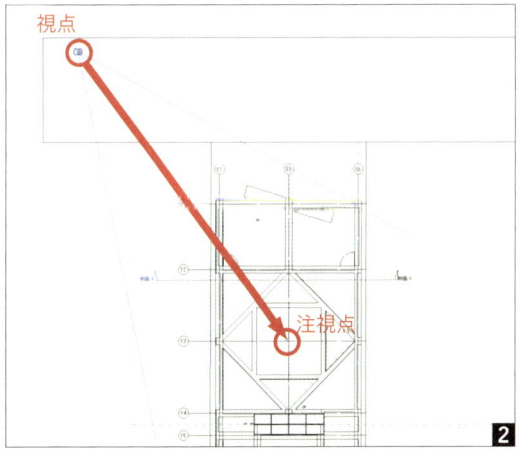

配置したカメラ位置からのパースが表示される。■3
プロジェクト ブラウザ「3D ビュー」に［3D ビュー
1］が作成されたことを確認。■4

続いて、ビューの名前を変更する。
プロジェクト ブラウザ［3D ビュー 1］の上で右クリ
ックし、［名前変更］をクリック。
［外観パース］と入力し、確定。

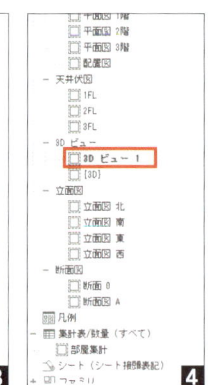

次に、パースの表示枠を調整する。
青い［●］をドラッグし、表示範囲を変更。■5

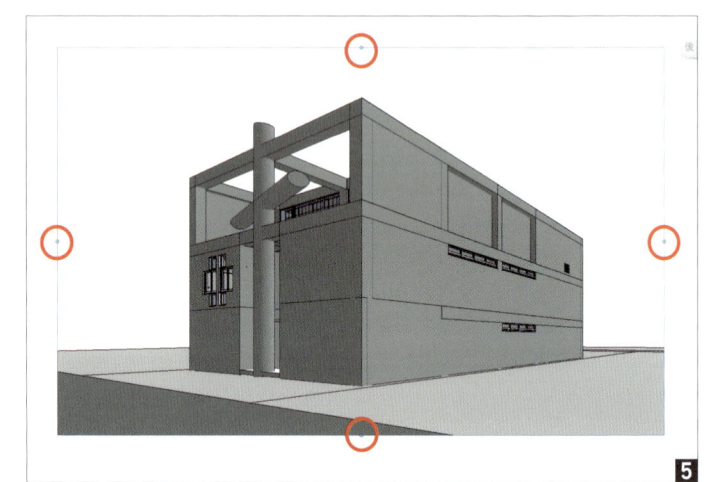

［3D］ビューと同様に、パース内でもビューの回転の
操作で、視点を変更することができる。■6

プロパティパレットの「目の高さ」（視点の高さ）、「対
象の高さ」（注視点の高さ）を変更すると、数値指定
することができる。■7

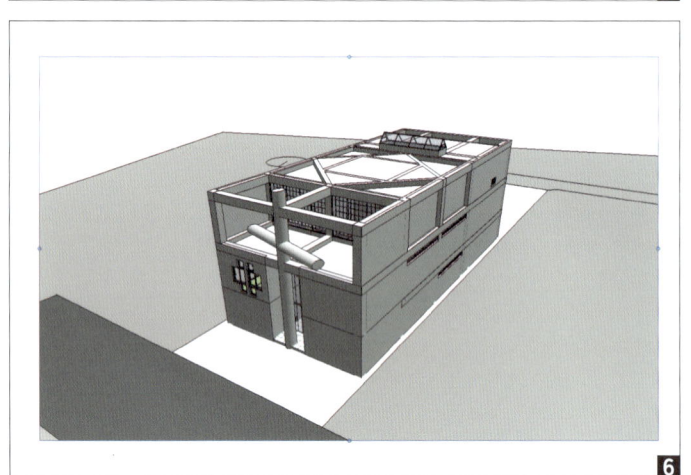

HINT

Revit では「表示範囲を変える」ということは、「画
角を変える」ということになる。表示範囲を大き
くしすぎると、直角が鋭角に見えてしまうなど、
パースが歪んでしまうため注意すること。
視点と注視点の高さを同じにすると二点透視にな
り、建物の垂直線が画面上でも垂直になる。

HINT

［3D］ビューの既定値では、プロパティパレット
の「前方クリップ アクティブ」が［オン］に設定
されているため、前方クリップ面の遠方が非表示
になっている。カメラから前方クリップ面までの
距離は、「前方クリップ オフセット」で変更できる。
「前方クリップ アクティブ」をオフにすると、モ
デル全休が表示される。■8

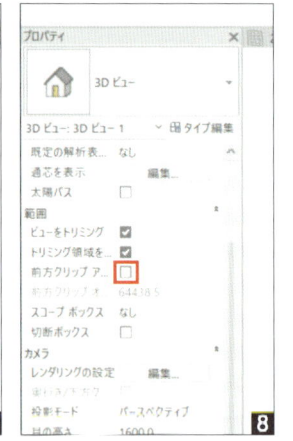

8.1.2 レンダリング

建物モデルをレンダリングし、素材を再現した建物イメージを作成する。
レンダリングを実行する前に、必ず各種設定を確認すること。レンダリングに要する時間と完成クオリティは各種設定で決まる。

はじめに、レンダリングの各種設定を行う。
[表示] タブの [レンダリング] をクリック。**1**

まず、レンダリングの品質を設定する。
「レンダリング」ダイアログボックスの「品質」の「設定」から [中] を選択。**2**

次に、レンダリング結果のサイズを設定する。
「出力設定」の「解像度」から [プリンタ] にチェックし、[300 DPI] を選択。**3**

続いて、照明を設定する。
「照明」の「スキーム」から [外部：太陽のみ] を選択。
4

次に、太陽の位置を設定する。
「日照設定」の […] をクリック。**5**

「日照設定」ダイアログボックスで図の通り設定。**6**

最後に、背景を設定する。
「背景」の「スタイル」から [天空：少し曇り] を選択。
7

[レンダリング] をクリックし、レンダリングを開始する。**8 9**
「レンダリング進行状況」ダイアログボックスの[停止]ボタンを押すと、レンダリングを中止できる。

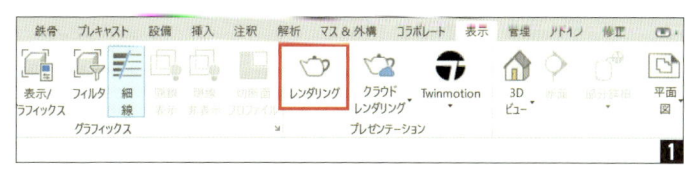

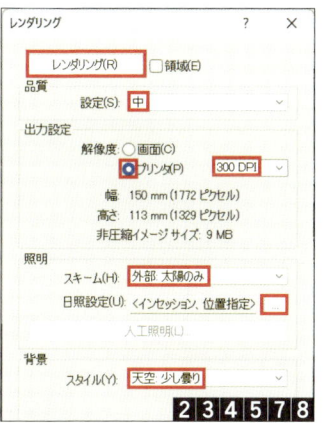

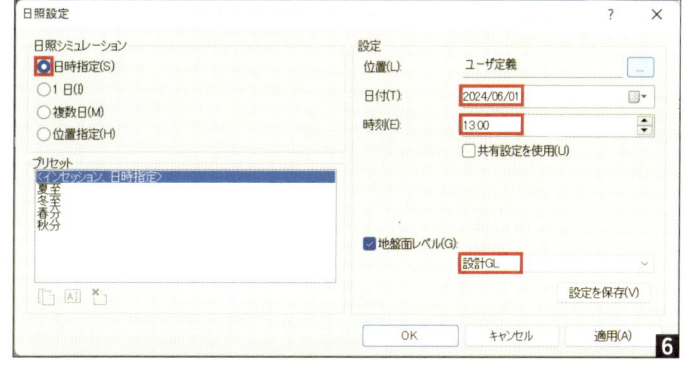

HINT

レンダリングの品質
品質が高いほど反射や透過がよりリアルに表現される。テストレンダリング（とりあえずイメージを確認する）場合は、[ドラフト] を選択する。仕上げレンダリング（プリントアウトに使うデータを作成する）場合は、[高] や [最高] を選択するとよい。

HINT

レンダリングのサイズ
サイズ（ピクヤル）が大きいほど鮮明に出力できる。DPI を数字で入力することもできる。

HINT

スキーム
太陽光と人工光のオン／オフの設定と露出（明るさ）の設定の組み合わせ。

レンダリング結果を画像として保存する。保存方法は2種類ある。Revit プロジェクト内で保存する方法と、画像ファイルとして書き出す方法がある。

まず、レンダリング結果を画像として Revit プロジェクト内に保存する。

「レンダリング」ダイアログボックスの［プロジェクトに保存］をクリック。■10

「プロジェクトに保存」ダイアログボックスで［外観パース＿1］を入力し、［OK］をクリック。

プロジェクト ブラウザに［レンダリング］という項目ができ、画像として保存される。■11

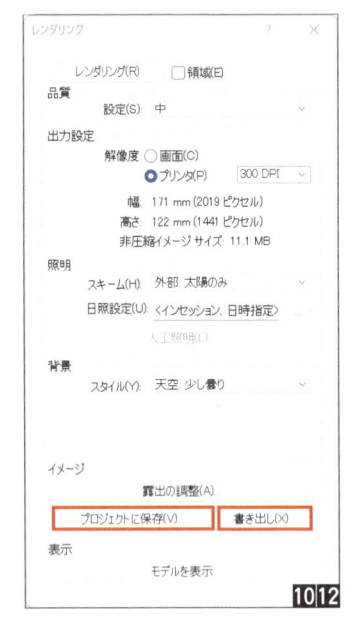

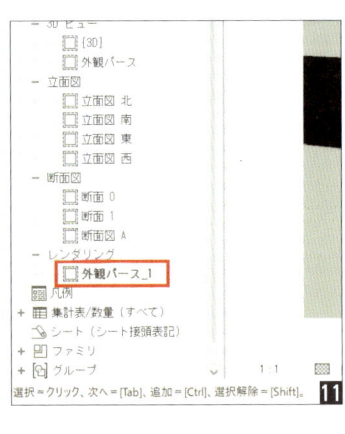

次に、レンダリング結果を画像ファイルとして書き出す。
「レンダリング」ダイアログボックスの［書き出し］をクリック。■12

「イメージを保存」ダイアログボックスで保存場所、ファイル名、ファイルの種類を入力し、［保存］をクリック。

「レンダリング」ダイアログボックスを閉じる。

HINT

日照設定
太陽の位置の設定。初期設定では、建物モデルを一定方向から照らす照明の設定になっている。日時を設定し、太陽位置を決めるとよい。

HINT

スタイル
天気の設定。カラーを設定すると、空の色を自由に変更できる。

HINT

Photoshop 等の画像編集ソフトで編集する場合は、画質が劣化しない TIFF 形式や BMP 形式で保存するとよい。

8.2 内観パースの作成

2階食堂の内観パースを作成する。室内照明でレンダリングする場合は、照明器具を配置する。

8.2.1 照明器具と家具の配置

学習内容：照明器具ファミリの設定

照明器具ファミリを配置する。

練習

プロジェクト ブラウザ［天井伏図］の［2FL］ビューを開き、ビュー範囲が図のようになっていることを確認する。**1**

Autodesk ファミリから照明ファミリ［天井 - 長方形］をロードする。**2**
（「照明」→「建築」→「内部」→「天井」）

[コンポーネント] コマンドで照明器具を配置する。タイプセレクタから［天井 - 長方形、0300 x 1200mm（2 ランプ）］を選択し、図のように配置する。**3**

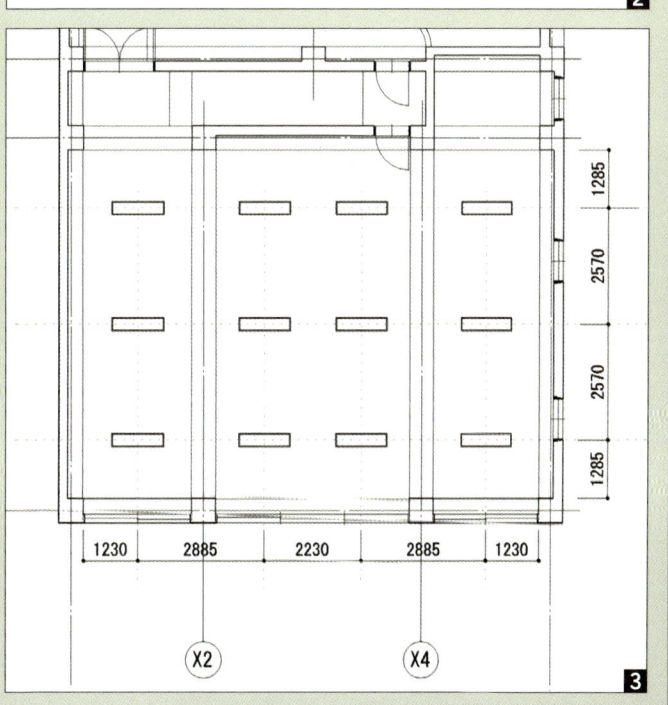

163

Autodesk ファミリより［家具］→［ビル店舗系］→［ソファ 3P2］をロードする。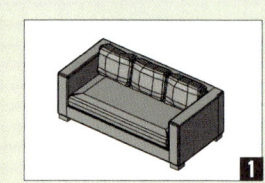

Autodesk ファミリより［家具］→［椅子］→［ダイニングチェア］をロードする。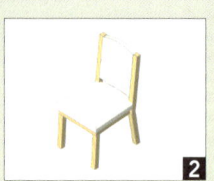

Autodesk ファミリより［家具］→［テーブル］→［ダイニングテーブル］→［テーブル‐円形］をロードする。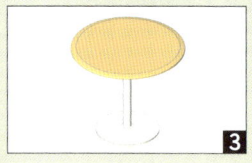

［平面図 2 階］ビューに切り替えて、図を参考にロードした家具ファミリを配置する。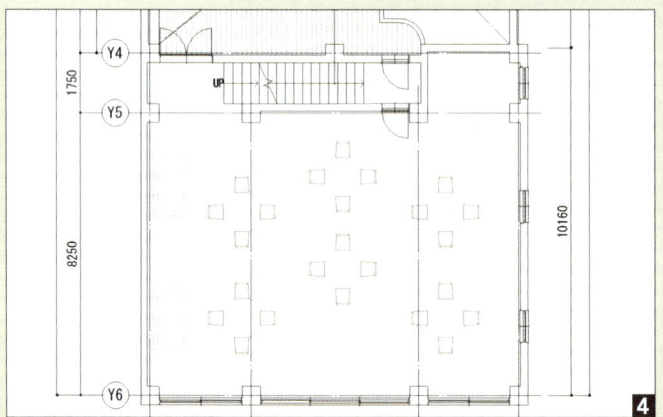

［テーブル‐円形］ファミリはタイプ［直径 1,220mm］を選択する。

図を参考にしてカメラを配置する。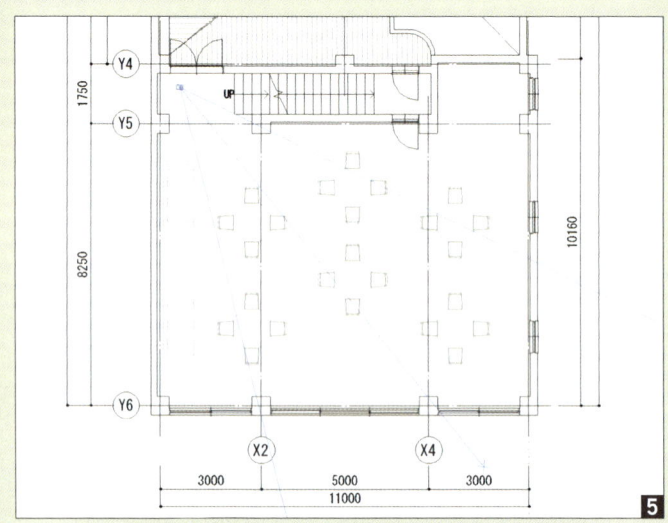

ビューの表示範囲を調整する。

8.2.2 照明の強さの設定とレンダリング

学習内容：照明の設定

はじめに、光源の広がりを視覚化する。
ビューが［3D ビュー 1］であることを確認する。
［表示］タブの［表示 / グラフィックス］をクリック。
1

「表示 / グラフィックスの上書き」ダイアログボックスの［モデルカテゴリ］の［照明器具］を展開し、［光源］にチェックし、［OK］をクリック。**2**

光源の広がりが表示される。**3**
（光の広がりがよく分かりイメージしやすい。）

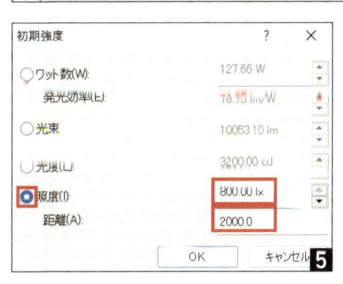

続いて、照明器具の強さを設定する。今回配置した照明器具は、初期設定では光源強度が弱すぎるため、レンダリングしても真っ暗になる。光源の強さを 2 m 離れた地点で 800lx に指定する。

照明器具を選択し、プロパティパレットの［タイプ編集］をクリック。

「タイプ プロパティ」ダイアログボックスの「フォトメトリック」の［初期強度］をクリック。**4**

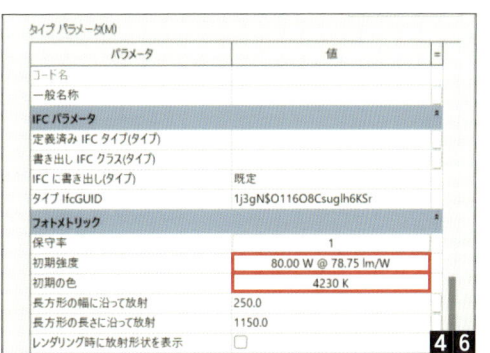

「初期強度」ダイアログボックスの［照度］をチェック。「照度」に［800］、「距離」に［2000］と入力し、［OK］をクリック。**5**

次に、光源の色を変更する。
「タイプ プロパティ」ダイアログボックスの「フォトメトリック」の［初期の色］をクリック。**6**
「初期の色」ダイアログボックスの「プリセット色」から［蛍光灯（昼光）］を選択。**7**

すべてのダイアログボックスを［OK］で閉じる。

夜の内観パースを作成する。
「レンダリング」ダイアログボックスで下記のよう
に設定する。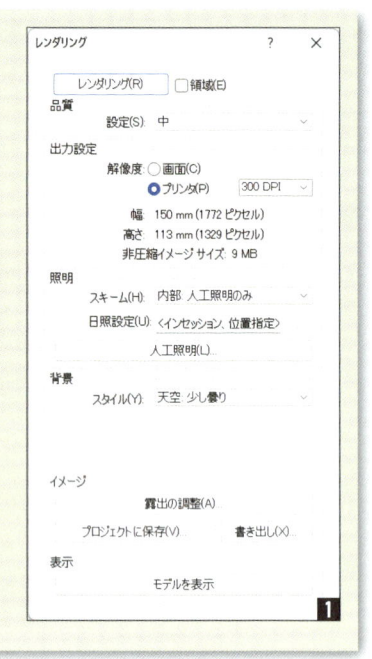

品質：[中]
出力設定：[プリンタ][300DPI]
照明スキーム：[内部：人工照明のみ]

練習

レンダリングイメージを［内観パース（夜）］とい
う名前でプロジェクトに保存する。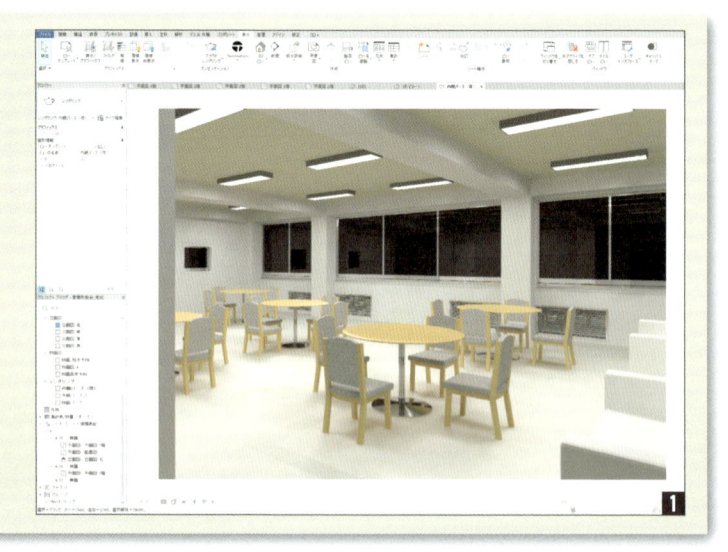

HINT

多数の光源が存在する内観パースは、レンダリン
グに多大な時間を要する。まずは低い解像度で、
または［領域］にチェックをいれて部分的にレン
ダリングを行い、レンダリング結果を確認するこ
とをおすすめする。

HINT

パースに表示しない照明は、［人工照明］でチェッ
クをオフにしておくと、レンダリングの計算が早
くなる。

8.2.3 断面パースの作成

はじめに、一点透視図の断面パースを作成する。
[配置図] ビューに切り替える。

図のようにカメラを配置する。**1**

配置したカメラ位置からのパースが表示される。**2**

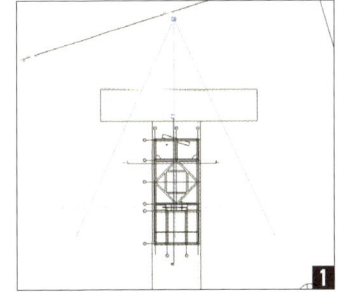
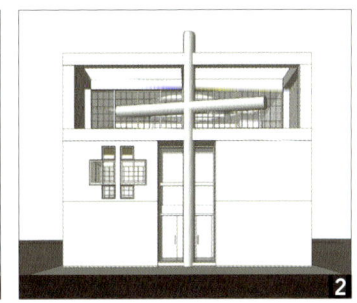

練習

建物の屋上が見える位置に視点を調整する。**1**
「フル ナビゲーション ホイール」の [オービット]
を使うと便利。**2**

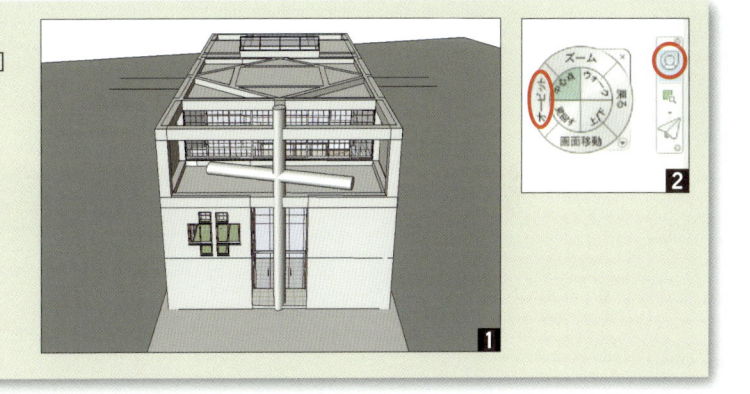

プロパティパレットの [切断ボックス] をチェック。

切断ボックスを選択すると、青い [▲] が表示される。
3

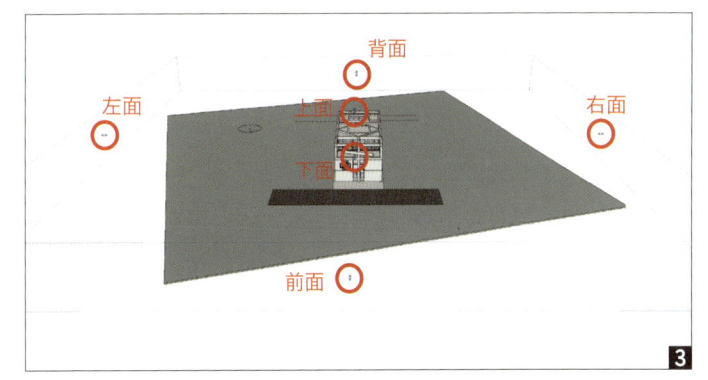

前面の青い [▲] をドラッグし、図のように前面をカット。**4**
調整後、切断ボックスの選択を解除。

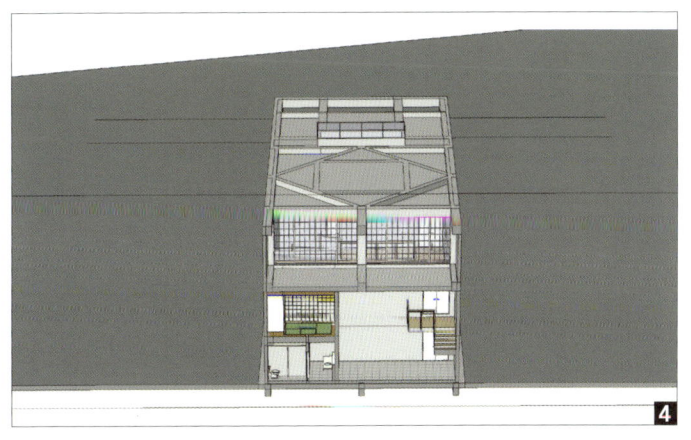

167

次に、断面パース（一点透視図）になるように視点を操作するために、視点と注視点の高さを同一に設定する。
プロパティパレットの「カメラ」の「目の高さ」に［4500］と入力。「対象の高さ」に［4500］と入力し、［適用］をクリック。**5**
なお、4500mm は建物高さの中点となる。

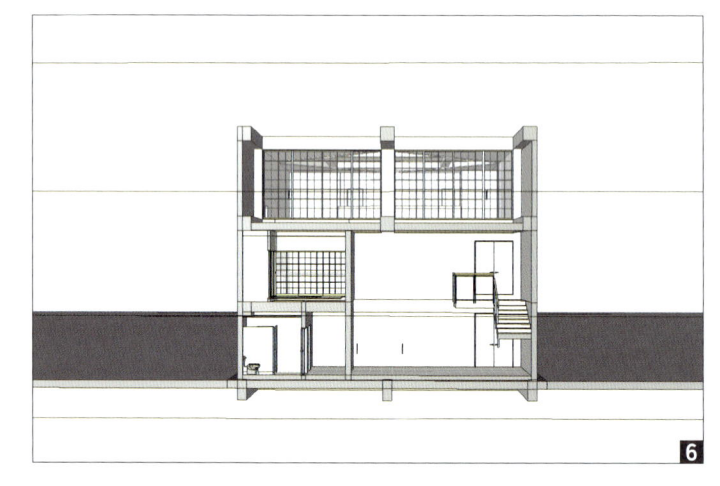

建物の垂直線（外壁など）が画面上で垂直になる。**6**

練習

図のように断面パースを作成する。
「背景」の「スタイル」を［カラー］に設定し、色を黒で図のようにレンダリングをする。
その後、［断面パース］という名前でプロジェクトに保存する。**1**

HINT

切断ボックスを使うと、モデルを任意の位置でカット表示することができる。カット表示した状態でレンダリングすることで、断面パースを作成することができる。**1**

8.3 図面の表現方法

図面を印刷するための様々な設定を行う。

8.3.1 図面縮尺の変更

学習内容：縮尺の変更

印刷時の図面の縮尺を変更する。

[平面図 1階] ビューに切り替える。
ビューコントロールバーの [1：100] をクリックし、
[1：50] に変更。 **1**
線の太さや文字の大きさ、ハッチングパターンなどが、
縮尺にあわせて自動調整される。

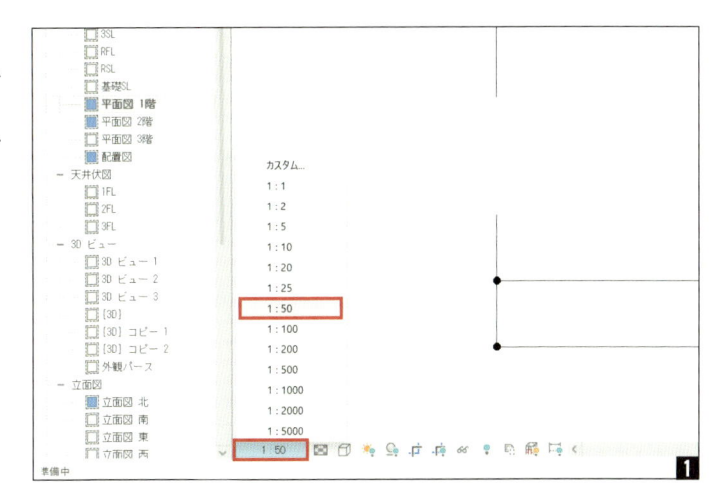

8.3.2 図面表記の詳細レベルの変更

学習内容：詳細レベル

図面表記の詳細さを変更する。今回のモデルでは建具の表記に大きな変化が見られるので注目する。

「表示コントロールバー」の [詳細レベル：標準] を
クリックし、[簡略] に変更。 **1 2 3 4**

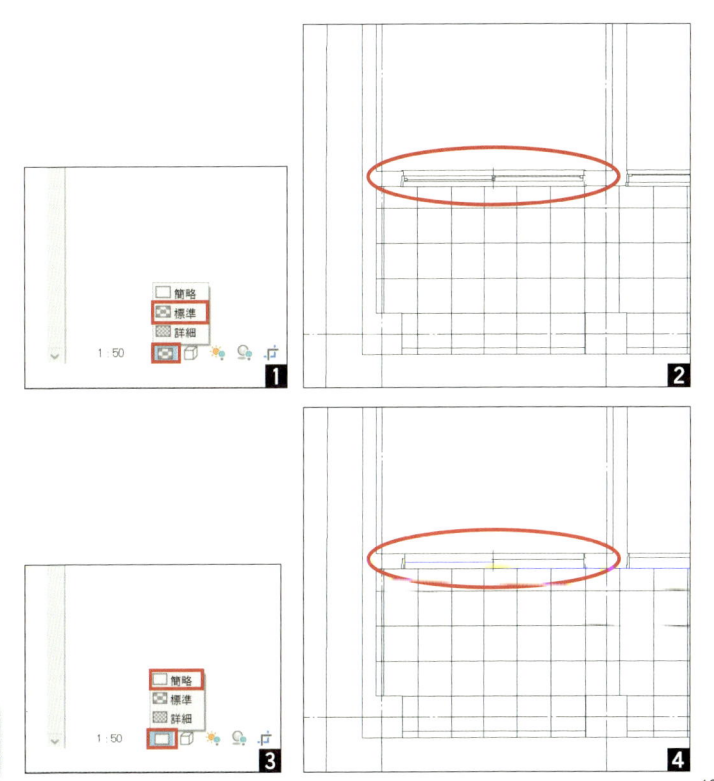

HINT

縮尺が大きい時（1:50 以上）では、必ず [標準]
または [詳細] に設定すること。

8.3.3 図面表現の調整

学習内容：オブジェクトスタイル、線種変更、マテリアル切断パターン、

線種を調整し、不要な線がある場合は非表示にする。また断面の塗りつぶしハッチングを変更する。

[断面 1] ビューに切り替え。

ここでは、断面図の線の太さを調整する。
線の太さを確認する際は、クイックアクセスツールバーの細線を [オフ] にする。**1**

[管理] タブの [オブジェクト スタイル] をクリック。
2

「オブジェクト スタイル」ダイアログボックスの「モデル オブジェクト」タブから「壁」を確認。
「線の太さ」の「投影」（見え掛かり）が [1]、「断面」が [4] に設定されている。**3**

「構造フレーム」を確認。
「線の太さ」の「投影」（見え掛かり）が [3]、「断面」が [3] に設定されている。

壁と同様に、「投影」（見え掛かり）を [1]、「断面」を [4] に変更し、[OK] をクリック。**4**

梁の線の太さが調整されたことを確認。**5 6**

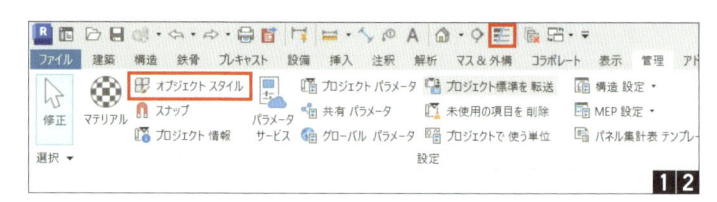

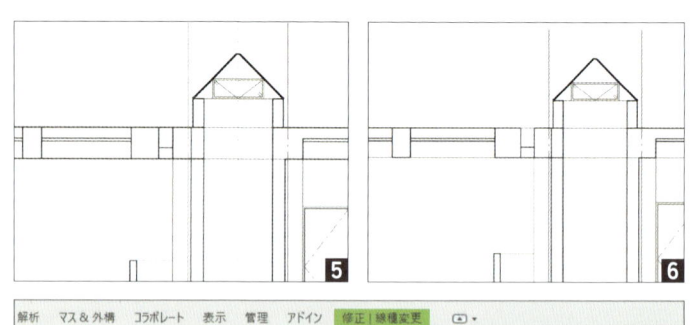

断面図の奥行を変更せずに、不要な線を非表示にする。
[修正] タブの [線種変更] をクリック。**7**
[修正 | 線種変更] タブの [線種] から [非表示] をクリック。**8**

不要な線をクリックすると、線が非表示になる。**9 10**

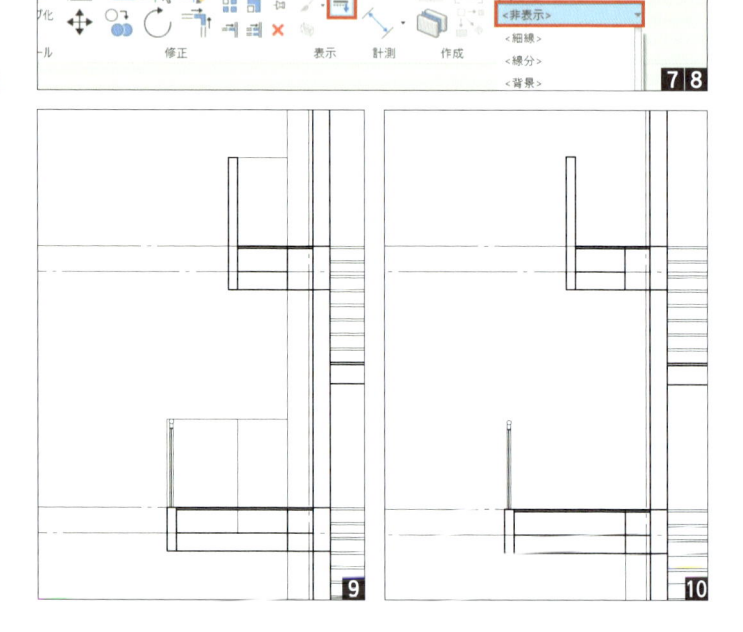

続いて、コンクリートの断面を黒く塗りつぶす。
[管理] タブの [マテリアル] をクリックし、「マテリアル ブラウザ」ダイアログボックスを開く。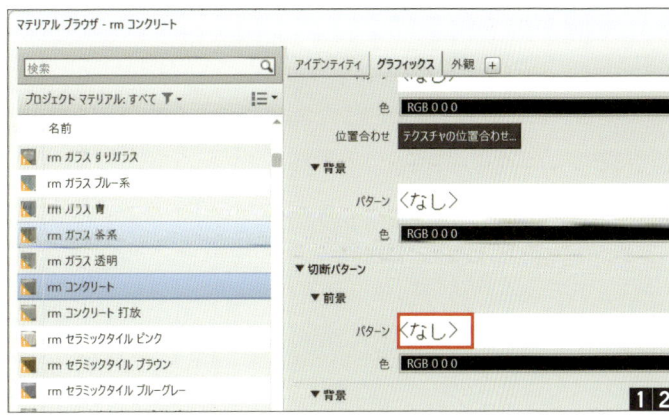

「プロジェクト マテリアル」から [rm コンクリート] を選択し、「グラフィックス」タブの「切断パターン」、「前景」、「パターン」の [<なし>] をクリック。

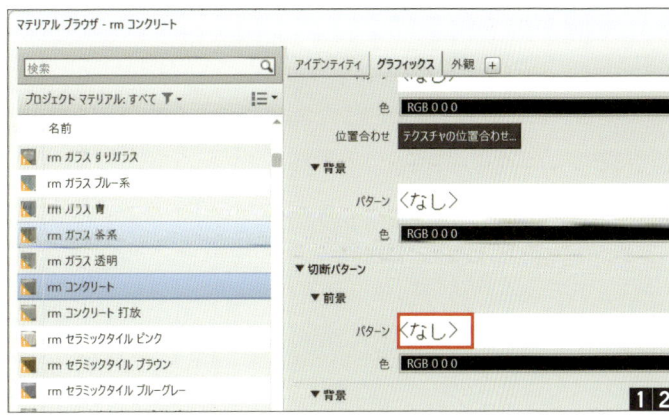

「塗り潰しパターン」ダイアログボックスから [<塗り潰し>] を選択し、[OK] をクリック。

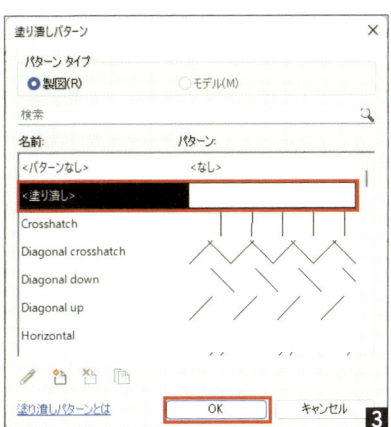

「rm コンクリート」でマテリアルが設定された要素の断面がすべて黒く塗りつぶされる。

確認後、「切断パターン」を [<なし>] に戻す。

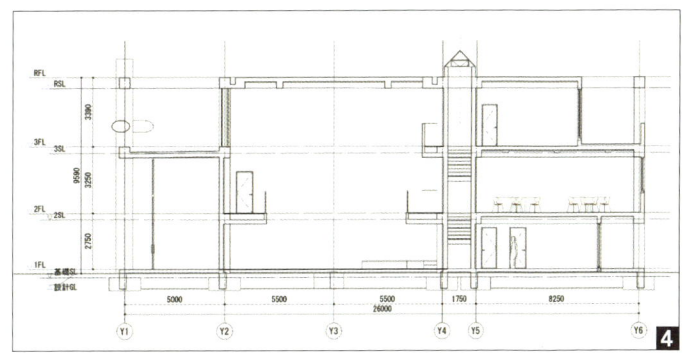

8.3.4 図面に色をつける

図面の場合、初期設定は［隠線処理］であるが、シェーディング表現（着色表現）やワイヤフレーム表現にすることができる。

［平面図 1 階］ビューに切替え。
「表示コントロールバー」の［表示スタイル］をクリックし、［ベタ塗り］に変更。**1 2**

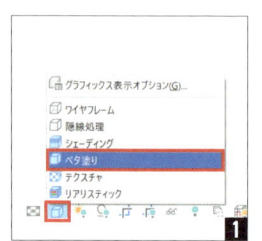

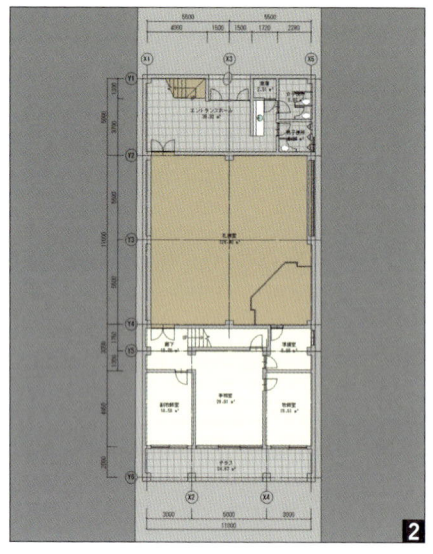

8.3.5 図面に影をつける

図面に影をつけると立体感が出るので、表現として効果的である。

「表示コントロールバー」の［影］をクリック。**1 2**
断面図や立面図でも適用できる。

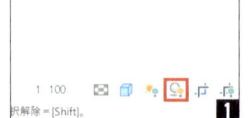

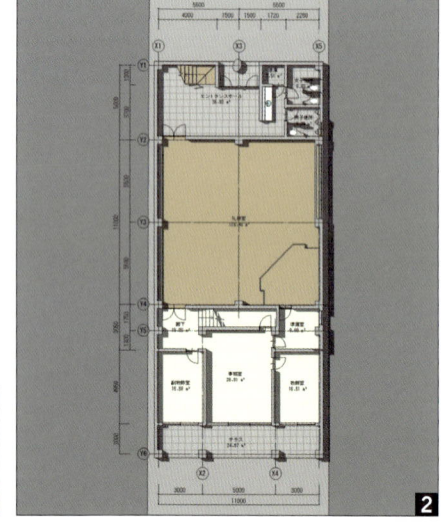

練習

［断面1］ビューに切り替え、断面全体を表示する。
表示スタイルでべた塗りを設定し、影をつける。**1**

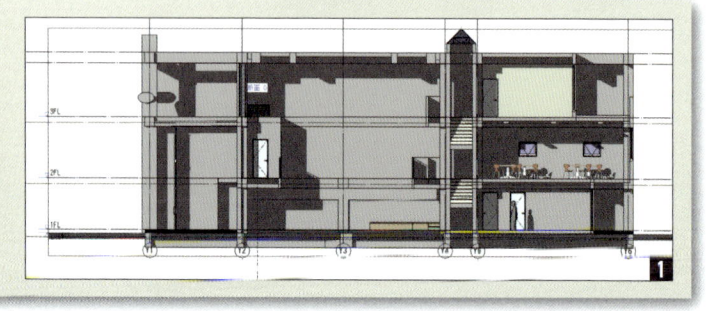

影を調整したい場合は、太陽光の設定をする。
「表示コントロールバー」の［表示スタイル］から［グラフィックス表示オプション］をクリック。**3**

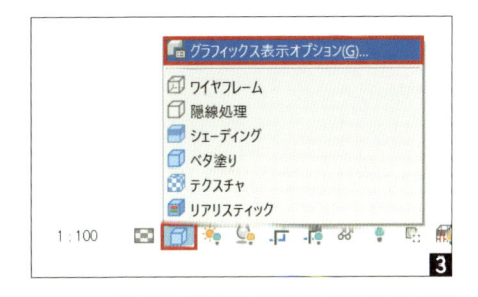

「グラフィックス表示オプション」ダイアログボックスの「照明」をクリックで展開する。
「日照設定」の［＜インセッション、位置指定＞］をクリック。**4**

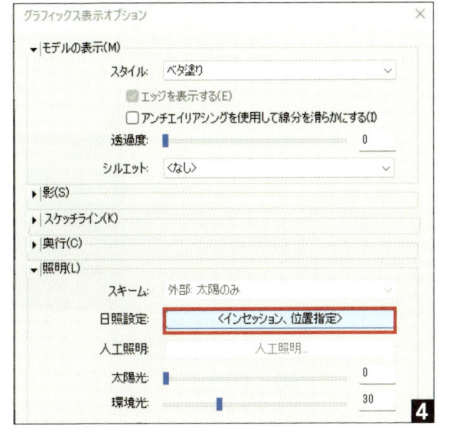

次に、太陽の位置を設定する。
「日照設定」ダイアログボックスの「日照シミュレーション」から［日時指定］をクリック。
「プリセット」から［夏至］を選択。**5**

「設定」の「位置」の［…］ボタンをクリック。**6**

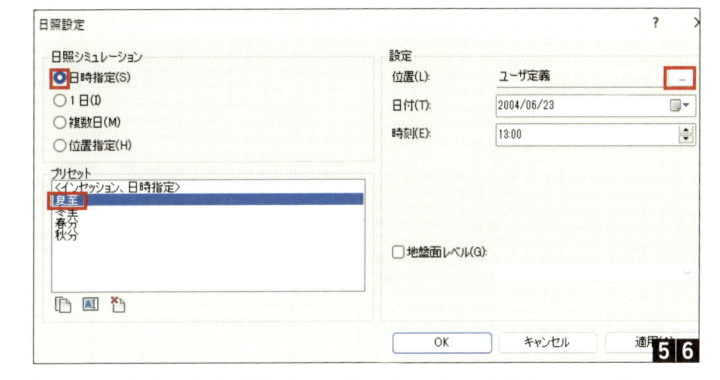

「場所及び敷地」ダイアログボックスの「計画地の住所」に［熊本市中央区草葉町1-15］と入力し［検索］をクリック。**7**
草葉町教会の場所が表示される。
［ＯＫ］をクリック。

プロジェクトの場所を設定することで、レンダリングや図面での影が正確に表示される。

「時刻」を［10：00］に設定し、［適用］をクリック。
8 9
太陽の方向により断面図が影で覆われる。

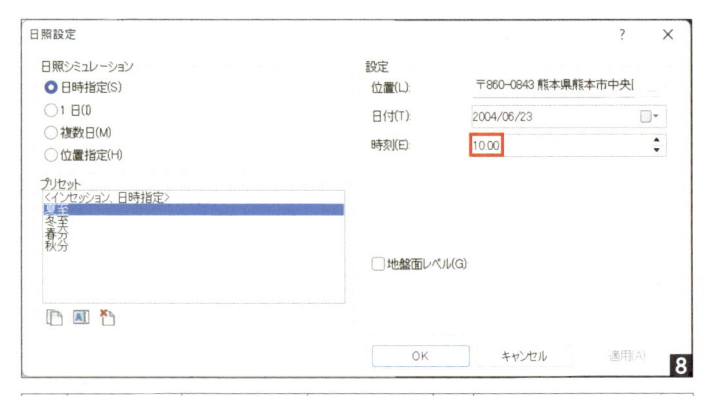

「時刻」を［17：00］に設定し、［適用］をクリックし、
太陽の方向により断面図の一部にのみ影が表示され、
適切な表現となる。10 11
確認後、［OK］をクリックし、閉じる。

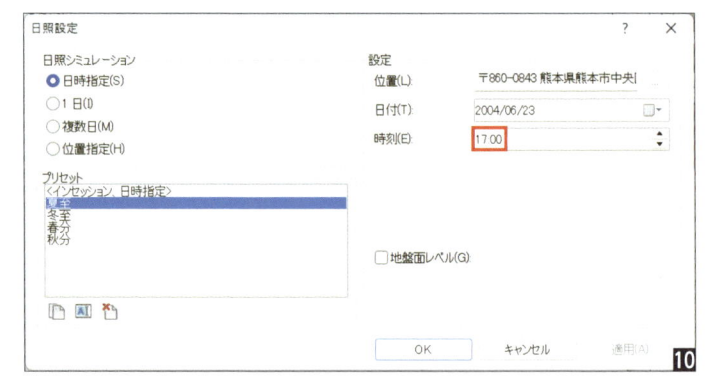

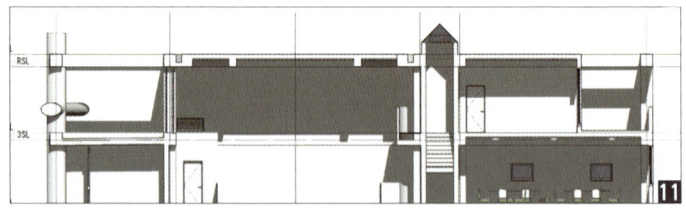

「グラフィックス表示オプション」ダイアログボック
スの「影」をクリックで展開し、［アンビエントシャ
ドウ］にチェックし、［適用］をクリック。12

影がぼやけて、立体感が増す。13
［OK］をクリックして、ダイアログボックスをとじる。

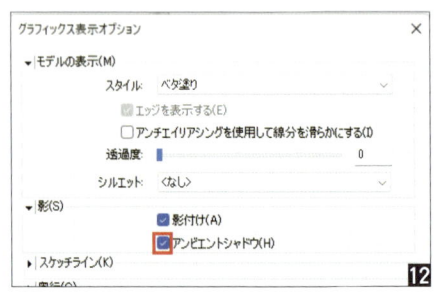

HINT

「日照設定」ダイアログボックスの「日照シミュレ
ーション」から［位置指定］を選択すると方位角
と高度から太陽位置を設定することができる。
プリセットにいくつか角度が入っている。

HINT

「日照設定」ダイアログボックスの「設定」の［地
盤面レベル］にチェックをいれると、地盤面がモ
デリングされているかどうかに関わらず指定した
レベルを地盤面と認識して影が表示される。

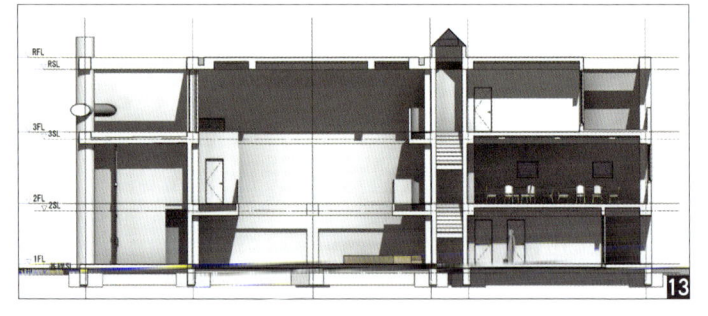

8.4 シートへのレイアウトと印刷

図面枠（シート）にビューや画像を配置する。完成したシートの印刷や画像書き出しを行う。

8.4.1 シートへのレイアウト

学習内容：シート、表示グラフィックス

シートを新規作成し、ビューや画像を配置する。

[表示] タブの [シート] をクリック。**1**

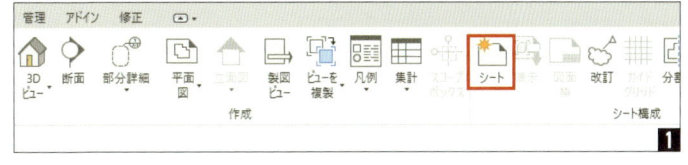

「新規シート」ダイアログボックスから[図面枠 A1 横：A1] を選択し、[OK] をクリック。**2**

プロジェクト ブラウザ「シート」の「A」を展開すると、[A-35- 無題] が新規作成され、作業ウィンドウにシートが表示される。**3**

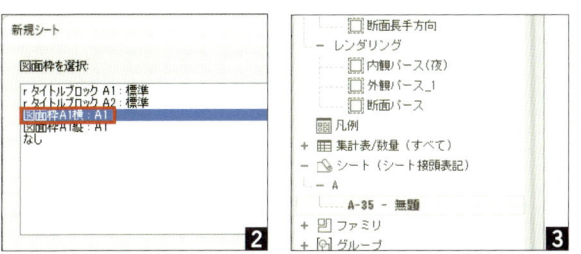

続いて、シートに図面を配置する。
[表示] タブの [ビューを配置] をクリック。**4**

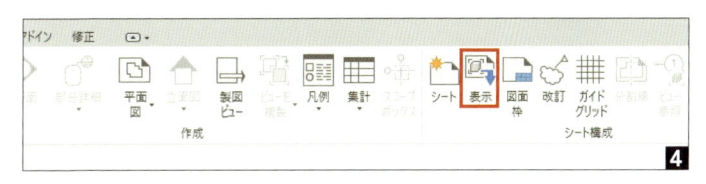

「ビューを選択」ダイアログボックスから [平面図：平面図 1 階] を選択し、[OK] をクリック。**5**

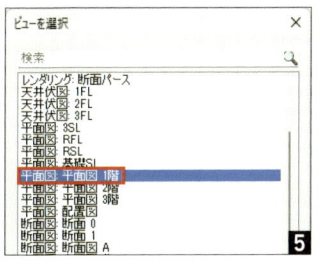

画面を縮小表示すると、配置するビュー（1 階平面図）の枠が表示されるので、適当な位置をクリックして配置する。**6**

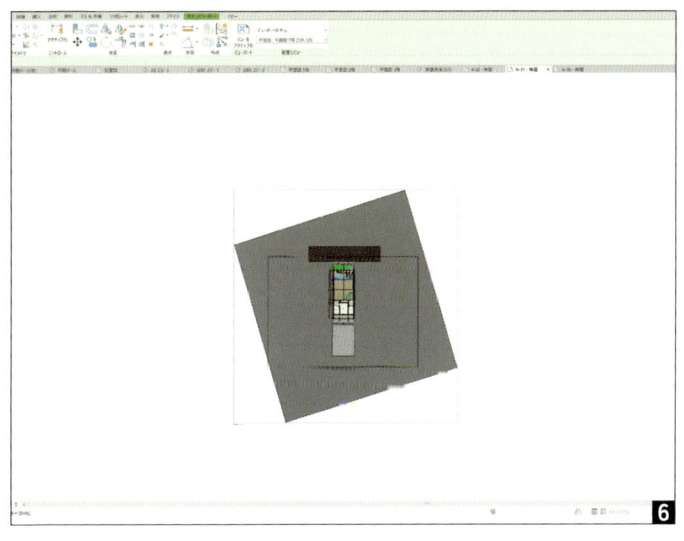

配置後、青枠内をドラッグするとビューを移動できる。
7
選択解除すると、青枠は非表示になる。

続いて、ビューの各種表示設定を変更する。
図面名称や縮尺が左下に自動記入されているので、必要なければ非表示にする。
ビューを選択し、タイプセレクタから［なし］を選択。
8

次に、縮尺を1：100に変更する。
ビューを選択し、プロパティパレットの「ビュースケール」から［1：100］を選択。**9**

次に、不要な要素（敷地、地盤面、道路）を非表示にする。
ビューを選択し、プロパティパレットの「表示グラフィックスの上書き」の［編集］をクリック。**10**

「表示グラフィックスの上書き」ダイアログボックスの［モデルカテゴリ］タブで［地形ソリッド］と［外構］のチェックをはずし、［OK］をクリック。**11**

表示（トリミング）範囲を設定する。なお、表示範囲を設定する際はビューをアクティブ化して行う。
ビューをダブルクリックすると、そのビューがアクティブ化される。
プロパティパレットの「範囲」の［ビューをトリミング］と［トリミング領域を表示］にチェックし、［適用］をクリック。**12**
トリミング領域が表示される。

トリミング領域を選択。
青い［●］をドラッグし、範囲を調整。**13**

プロパティパレットの「範囲」の［トリミング領域を表示］のチェックをはずし、［適用］をクリック。

ビューの枠外をダブルクリックして、ビューのアクティブ化を解除。

ドラッグでビューを図面枠内に配置。**14**

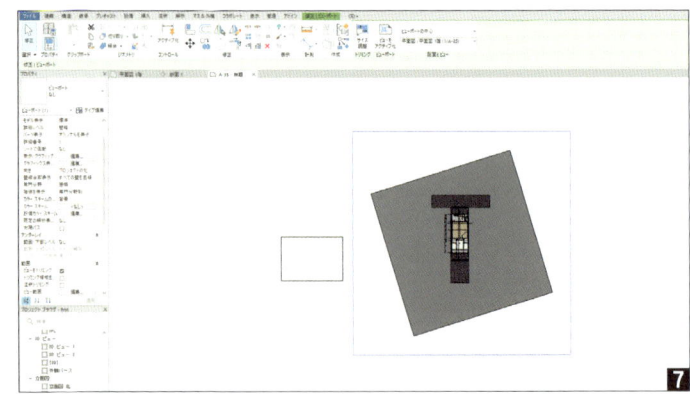

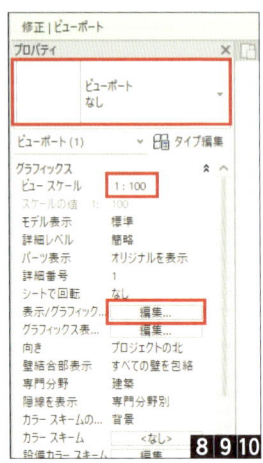
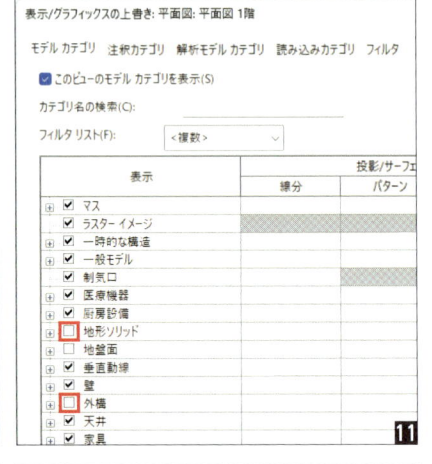

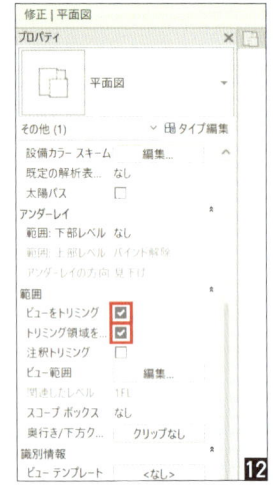
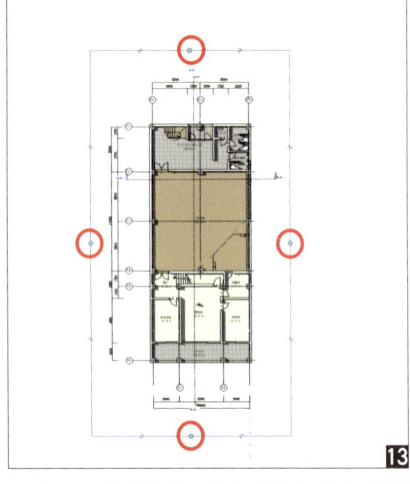

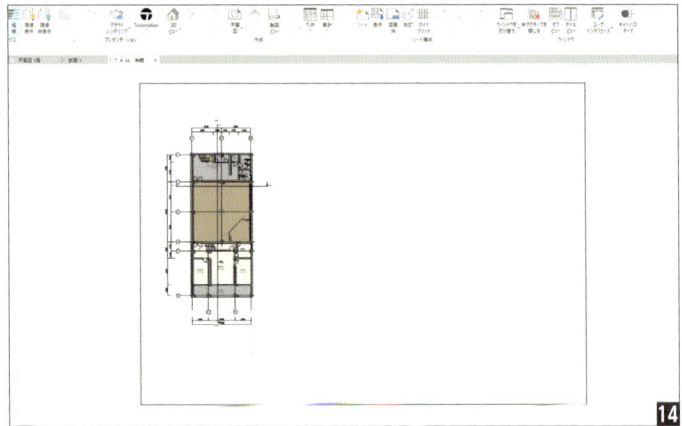

「平面図 1 階」と同様に［立面図 北］を下記の設定に変更して、図面枠に配置する。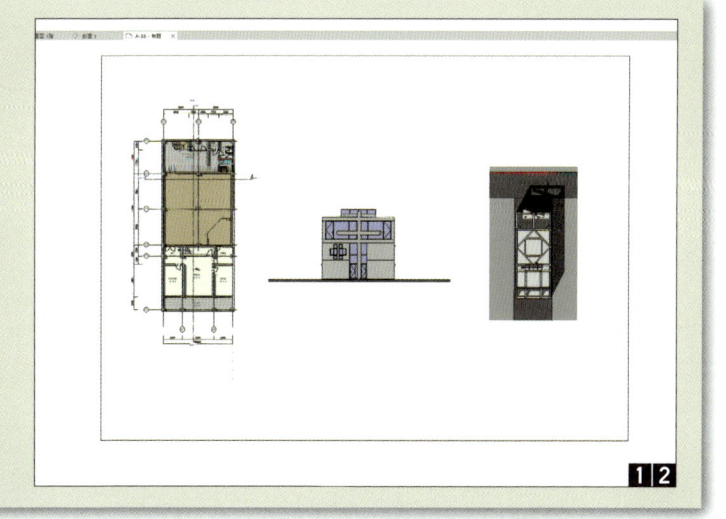

ただし、「表示グラフィックスの上書き」の「注釈カテゴリ」タブから、「レベル線」、「参照面」、「通芯」を非表示にする。

［配置図］を下記の設定に変更して、図面枠に配置する。

縮尺：［1：200］
「表示スタイル」は「シェーディング」とし、「影」を表示する。
「日照設定」を「位置指定」、「南西 45 度からの太陽光」に設定する。

レンダリング後、Photoshop 等の画像編集ソフトで編集した画像データを配置する場合は、［挿入］タブの［イメージ読込］から行う。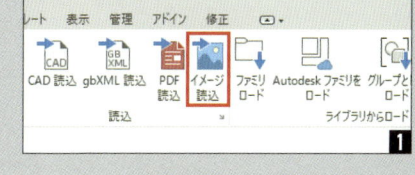
配置画像の配置位置（前景もしくは背景）の設定はプロパティパレットから行う。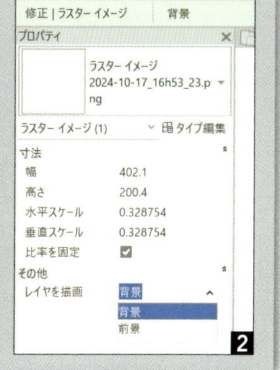

8.4.2 シートの印刷

学習内容：印刷

シートを印刷する設定を行う。ここでは、印刷の代わりに PDF を書き出す。

ここでは、A1 の図面を A3 に印刷する設定をし、PDF に書き出す。
［ファイル］から［印刷］をクリック。

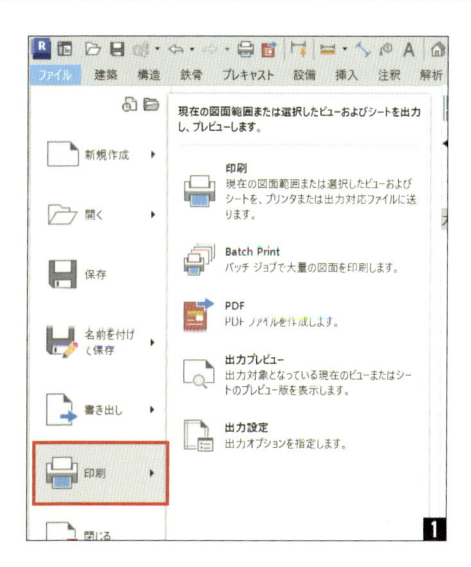

「プリンタ」の「名前」から [Microsoft Print to PDF] を選択。
「出力」ダイアログボックスの「設定」の [設定] を
クリック。**2**

「出力設定」ダイアログボックスの「用紙」の「サイズ」
から [A3] を選択。
「用紙の配置」で [中心] をクリック。
「ズーム」で [ズーム] にチェック、[50] と入力。
「向き」で [横] にチェック。
[OK] をクリック。**3**

「設定を保存」ダイアログボックスが表示されるため、
[いいえ] をクリック。

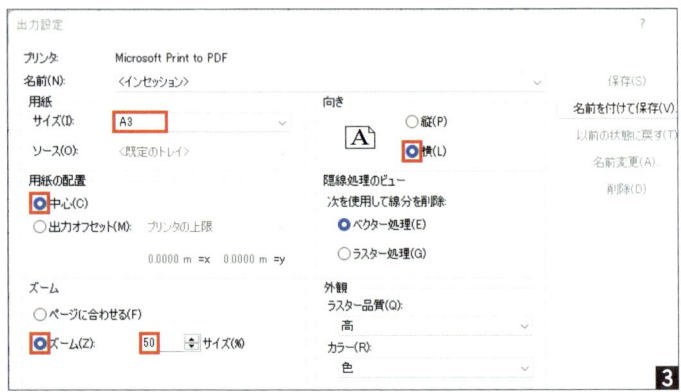

「出力範囲」が [現在のウィンドウ] に設定されてい
ることを確認し、[プレビュー] をクリック。**4**

「シェーディングビューの設定が変更されました」ダ
イアログボックスが表示されるので [閉じる] をクリ
ック。

印刷プレビューを確認し、[印刷] をクリック。**5**

「出力」ダイアログボックスで [OK] をクリック。

「印刷結果を名前をつけて保存」ダイアログボックス
で保存先とファイル名を入力して、保存する。

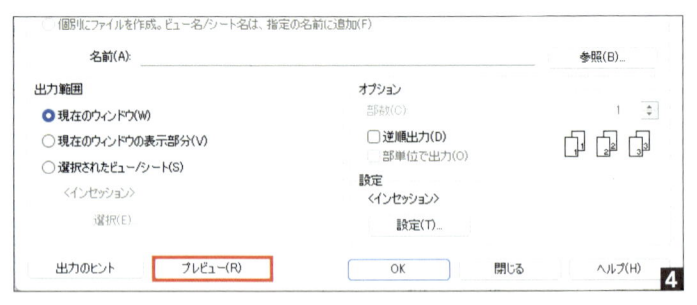

HINT

シート内に文字を記入したい場合は、[注釈] タブ
の [文字] で入力する。複雑な文字や、バックグ
ラウンドの着色は、Photoshop で作成後、画像
としてシートに配置するとよい（その場合は解像
度に注意すること。Photoshop で大きく作成し、
シート上で半分以下に縮小するくらいがよい）。
Revit で作成したパースは、Photoshop で人や樹
木などの添景を合成したり、明るさ、コントラス
ト、色味を調整した後、画像としてシートに配置
するとよい。

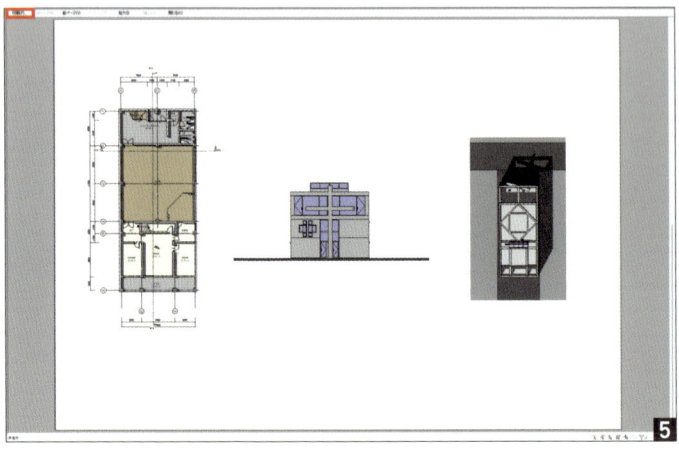

8.4.3 シートの画像書き出し

シートを画像ファイルとして書き出す。

[ファイル] の [書き出し] から [イメージおよびア
ニメーション] の [イメージ] をクリック。**1**

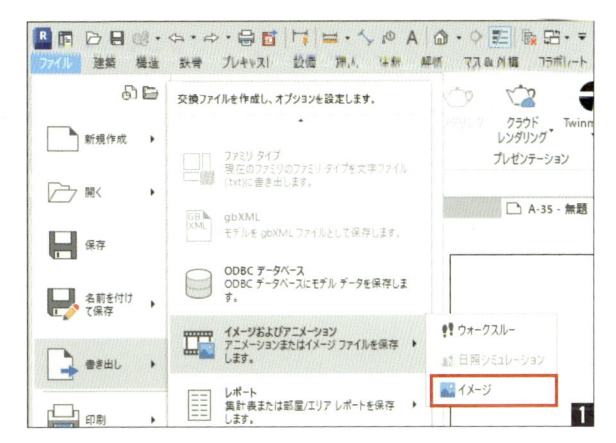

「イメージを書き出し」ダイアログボックスで次のよ
うに設定する。

「出力」の [変更] をクリック。

「ファイルを指定」ダイアログボックスで保存先とフ
ァイル名を指定する。

「書き出し範囲」の [現在のウィンドウ] にチェック。
「イメージサイズ」の [フィット] をチェックし、画
像サイズと垂直、水平どちらをそのサイズにするかを
選択。**2**
（ここでは練習として、A1 横の短辺（垂直）を 2000
ピクセルとする）

「形式」の「シェーディングされたビュー」、「シェー
ディングされていないビュー」ともに [JPEG（高画
質）] を選択し、[OK] をクリック。**3**

シートが画像として保存される。**4**

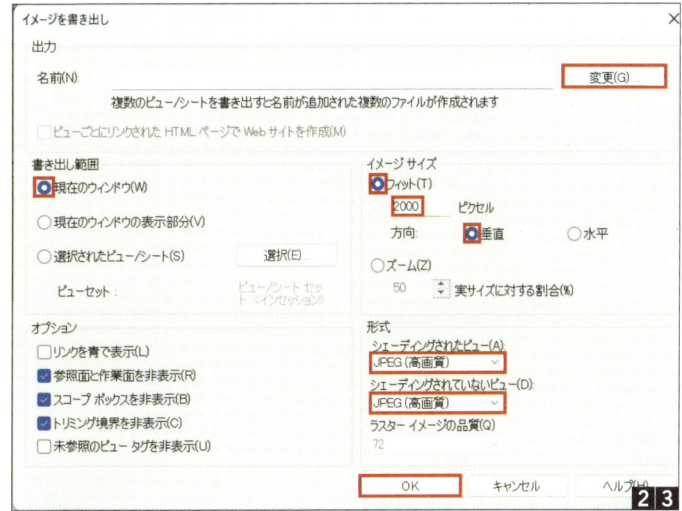

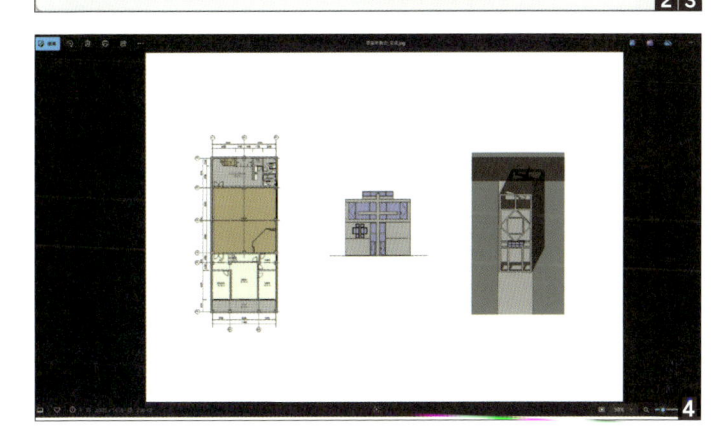

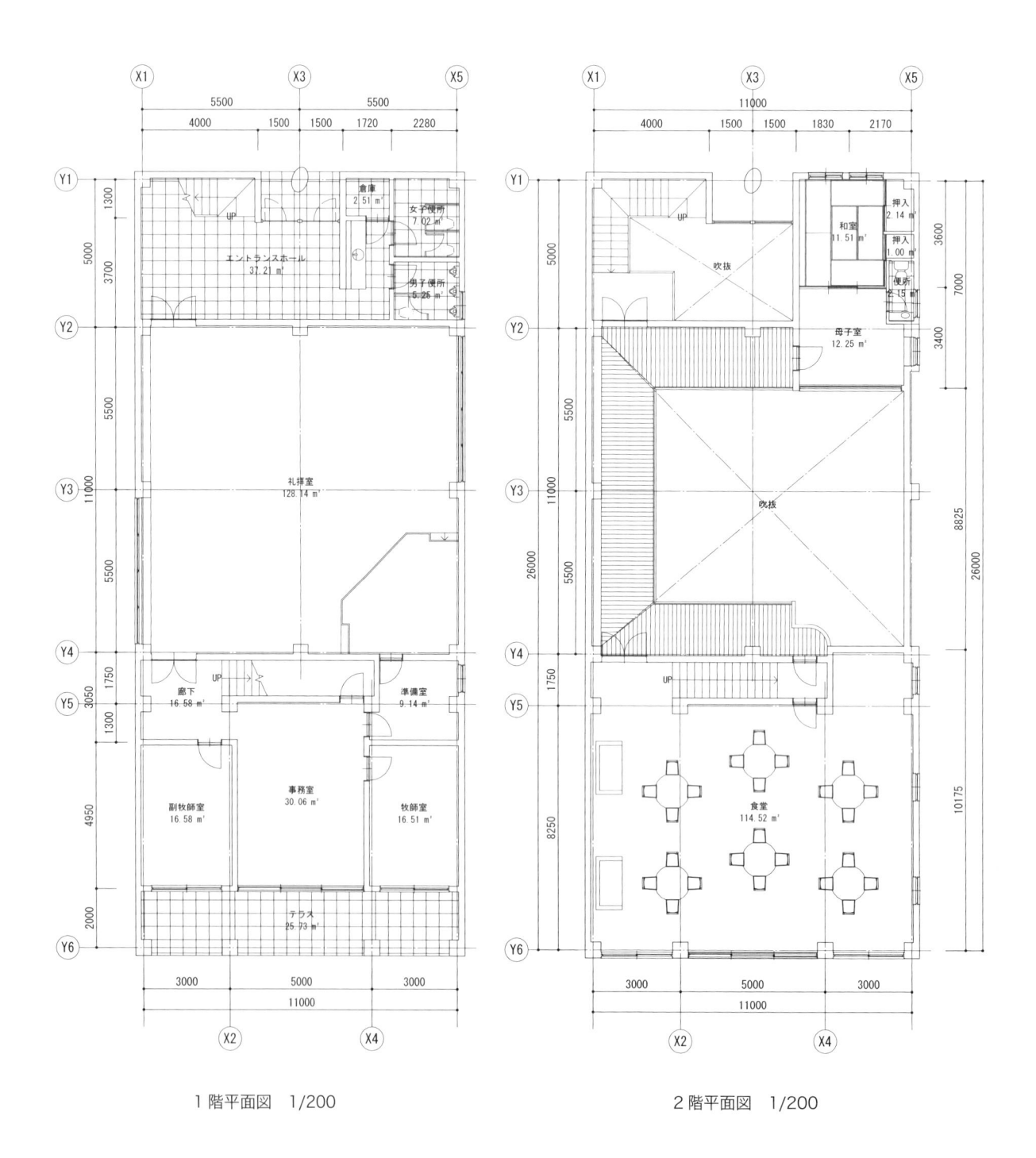

1階平面図　1/200　　　　　　　　2階平面図　1/200

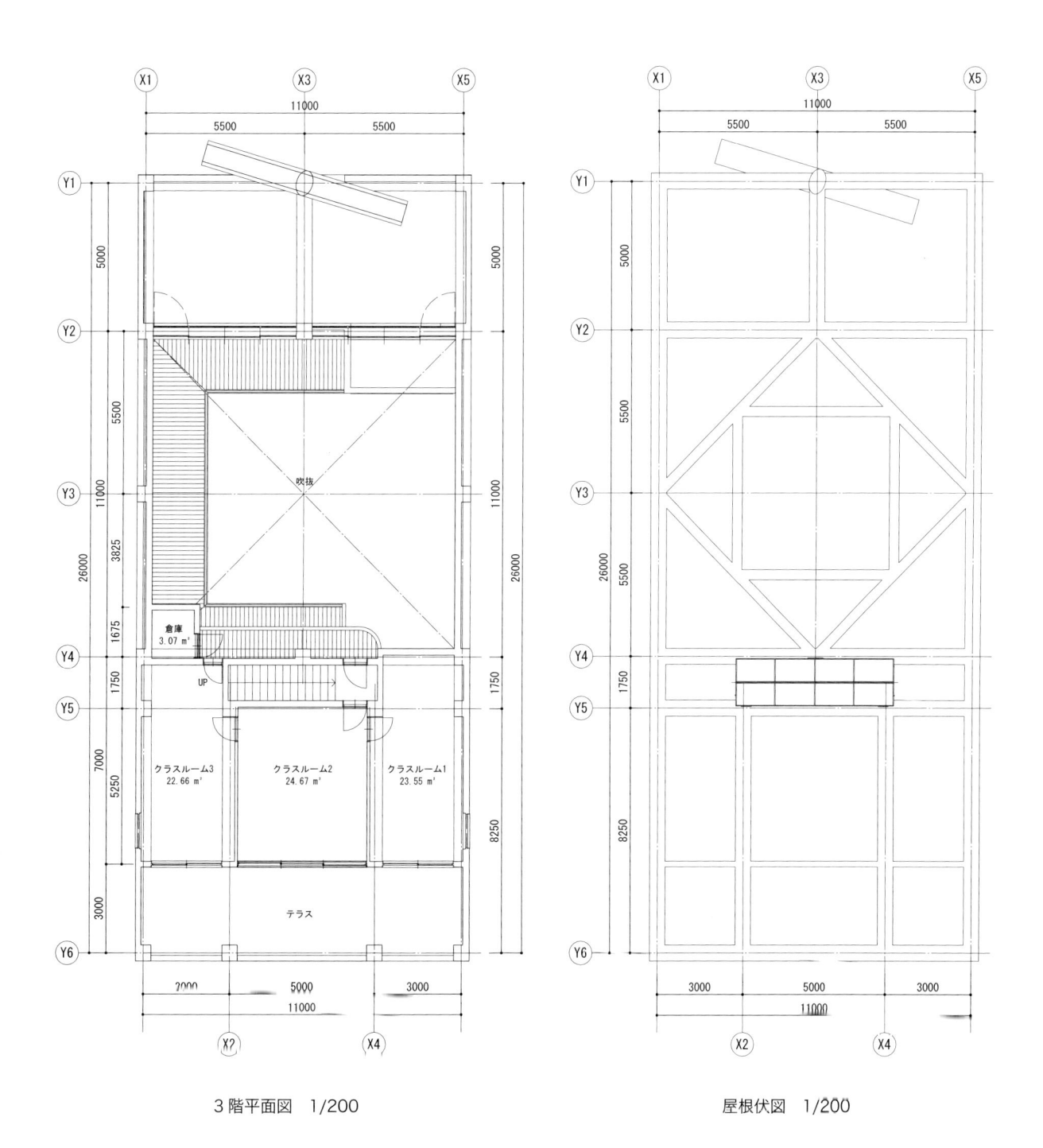

3階平面図　1/200　　　　　　　屋根伏図　1/200

長手断面図　1/200

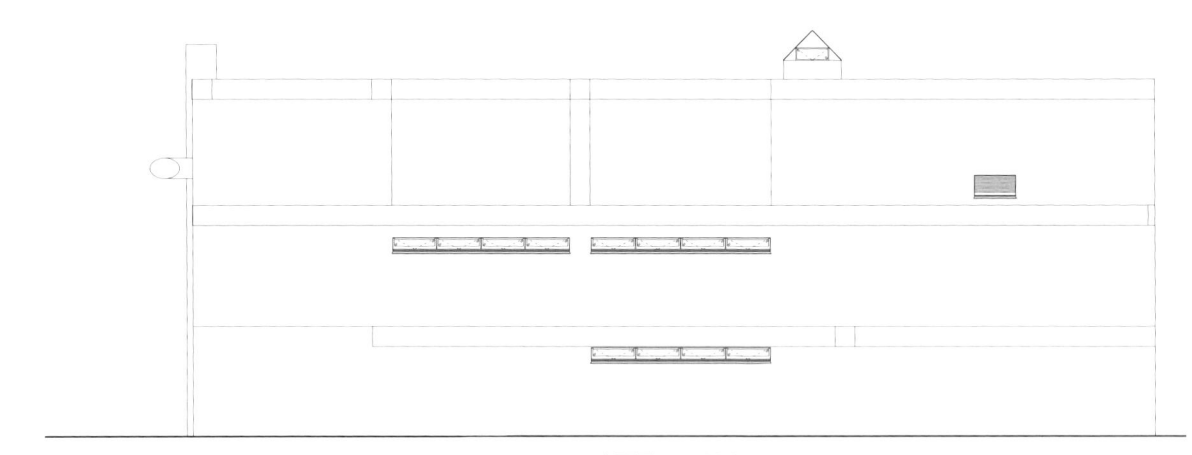

西立面図　1/200

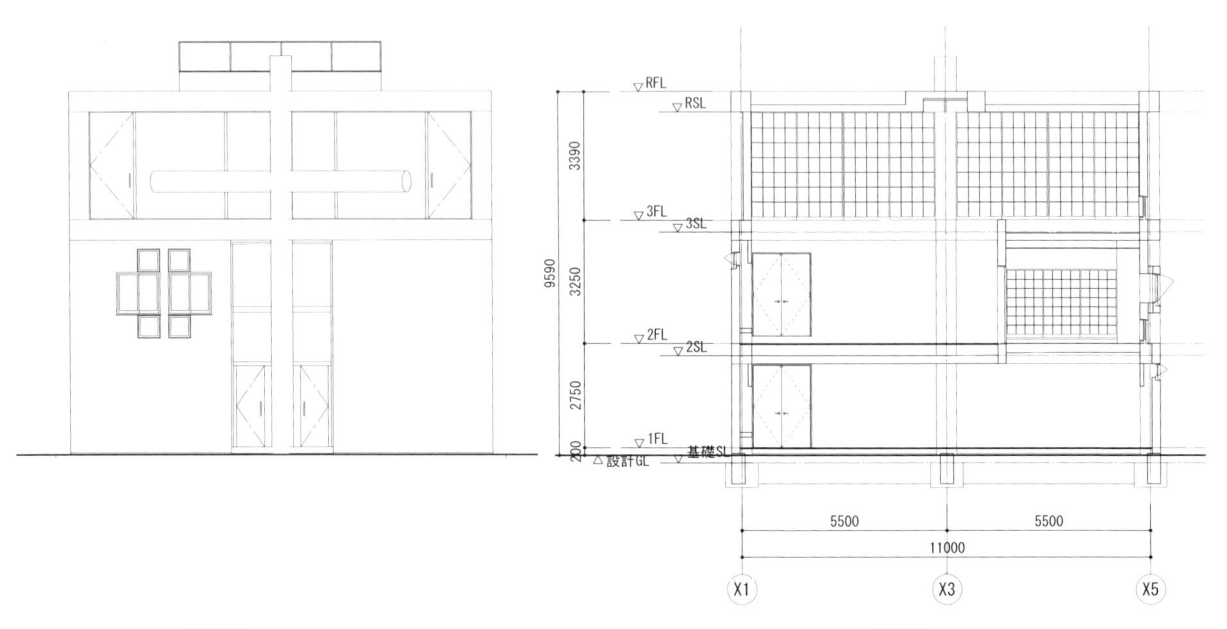

北立面図　1/200　　　　　　　　　短手断面図　1/200

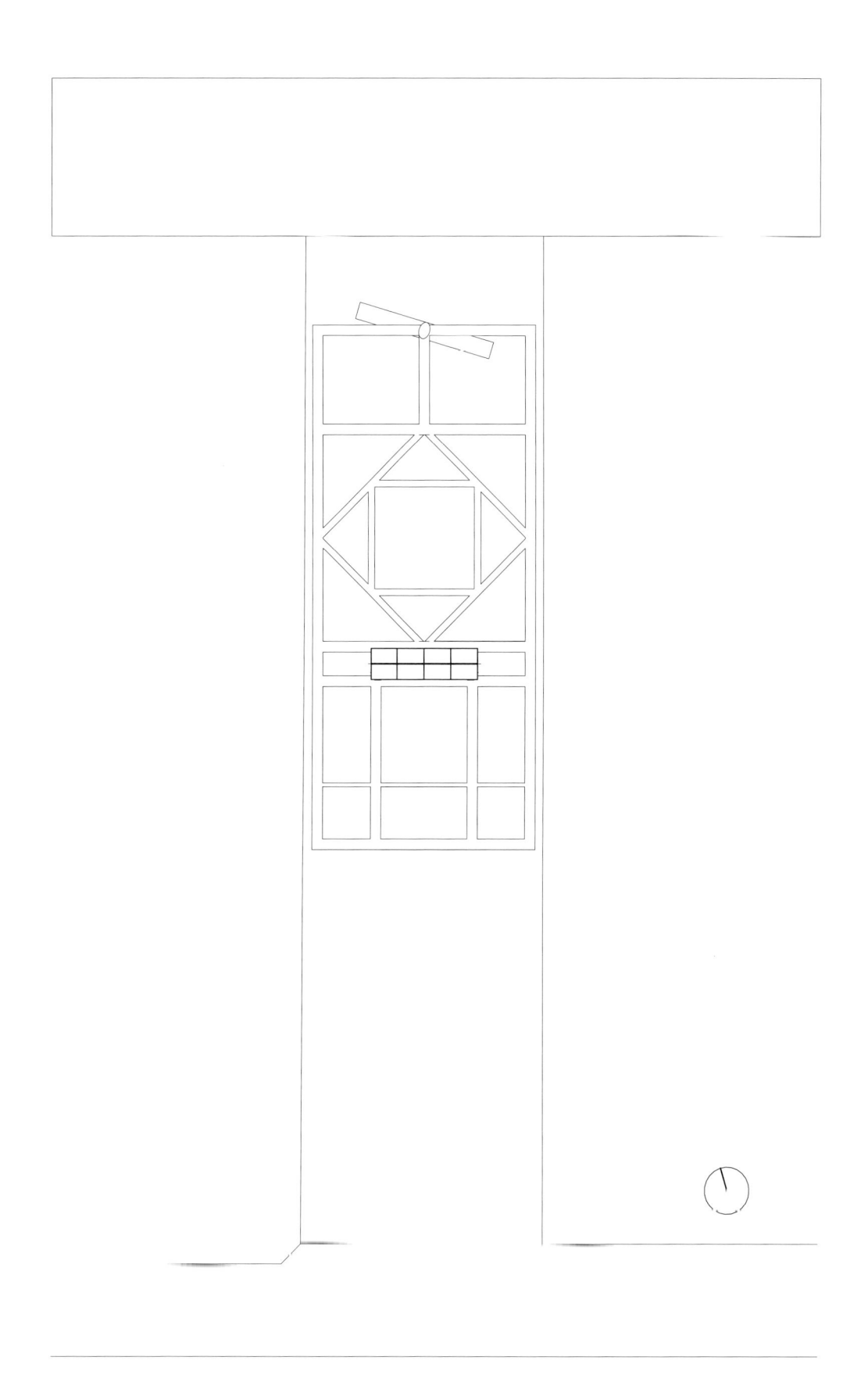

配置図　1/300

＜著者紹介＞

大西 康伸（おおにしやすのぶ）
熊本大学　大学院先端科学研究部
土木建築学部門　人間環境計画学分野　教授

1997 年京都工芸繊維大学大学院博士前期課程修了。組織設計事務所、アトリエ設計事務所を経て、2004 年同大学大学院博士後期課程修了、博士（学術）。2004 熊本大学工学部助手、2023年熊本大学大学院教授。専門は建築分野におけるコンピュータ支援。建築設計や施工、維持管理におけるアナログとデジタル、リアルとヴァーチャルを横断する最先端技術の利活用や、コンピュータを使った最先端の建築デザインおよびそのための新しい設計理論の構築。

中川 まゆ（なかがわまゆ）
有限会社アミューズワークス　代表取締役

2000 年に有限会社アミューズワークスを設立。企業への CAD導入支援や外構設計を行う傍ら、CAD インストラクターとして活動。2005 年に Revit を導入。現在は BIM 導入支援や BIM データからの図面作成、ハウスメーカーでの業務請負、その他 3D関連のデータ作成を行っている。

Autodesk Revit の教科書
熊本草葉町教会の実践ＢＩＭモデリング

2025 年 2 月 10 日　第 1 版第 1 刷発行

著　者　　大西康伸・中川まゆ

発行者　　井口夏実
発行所　　株式会社 学芸出版社
　　　　　京都市下京区木津屋橋通西洞院東入
　　　　　〒 600-8216　電話 075-343-0811
　　　　　http://www.gakugei-pub.jp/
　　　　　info@gakugei-pub.jp
編集担当　知念靖廣

組　版　　松尾悌弘
装　丁　　KOTO DESIGN Inc. 山本剛史
印刷・製本　シナノパブリッシングプレス

ⓒ Yasunobu Onishi, Mayu Nakagawa 2025
ISBN 978-4-7615-3305-2 Printed In Japan